U0823754

“科学服务于将科学应用于伟大未来的人，

是一门智者每日为之奋斗而无奢望看到其完成的艺术……

我还是和皮埃尔·居里一样，

坚信所有的科学创新为人类带来的福祉

最终都将会多于灾难。”

弗雷德里克·约里奥-居里　1957年

原子的先驱

LES CURIE 居里一家

[法国] 皮埃尔·拉德瓦尼 著
[瑞士] 唐 谦 译

中国科学技术出版社
·北 京·

图书在版编目（CIP）数据

居里一家：原子的先驱 /（法）皮埃尔·拉德瓦尼著；（瑞士）唐谦译. —北京：中国科学技术出版社，2017.11
ISBN 978-7-5046-7695-5

Ⅰ. ①居… Ⅱ. ①皮… ②唐… Ⅲ. ①居里夫人（Curie, Marie 1867-1934）－家族－史料 Ⅳ. ① K835.650.9

中国版本图书馆 CIP 数据核字（2017）第 248899 号

Original edition:
Les Curie
© Édition Pour la science – Paris, 2001

版权所有　侵权必究
著作权合同登记号：01-2017-4565

策　划 人：唐　谦［瑞士］　唐　诠
翻　　译：唐　谦［瑞士］　应　瞰［瑞士］
编　　译：北京依尼诺展览展示有限公司
设　　计：唐　诠　张惠萍
审　　校：蔡镱博［法国］　李祖豪

选题策划：吕建华　许　慧
责任编辑：许　慧　杨　丽
责任校对：焦　宁
责任印刷：马宇晨

中国科学技术出版社出版
北京市海淀区中关村南大街 16 号　邮政编码：100081
电话：010-62173865　传真：010-62179148
http://www.cspbooks.com.cn
中国科学技术出版社发行部发行
北京华联印刷有限公司印刷
*
开本：787 毫米 ×1092 毫米　1/8　印张：29.25　字数：350 千字
2017 年 11 月第 1 版　2017 年 11 月第 1 次印刷
印数：1-4000 册　定价：260.00 元
ISBN 978-7-5046-7695-5/K · 234

（凡购买本社的图书，如有缺页、倒页、
脱页者，本社发行部负责调换）

Pierre Radvanyi: Les Curie et les scientifiques chinois

Après la création de la République de Chine en 1911, un nombre croissant d'étudiants chinois souhaite poursuivre ses études en Europe, notamment en France, pour participer à la modernisation de leur pays. C'est d'abord l'essor du mouvement « Travail-études » : les jeunes gens qui y participent gagnent leur vie en travaillant et, parallèlement, poursuivent leurs études. Des hommes politiques de la République populaire de Chine ont été des « étudiants travailleurs ». Dans les années vingt est créé, par les autorités françaises et chinoises, l'Institut franco-chinois de Lyon. Il accueillera au total plus de 500 étudiants chinois qui feront des études universitaires dans différents domaines. Au début des années trente est mise en place la « Commission mixte des Œuvres franco-chinoises » qui distribue des bourses de recherche à des étudiants ayant déjà fait leurs preuves en Chine.

Plusieurs étudiants chinois viennent ainsi se perfectionner ou préparer leur thèse de doctorat à Paris, en particulier auprès de Marie Curie et d'Irène Joliot-Curie au laboratoire Curie de l'Institut du Radium, ainsi que de Frédéric Joliot-Curie au laboratoire de chimie nucléaire du Collège de France.

Yan Jici (1901-1996), connu en France sous le nom de Ny Tsi-Zé, après des études à Nanjing, vient travailler avec Charles Fabry à Paris, puis avec Aimé Cotton à Bellevue. Il soutient sa thèse de doctorat en 1927 sur les «Déformations et changements des propriétés optiques du quartz sous l'effet du champ électrique ». En 1930-1931, il est accueilli par Marie Curie à l'Institut du Radium pour préparer la création d'un laboratoire de radioactivité en Chine.

Zheng Dazhang (Tcheng Da-Tchang, 1904-1941), après des études supérieures en Chine, il reçoit en 1929 une bourse de l'Institut franco-chinois de Lyon pour venir étudier en France. Il est le premier doctorant chinois chez Marie Curie à l'Institut du Radium et soutiendra sa thèse en 1933 sur la « Constance du rapport du protactinium dans les minéraux radioactifs ». Le protactinium le plus abondant (protactinium 231) est un descendant de l'uranium 235 dont la période est extrêmement longue à l'échelle géologique.

Shi Shiyuan (Sze Shih-Yuan, 1908-2007), après des études à l'Université Tsinghua à Beijing, est également boursier de l'Institut franco-chinois de Lyon pour étudier auprès de Marie Curie à l'Institut du Radium de 1930 à 1933. Il soutient sa thèse en 1933 sur les spectres magnétiques des rayons bêta du thorium B (plomb 212) et du thorium C'' (thallium 208), ainsi que de l'actinium B (plomb 211).

Qian Sanqiang (Tsien San-Tsiang, 1913-1992), après des études à l'Université de Peking puis à l'Université Tsinghua, vient en 1937 à Paris, avec une bourse de la Commission mixte des Œuvres franco-chinoises, pour travailler à l'Institut du Radium auprès d'Irène Joliot-Curie, puis au laboratoire de chimie nucléaire du Collège de France auprès de Frédéric Joliot-Curie. Après avoir réalisé un deuxième exemplaire de la chambre à brouillard (chambre de Wilson) à grand temps d'efficacité de F. Joliot, Qian Sanqiang soutient sa thèse de doctorat en avril 1940 sur les collisions des particules alpha avec les noyaux d'hydrogène. Boursier, puis chercheur au Centre national de la recherche scientifique (CNRS), de 1946 à 1947, en collaboration avec sa femme He Zehui et deux jeunes chercheurs français, Raymond Chastel et Léopold Vigneron, il met en évidence la tripartition dans la fission de l'uranium en utilisant des émulsions photographiques épaisses.

He Zehui (Ho Zah-Wei, 1914-2011), après des études à l'Université Tsinghua, elle reçoit en 1937 une bourse pour préparer une thèse à l'Université technique de Berlin en balistique expérimentale. De 1940 à 1943 elle travaille chez Siemens, avant de rejoindre l'Institut Kaiser-Wilhelm de Heidelberg sous la direction de Walther Bothe. Dans ce laboratoire elle s'initie auprès de Heinz Maier-Leibnitz aux techniques de la chambre à brouillard ; elle étudie les collisions positron-électron. Pendant toute cette période de guerre, elle maintient une correspondance difficile avec son collègue et ami Qian Sanqiang. Elle le retrouve à Paris au début de 1946 et ils pourront se marier. Elle travaille alors à l'Institut du Radium comme chercheur au CNRS et participe aux expériences sur la tripartition.

Yang Chengzong (Yang Jeng-Tsong,1911-2011), commença à étudier la radiochimie à l'Institut de physique de l'Académie nationale de Beijing. Au début de 1947, il vient à Paris travailler étudier sous la direction d'Irène Joliot-Curie à l'Institut du Radium ; il y soutient en 1951 sa thèse sur la « Séparation des radioéléments au moyen des échangeurs d'ions ».

Wang Dezhao (Ouang Te-Tchao,1905-1998), après avoir étudié à l'Université normale de Beijing, il vient en 1934, se former chez Paul Langevin à l'École de physique et chimie industrielles de Paris. Très adroit en instrumentation, après s'être initié aux techniques des ultra-sons, il prépare une thèse sur « L'électrisation des particules en suspension dans les gaz au moyen des ions ... », qu'il soutient en 1941. Il fréquente assidument l'Institut du Radium tout proche.

Marie Curie, aussi bien que Irène et Frédéric Joliot-Curie ont ainsi accueilli dans leurs laboratoires de Paris de remarquables étudiants et jeunes chercheurs chinois qu'ils ont contribué à former. De retour dans leur pays, ces scientifiques de talent ont œuvré avec grand succès au développement de la physique et de la chimie en Chine ainsi que de leurs applications, notamment l'énergie nucléaire. Dans leurs domaines respectifs ils eurent à exercer d'importantes responsabilités.

作者的话：居里一家与中国科学家

自1911年以来，越来越多的中国学子希望到欧洲、特别是到法国留学，为实现祖国现代化的梦想做准备。首先兴起的是赴法勤工俭学运动，好几位留法勤工俭学的年轻人后来成为了中华人民共和国的领导人。中法两国政府于20世纪20年代创建了里昂中法大学，该校先后接纳了五百多名中国各科留学生。20世纪30年代初，两国又成立了中法教育基金委员会，为成绩优秀的中国留学生提供科研奖学金。

不少中国留学生来到巴黎进修或攻读博士学位。镭研究所居里实验室的玛丽·居里、伊雷娜·约里奥-居里和法兰西公学院核化学实验室的弗雷德里克·约里奥-居里都辅导过中国留学生。这些学生包括：

严济慈（1901—1996，法文曾用名Ny Tsi-Zé），在南京完成学业后，先后在巴黎与查尔斯·法布里、在美景与艾美·考彤合作。1927年，他完成了题为《在电场作用下石英的变形及其光学性质的变化》的博士论文。1930年至1931年，玛丽·居里接纳他到镭研究所从事研究工作，为在中国建立放射学实验室做准备工作。

郑大章（1904—1941，法文曾用名Tcheng Da-Tchang），大学毕业后获得了里昂中法大学奖学金，于1929年赴法留学。作为镭研究所玛丽·居里的第一位中国籍博士生，郑大章于1933年通过了题为《放射性矿物中镤含量的稳定性研究》的博士论文。含量最大的镤同位素——镤-231是地质年代上半衰期极长的铀-235的一个衰变子核。

施士元（1908—2007，法文曾用名Sze Shih-Yuan），在清华大学毕业后，获得里昂中法大学奖学金。1930年到1933年，他在镭研究所玛丽·居里的实验室学习。1933年通过了关于钍B（铅-212）和钍C''（铊-208）的β射线磁谱的博士论文。

钱三强（1913—1992，法文曾用名Tsien San-Tsiang），在完成北京大学和清华大学的学业后，由中法教育基金委员会提供奖学金，于1937年来到巴黎，先后在镭研究所伊雷娜的实验室和法兰西公学院弗雷德里克·约里奥-居里的实验室学习。在很短的时间内完成第二台弗雷德里克的威尔逊云室后，于1940年4月通过了关于α粒子与氢核碰撞的博士论文。1946年至1947年，先是获得了法国国家科研中心（CNRS）的奖学金，随后又晋升为研究员。在此期间，他与夫人何泽慧以及两位法国青年学者雷蒙·萨斯戴尔和利奥波德·维涅隆合作，利用高粘度照相乳胶证明了铀核三裂变。

何泽慧（1914—2011，法文曾用名Ho Zah-Wei），从清华大学毕业后，于1937年获得奖学金赴德国柏林工业大学攻读博士学位，从事实验弹道学方面的研究。1940年至1943年，先后在西门子公司和海德堡威廉皇家学院瓦尔特·博特的实验室工作。在海因茨·迈尔-莱布尼兹的指导下，她掌握了云室技术，用以研究正负电子碰撞现象。战争期间，她艰难地与同事兼朋友钱三强保持着联系。1946年春天，他们在巴黎重逢并喜结连理。此后，她以CNRS研究员的身份开始在镭研究所工作，参加对铀核三裂变的研究。

杨承宗（1911—2011，法文曾用名Yang Jeng-Tsong），1934年至1946年在北平研究院物理所从事核化学研究。1947年到巴黎大学镭研究所伊雷娜·约里奥-居里的实验室学习，1951年通过博士论文，题目为《通过离子交换分离放射性元素》。

汪德昭（1905—1998，法文曾用名Ouang Te-Tchao），在北京师范大学学习后，于1934年来到巴黎物理化工学院保罗·郎之万实验室。汪德昭是个操作仪器能力很强的学生，在掌握了超声波技术之后便开始了关于《利用离子使悬浮在气体中的粒子带电》的研究，并于1941年通过了博士论文。

玛丽·居里、伊雷娜和弗雷德里克·约里奥-居里在他们的实验室里接待并培养了这些优秀的中国留学生和科学家。他们回国后为中国在物理、化学及其应用领域的发展，尤其是在原子能开发领域的研究，都作出了巨大的贡献。在各自不同的领域，他们都曾肩负重要的职责。

皮埃尔·拉德瓦尼

目录

7 作者的话：居里一家与中国科学家

8 目录

11 年谱

14 前言

19 创世纪的物理学家

22 阿尔萨斯的医生世家
25 物理学还是药学：必须作出选择……
27 发现压电效应
30 在物理化工学院当技工
33 皮埃尔·居里发现磁定律

39 玛丽·斯克罗多夫斯卡，一位个性十足的姑娘

43 如饥似渴地学习
45 巴黎的自由之风
48 玛丽和皮埃尔
50 活性比铀还要大的元素？
52 居里夫妇发现新元素
54 令人疲惫不堪的分离工作
56 神秘射线

59 肩并肩的最后岁月

61 关于放射理论的争议
65 放射性元素系
67 镭为人类服务
69 工作条件！
71 博士论文《放射性物质的研究》
75 1903年获诺贝尔奖
78 新实验室
79 制镭工业
82 车祸

85 玛丽接过火炬

87 为了忘却而工作
90 量体裁衣式的教育
91 镭的国际标准样品
92 暴风雨
95 “桃色事件”
99 再次获诺贝尔奖
103 镭研究所的创立

105 国家形象

107 放射线为伤员服务
110 美国镭
114 努力工作和社会责任
119 镭研究所的新生力量
122 玛丽竭尽全力地工作

127 两个互补的年轻人

128 伊雷娜，一位自主而含蓄的姑娘
133 伊雷娜在实验室
134 弗雷德里克，活力四射的小伙子
139 玛丽·居里的专属技工

143 人工放射性

147 穿透力极强的射线
149 中子的发现
151 e^+：物质化和湮灭
153 核嬗变产生正电子？
157 “人工”放射性
160 验证
162 后续发展
164 1935年获诺贝尔奖。初始应用

169 从核裂变到链式反应

171 政治环境
173 加速器与原子合成
174 在法兰西公学院和伊夫里
178 伊雷娜和超铀元素
181 核裂变的揭示
183 弗雷德里克证明裂变的真实性
185 弗雷德里克和链式反应
187 向基础设施建设迈进
188 法兰西公学院的团队与战争

193 黑暗的日子

194 面对占领
196 抵抗
200 解放

203 责任

204 弗雷德里克，国家科学研究中心主任
208 原子能委员会高级专员
210 反对核武器
211 第一个法国核反应堆
215 伊雷娜和居里实验室
217 “穿越沙漠”
219 重返国家舞台
221 伊雷娜和奥赛
223 弗雷德里克接过接力棒
224 直到生命的最后一刻

227 后记

228 参考书目

230 先贤祠及居里博物馆照片

年 谱

1859年

5月15日，皮埃尔·居里出生于法国巴黎。

1867年

11月7日，玛丽·斯克罗多夫斯卡出生于波兰华沙。

1880年

雅克与皮埃尔·居里发现压电效应。

1882年

皮埃尔·居里受聘为巴黎市立物理化工学院技工。

1883年，玛丽·斯克罗多夫斯卡。

1891年

11月，玛丽·斯克罗多夫斯卡入学巴黎索邦大学。

1895年

3月，皮埃尔·居里通过关于磁性研究的博士论文，受聘为物理化工学院教授。
7月，皮埃尔与玛丽结婚。

1898年，玛丽和女儿伊雷娜。

1897年

9月12日，伊雷娜·居里出生于法国巴黎。

1898年

7月，发现钋。
12月，发现镭。

1900年

3月19日，弗雷德里克·约里奥出生于法国巴黎。

1903年，皮埃尔和玛丽·居里与亨利·贝克勒尔共获诺贝尔物理学奖。

1903年

6月，玛丽·居里通过关于放射性研究的博士论文。
12月，皮埃尔和玛丽·居里与亨利·贝克勒尔共获诺贝尔物理学奖。

1904年

皮埃尔·居里受聘为索邦大学教授。

1906年，伊雷娜和艾芙。

1906年

4月19日，皮埃尔·居里逝于车祸。
11月，玛丽·居里成为首位登上索邦大学讲台的女性。

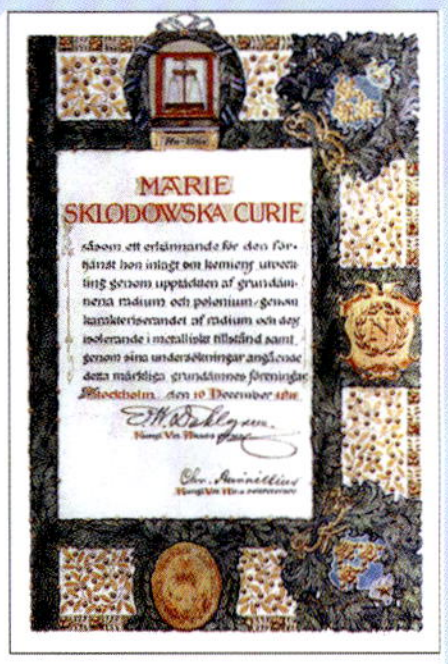

1911年，玛丽·居里获诺贝尔化学奖。

1911年

玛丽·居里获诺贝尔化学奖。她成功地分离出了金属镭。

1914年

镭研究所在巴黎成立。
玛丽·居里为军队组建了放射学救治部门，在第一次世界大战中，为救治一百多万名伤员提供了X光诊断。

1921年，伊雷娜·居里和玛丽·居里。

1919年

镭研究所正式启动，伊雷娜·居里成为玛丽·居里科研团队的一员。

1924年

弗雷德里克·约里奥受聘为镭研究所玛丽·居里的技工。

1926年，弗雷德里克。

1926年

10月，弗雷德里克与伊雷娜结婚。

1932年

弗雷德里克和伊雷娜·约里奥-居里研究核抛射现象。

1934年

1月，弗雷德里克和伊雷娜·约里奥-居里发现人工放射性。
7月4日，玛丽·居里在桑色莱茉去世。

1935年，伊雷娜获诺贝尔化学奖。

1935年

弗雷德里克和伊雷娜·约里奥-居里获诺贝尔化学奖。

1936年

6月至8月，伊雷娜·约里奥-居里任法国教育部科研副部长。

1937年

弗雷德里克·约里奥-居里受聘为法兰西公学院教授。

1938年，弗雷德里克在法兰西公学院。

1939年

弗雷德里克·约里奥-居里与哈尔班、科瓦尔斯基合作，发现铀的链式反应条件并申请了专利。

1944年

8月，法国解放，弗雷德里克·约里奥-居里退出抵抗组织并出任法国科学研究中心主任。

1946年

1月，弗雷德里克·约里奥-居里被任命为原子能委员会高级专员，领导法国第一座反应堆ZOÉ的兴建。伊雷娜·约里奥-居里升任索邦大学教授并被任命为居里实验室主任。

1950年

弗雷德里克·约里奥-居里发起《斯德哥尔摩宣言》，呼吁禁止核武器。与此同时，被撤销原子能委员会高级专员职务。

1955年，伊雷娜在库尔舍瓦勒。

1956年

3月17日，伊雷娜·约里奥-居里在巴黎去世。

1956至1958年

弗雷德里克·约里奥-居里接手伊雷娜遗留下来的工作，完成了奥赛实验室的兴建。

1958年

8月14日，弗雷德里克·约里奥-居里在巴黎去世。

前言

发现新世界

玛丽·居里（Marie Curie，1867—1934)

这是一个奇迹，一个迄今为止让后人无法超越、难以企及的奇迹：来自同一个家庭的两对居里夫妇三次获得了诺贝尔奖。他们开创和发展了一个崭新的放射性研究领域，这一科学研究领域给19世纪末直至20世纪的人类社会打下了深刻的烙印。

两对居里夫妇在日常生活中平等互助、相互尊重，而在科研领域，却又保持独立，并将各自的独创才能发挥到了极致。两代人相辅相成、承上启下，奇迹般地延续了一个崭新的科研领域，开创了独特的研究传统和实验方式。他们的研究涵盖了从物理学到化学、从医学到天体物理学的诸多领域，其研究成果更是在各项应用范围中都具有重大的意义。

皮埃尔·居里 (Pierre Curie，1859—1906)

老一辈居里夫妇皮埃尔和玛丽是放射科学的奠基人，而第二代弗雷德里克和伊雷娜则让这一崭新的学科得到了令人惊喜的发展。他们之间的科研合作成果卓著，硕果累累。皮埃尔和玛丽于1903年获得诺贝尔物理学奖。皮埃尔去世后，玛丽于1911年独自获得诺贝尔化学奖，他们的全面合作持续了大约三年。弗雷德里克和伊雷娜获得了1935年的诺贝尔化学奖，他们两人的全面合作大约持续了六年。早在获奖之前，皮埃尔就曾在多个物理学领域取得过重大发现，而在四位巨匠紧密合作之后，他们便开始致力于同一领域的研究和探索。虽然，两对居里夫妇在科研上合作的时间都并不长，但恰恰就是这短暂的合作，成就了四位科学巨匠非凡的科研能力和丰硕的科研成果。

皮埃尔和玛丽共同发现了钋和镭。放射性——这个用于描述某些元素自发地放出射线的现象，并以此展示那些重原子核之间的共性的名词——就来源于此。这一重大发现给19世纪末的物理学带来了一场大革命。

伊雷娜·约里奥-居里 (Irène Joliot-Curie，1897—1956)
弗雷德里克·约里奥-居里 (Frédéric Joliot-Curie，1900—1958)

弗雷德里克和伊雷娜共同发现了人工放射性，即自然界原本不存在而通过人工产生的放射性。他们以此证明了放射这一自然现象的普遍性。目前，已发现的放射性核素大约有2500种。

自此，所有的科学领域无一例外地被原子核之可变性所更新。以此为工具，科学家们探索了物质的神秘构造，解释了恒星的形成和死亡，用核衰变放热现象修订了地球热动力学，化学家和生物学家利用放射性示踪剂分析化学反应和各类分子的作用，医学界也以此有了新的治疗方法。

在不同的科学和政治环境中，这两对居里夫妇不仅关心科学研究和发展，同时也致力于促进社会的平等和进步。他们开创的放射学科——这一崭新的学科，为人类打开了一扇通向新世界的大门。

皮埃尔·拉德瓦尼

1

EN 1898
DANS UN LABORATOIRE
DE ETTE ECOLE
PI E ET MARIE
URIE
STES DE
VE BEMONT
ECOUVERT
LE RADIUM

创世纪的物理学家

我长大后要做些什么？少年的皮埃尔·居里曾这样问自己。

1875年，16岁的皮埃尔选择了物理专业。年轻的物理学家很快便发现了压电效应和一些基本磁定律。

↑ 皮埃尔和玛丽·居里在1904年。

1995年4月20日，星期四。这天下午，巴黎的天空湛蓝如洗，晴朗而洁净。位于塞纳河左岸的先贤祠广场，以及正对面的索弗洛大街和周边的街道上，人头攒动，人山人海。广场两侧搭起了宽大的观礼台，先贤祠的正面悬挂着巨大的法兰西三色国旗，从三角楣饰一直覆盖到大门的上方。先贤祠，这座由索弗洛（Soufflot）和朗德莱（Rondelet）于18世纪末修建的雄伟建筑，是一座永久纪念法国历史名人的圣殿，在它的墓穴中，长眠着法兰西的伟人，从让-雅克·卢梭（Jean-Jacques Rousseau）到埃米尔·左拉（Émile Zola），从葛瑞格尔神父（Abbé Grégoire）到维克多·雨果（Victor Hugo），从加斯帕尔·蒙日（Gaspard Monge）到让·佩兰（Jean Perrin）和保罗·朗之万（Paul Langevin）。在先贤祠巨大的圆顶下方，宽阔前冲上镌刻着一行著名的铭文——伟人们，祖国感念你们。

法国总统弗朗索瓦·密特朗（François Mitterrand）在他执政的最后日子里，希望将皮埃尔和玛丽·居里夫妇的骨灰迁入先贤祠安葬。这天，密特朗总统、波兰总统莱赫·瓦文萨（Lech Walesa）、法国总理爱德华·巴拉杜（Édeouard Balladur）以及两位科学家的后裔们簇拥着一位白发苍苍的夫人——皮埃尔和玛丽·居里的小女儿艾芙·居里（Ève Curie），一起登上了搭建在圣殿门廊一侧圆柱下的一座平台。在这里，他们将和成千上万的巴黎市民一起，缅怀这对为法兰西和全人类作出了非凡贡献的科学家夫妇。在另一侧的平台上，法兰西共和国卫队乐团奏响了国歌。

皮埃尔和玛丽·居里大学的学生们抬着两位先驱的棺木沿着铺着白色地毯的大道从远处缓缓走来。紧随其后的中学生高举着白、蓝、红三色的α、β、γ字母牌，代表着皮埃尔和玛丽·居里所发现的钋和镭以及其他放射性物质的各种射线。当这支队伍到达先贤祠门口后，法兰西共和国卫队士兵整齐列队，接过了棺木。

1992年诺贝尔物理学奖获得者、高等物理化工学院（École supérieure de physique et de chimie industrielles，ESPCI，皮埃尔和玛丽·居里在这里发现了镭）院长皮埃尔-吉勒·德热纳（Pierre-Gilles de Gennes）在安葬仪式的现场回顾了两位科学家卓越的科研成果。随后，法国和波兰的两位总统分别发表了演讲。法国总统密特朗在他的演讲中盛赞了两位科学家的高尚人格：“皮埃尔和玛丽在人民的心目中象征着为科学而献身的美德，这两个名字像一条纽带联结着两个民族的友谊”。密特朗还说道：

↑ ESPCI(原巴黎市立物理化工学院)的入口处纪念皮埃尔和玛丽·居里的牌匾。

“把皮埃尔和玛丽的骨灰迁入我们的记忆圣殿，不仅仅是法兰西赋予他们的荣誉，更是为了以此坚定我们发展科学研究的信念，表达我们对像皮埃尔和玛丽一样献身于科学的人们的尊敬。此外，今天的仪式之所以大放异彩，还因为这是有史以来第一位女性凭借着自己的成就荣获了移柩先贤祠的殊荣…… 我很荣幸为诸位展示另一座引人注目的丰碑：一位女性为在男性独霸知识及权利的社会中彰显其非凡的能力而作出的不懈奋斗。”

从此，先贤祠中就有了女性。

↕ 媒体广泛报道了1995年4月20日的皮埃尔和玛丽·居里骨灰移灵先贤祠仪式。主席台上左起为密特朗夫人，波兰总统瓦文萨，法国总统密特朗，法国总理巴拉杜，艾芙·居里。皮埃尔和玛丽·居里的外孙皮埃尔·约里奥和外孙女海伦·郎之万坐在第二排。

阿尔萨斯的医生世家

↑ 19岁时的皮埃尔·居里。

皮埃尔·居里于1859年5月15日出生在巴黎毗邻植物园和国家自然历史博物馆的居维叶街（rue Cuvier）。父亲欧仁·居里（Eugène Curie）在这家自然历史博物馆做研究。跟他的祖父一样，父亲也是医生。

欧仁·居里于1827年出生在法国米卢斯（Mulhouse），是保罗（Paul）和奥古斯丁·居里（Augustine Curie）的五个孩子中的长子。在动物学家杜维诺依（Duvernoy）的帮助下，欧仁·居里于1852年通过了医学博士论文答辩，并成为杜维诺依的博物馆助手。此后，欧仁又追随比较解剖学教授路易·格腊提奥累（Louis Gratiolet）继续从事科研工作。欧仁·居里热衷于科学研究，他追随父亲的足迹，对顺势疗法的兴趣十分浓厚。1854年，欧仁娶了里昂纺织商之女克莱尔-索菲·德布里（Claire-Sophie Depoully）为妻，克莱尔-索菲的父亲在1848年法国大革命中破产。尽管出生于一个新教家庭，但欧仁·居里却是一个坚定的反对教权的共和主义者，他热爱自然，相信科学。正是这些信念深深地影响了他的两个孩子，即出生于1855年的雅克（Jacques）和四年后出生的皮埃尔。

↑ 居维叶街——皮埃尔·居里出生地。

皮埃尔出生后不久，欧仁·居里为了开一间诊所，搬到了巴黎第7区的巴克街（rue du Bac）附近。早在1848年的法国大革命中，欧仁就曾英勇无私地救助过伤员。而在1871年春天的巴黎公社街垒战中，他又在两个儿子的协助下把附近街垒的伤员抬回来救治。由此，他被社会上看作是亲公社分子，不得不于1883年举家迁出巴黎市区，搬到了巴黎近郊的玫瑰泉（Fontenay-aux-Roses）居住，并在拉卡纳尔中学（Lycée Lakanal）当了一名校医，此后不久，他们又搬进了巴黎南郊索镇（Sceaux）的一幢小花园洋房。

皮埃尔和雅克的家庭环境虽不富裕，却非常和睦。以现代的眼光来看，他们所受到的教育是很独特的。雅克不定期地去学校学习，而皮埃尔则干脆待在家里。需要说明的是，法国的初级教育自1881—1882年才开始成为面向全社会的公共的、独立于宗教之外的义务教育。玛丽在1923年回顾她和皮埃尔的对话时曾经说道:

“他的启蒙教育首先来自于母亲，而后来自于父亲和哥哥，其实他哥哥自己都没有接受过完整的中学教育。皮埃尔·居里的智商可以说无法使他迅速全面地消化学校的课程。而学校所要求的脑力劳作方式也同样无法限制他幻想式的思维。”

然而，他与大自然却有着无比亲密的接触。玛丽回忆道：

“在父亲的引导下，他努力培养自己仔细观察和正确解释的能力，学习如何准确辨认巴黎周边的动物和植物。他清楚地知道在树林里、草原上，在河流和池塘中，一年四季分别都能寻找到些什么。”

14岁那年，皮埃尔师从一位优秀的教师，亚历山大·巴齐耶（Alexandre Bazille），跟他学习数学和拉丁语。玛丽说：

“皮埃尔·居里具有出色的数学天赋，特别体现在他典型的几何思维和超人的空间视觉上。他不久就取得了很大的进步……”

这些课程让16岁的皮埃尔于1875年11月获得了理科高中毕业证书。现在，这个年轻人该选择一个学习方向接受高等教育了。可就在此刻，皮埃尔问自己：

“我将来会是个什么样的人呢？……我很少属于我自己，平常，我身心的一部分都在沉睡中。”

无法集中注意力的皮埃尔这样写道：

“为了避免让软弱的自己被随意刮过的小风吹昏了头脑，必须让周围的一切都保持静谧，纹丝不动，或者必须像一个转动起来的、不断膨胀的陀螺，自身的动态可以使我对外界事物失去敏感。……应该让生活变成梦幻而让梦幻变成现实。”

↖1878年，欧仁·居里与妻子克莱尔-索菲和他们的两个儿子雅克（左）和皮埃尔（右）在索镇。

物理学还是药学：必须作出选择……

惯于沉思和幻想的皮埃尔性格内向、害羞，而且摇摆不定。可是，一旦作出了选择，他就会全力以赴，让自己的科学想象力得以自由的发挥，这时候便很难再使他改变方向了。由此，父亲称他为“温柔的倔头”。哥哥雅克则与皮埃尔完全不同，他活力四射且充满自信。也许正是因为两兄弟这迥异的性格，他们之间一直保持着牢固的友谊和密切的合作。

皮埃尔进入索邦（Sorbonne）大学攻读物理学学士。当时，授课和实验还都在索邦旧校址。那个年代，原子的存在还远远未被所有物理学和化学教授所接受。1876年，两位来自阿尔萨斯的化学家查尔斯·武兹（Charles Wurtz）和查尔斯·弗里德尔（Charles Friedel）获得了教授资格，于是，他们便把原子学说引进了索邦大学的课程里。他们对1877年取得学士学位的皮埃尔·居里影响巨大。

与此同时，皮埃尔还在巴黎药学院注了册，而雅克则成为了该学院的一名化学技工，药学院位于第5区阿尔巴莱特街（rue de l'Arbalète），即现在农学院的位置上。皮埃尔的工作是协助物理技工让-古斯塔夫·布尔布茨（Jean-Gustave Bourbouze），同时也跟哥哥雅克一起在实验室工作。布尔布茨原先是一名机械师，和许多物理学家有过合作，后来成为了一名制造设备的个体商户，皮埃尔最初使用的测试仪器就是由他制作的。皮埃尔没有参加药学课程考试，但却注册了必修的实习课程，在离家不远的巴克街的一家药店里实习。

1878年1月，皮埃尔被理学院聘为物理教学实验室助理技工（将近三年后升为技工），该院院长保罗·德斯爱因斯（Paul Desains）同时也兼任索邦大学教授和高等研究应用学院院长。皮埃尔和德斯爱因斯一同研究“不可见热辐射线”，就是今天人们所说的红外线，即波长长于红光的、可使吸收它的物体升温的射线。皮埃尔利用细金属丝光栅衍射的方法，以温差热电偶为射线的检测仪，成功地直接测定了红外线的波长（见第26页图）。这一研究成果于1880年以科学院短讯的形式成为皮埃尔·居里的首篇专业论文，德斯爱因斯为该论文合作者。

不可见热辐射线的测定

当白光穿过棱镜时，会分解为不同颜色的光束而产生光谱。每一单色光都是具有特定波长的电磁波，只要测定其偏差就可以得知其波长。然而，要测定氧化铜（a）加热时所产生的“不可见热辐射线”（红外线）的波长就不那么容易了。1880年，皮埃尔·居里和保罗·德斯爱因斯假定不可见热辐射线穿过细金属丝光栅（d）时会像可见光一样产生衍射现象：就是波在传播过程中经过障碍物边缘或孔隙时偏离原来直线传播的物理现象，其偏差取决于它的波长。射线自放射源（a）通过窄缝（b）成像，经过透镜（c）和光栅（d）后形成衍射谱，例如白光源的衍射谱（f）。每一条纹到中线的距离取决于与其对应的射线的波长。因为物体吸收红外线时会发热，所以通过在成像面上滑动连接着检流计的温差热电偶，就可以确定红外线条纹的位置，从而计算出红外线波长。

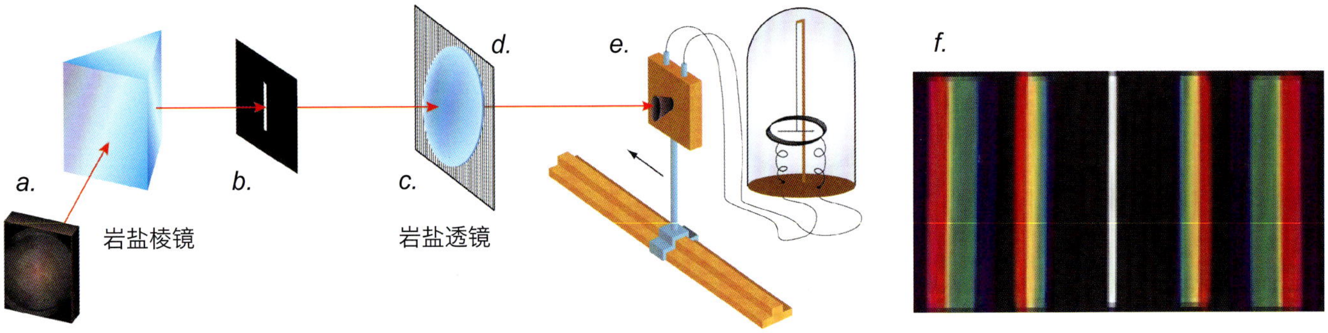

热释电和压电，起因就是不对称性

在晶体内部，原子有规则地排列在三维空间里一个以单位晶胞周期性重复并置而形成的网络中，人们根据其对称性对晶胞进行归类。每一类都包含一个具有全部该类对称的晶胞，同时也会有一些失去了或增加了某些对称的晶胞，从而导致了一些晶体的特性：热释电和压电就是两种源于单位晶胞的不对称性而产生的物理现象。

只有非中心对称的晶体，像石英和电气石，才具有压电性：这类晶体在顺电轴方向（见第27页图）受到压力或张力时会沿此轴发生极化。然而，非中心对称不是具有热释电性的充分条件：晶体还必须拥有一根唯一的“极化”对称轴，也就是说，沿着这根轴，性能取决于方向。在这种“定向”晶体（例如电气石）中沿极化轴存在自发的、均匀的电极化。但是这一极化通常被晶体中和空气中的离子杂质抵消了。晶体受热时，原子配置产生变化，极化也就随之产生变化并出现；同样，晶体的延伸也就引起压电效应。

发现压电效应

雅克刚刚被化学家查尔斯·弗里德尔领导的学院任命为矿物实验室的技工。为了准备博士论文，他需要研究石英的热释电现象。皮埃尔很快就加入到这项前景光明的研究工作中来。那时，人们已经知道两种能使绝缘体带电的方法。一种是摩擦电，比如在摩擦琥珀或某些晶体时可以使其带电。早在古希腊时代，米利都的泰勒斯就已经发现了这一现象，希腊语中琥珀被称作elektron，老普林和普鲁塔克（Plutarque）对此就有过描述。18世纪初，查尔斯·弗朗索瓦·德西斯戴尔耐·杜斐（Charles François de Cisternay du Fay）将摩擦琥珀和摩擦玻璃或晶体产生的静电分述为树脂电和玻璃电，也就是我们今天所说的负电和正电。另一种是热释电，这是某些非中心对称晶体（斜面式半面象晶体）所具有的特性，此类晶体有一个或多个两端不同的对称轴。变化温度便可以使其两个对立的晶面分别带正电和负电（那时被称作极化电），皮埃尔和雅克认为这种温度变化在晶体内是均匀的。

a.

b.

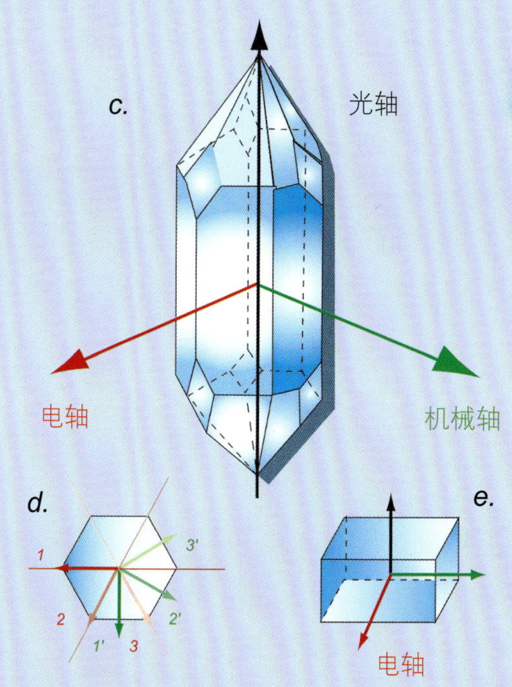

↑ 石英(a)和电气石(b)晶体没有对称中心，因此具有压电性。当顺其电轴［垂直于石英光轴(c)，切面(d)中的1、2、3］挤压时，就会沿此方向发生电极化。为了研究压电效应，皮埃尔·居里曾按图(e)切割石英。

全面象和半面象

晶胞如果拥有所有隶属晶系的对称元素，晶体被称作“全面象晶体”；反之则被称作“缺面象晶体”。后者中拥有一半对称元素的即被称作“半面象晶体”。那么，菱面体（a）就是三方晶系中全面象晶胞，而电气石的晶胞则是同一晶系中的锥形半面象晶胞（b）。以此类推，皮埃尔·居里认为圆柱（c）是圆柱对称群的全面象元素而圆锥（d）则是其半面象元素。

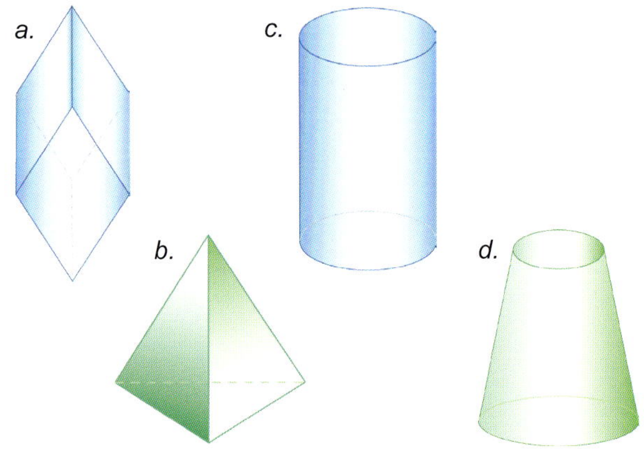

根据著名矿物学家勒内·茹斯特·阿羽依（René Just Haüy，1743—1822）的研究成果，我们也知道，一些全面象（拥有所有对称元素）晶体，比如晶石，在被挤压时同样会产生静电，“但是”居里兄弟解释说，“那是同一符号的电荷；是一种表面效应”。早在研究的初期，皮埃尔和雅克就发现了半面象晶体中的一种新现象，该发现发表于1880年8月：

“我们找到了一种能使这些晶体产生极化电的新方法，就是沿其半面象轴施以压力变化。”

在受到挤压时，这些晶体的末端会沿挤压轴方向分别带正、负电。抻拉时会发生同样的现象，但正、负电极是相反的。带电量与压力变化量成正比。这种现象被称作压电效应。居里兄弟奠定的定律主要建立在对电气石和石英晶体的研究成果上。所有热释电晶体都是压电晶体，但不是所有压电晶体都具有热释电性（例如石英）。

物理学家加布里埃尔·李普曼（Gabriel Lippmann）猜想可能还存在相反的现象，也就是说，对压电晶体施以电压差时会使其产生变形。1882年，在一间德斯爱因斯和穆桐（Mouton）分配给他们的独立实验室中，皮埃尔和雅克通过难度极大但非常精巧的实验成功地测量到了石英的延伸量，并以此证实了李普曼的猜想。

压电效应的应用十分广泛。居里兄弟将石英片进行特殊切割，使其两平行面垂直于“电轴”，再分别贴上锡箔并连上象限静电计。他们制作的这种压电石英可以测量微小的电量和电流。后来，玛丽和皮埃尔·居里在研究放射线时使用的就是这类仪器。压电效应还被应用于超声波的生成和探测，特别是在第一次世界大战的反潜战中。稍后出现的留声机唱针也应用了这一原理。当今最重要的应用是石英钟表，这里是利用了逆压电效应：由电池提供的直流电压转换成的交流电压使石英产生振动，并使其以很小的频率进入共振而形成“时钟”。

皮埃尔·居里的对称原理与其局限性

什么是对称？当它以海星或蜂窝的形状出现时，我们会认出它来，可又该如何解释它呢？19世纪的数学家们在发展群论时给出了答案：重要的不是物体的形状，而是其对称变换后的不变性。所谓“对称变换”可以是以一点或一根轴为中心的旋转、相对于一个平面的反射，或者是平移。那么，如果把下图中的瓷板旋转90°，看起来它好像没有被动过：因为它具有四重旋转轴。同样，沿其任意一根对称轴竖一面镜子都可以通过影射得到完全相同的图案。

起因的对称同样出现于效应中，皮埃尔·居里如此注释：物体特定的“对称变换性”影响其物理性能。所以蝴蝶在飞动时保持两侧对称。但是皮埃尔·居里没有注意到，有时候效应没有完整地保留起因的所有对称性。比如人在前进时要想保持两侧对称的话，就得像袋鼠一样蹦跳！然而，走动时左右脚分别在前时的两个姿态是相互对称的，组合在一起便是皮埃尔·居里所期望的对称。这就是说，这时候打破对称并不会失去起因的对称，而是将其分解成对称性低的状态。居里的原理只适用于体系中全部状态的集合。

↑ 这块西班牙阿兰布拉（Alhambra）宫的彩色瓷板的图样有一根四重旋转轴。

→ 雅各布·施泰纳（Jakob Steiner，1796—1863）所提出的分解对称的例子：如何以最短距离连接位于正方形四角的城市？有两种等同的方法，毫无疑问，这两种方法所提供的网络没有四个城市分别所在的位置所具备的四重对称，但是如果考虑两种连接方法之和就可以将其修复。

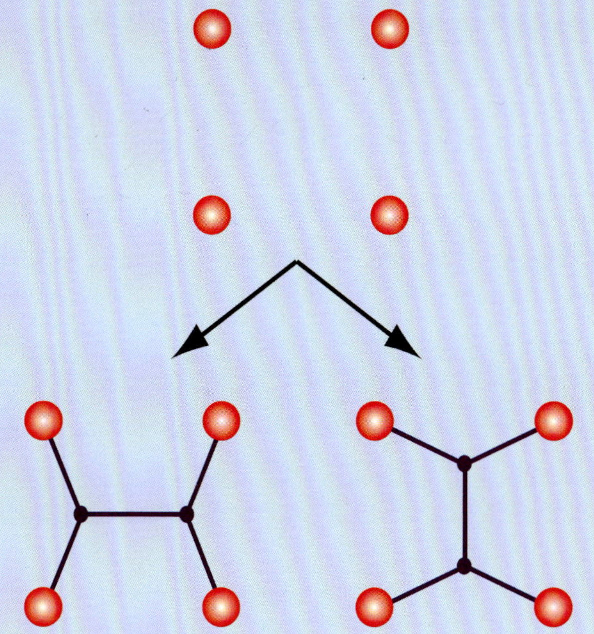

在物理化工学院当技工

1883年初，兄弟俩各行其道，但感情却日益加深。雅克去蒙彼利埃（Montpellier）做了矿物学讲师。而皮埃尔通过弗里德尔推荐，于1882年秋被巴黎市立物理化工学院任命为技工。这个级别于1890年调整为主管。

↑ 1878年的米卢斯化学学院和教室。1870年，法国东部的阿尔萨斯地区被德国占领。之后，经阿尔萨斯化学家查尔斯·劳特提议，创立了完全以米卢斯化学学院为原型的巴黎市立物理化工学院。新学院的院长保罗·舒曾贝尔格出生于阿尔萨斯地区的斯特拉斯堡，曾在米卢斯化学学院任教11年。这位染料专家1876年就已经是法兰西公学院教授，后来成为医学院院士、科学院院士。在最近的一篇传记中，洛伊克·巴博(Loïc Barbo)就强调过“阿尔萨斯关系网”的重要性，他们和弗里德尔一样，都是化学家武兹（Wurtz）的原子论概念的信徒。皮埃尔·居里于1882年成为该院技工。

1870年普法战争后，法国失去了阿尔萨斯（Alsace），同时也失去了米卢斯化学学院，来自阿尔萨斯的巴黎市议员查尔斯·劳特（Charles Lauth）认为，法国化工业正在快速滑坡，建立一所以实用教学为主、培养物理和化学工程师的新学院迫在眉睫。在劳特的倡议下，新学院成立了。

学院设在巴黎第5区中心洛蒙街（rue Lhomond）42号罗兰中学（Collège Rollin）的老房子里，现在的校门开在沃克兰街（rue Vauquelin）。一开始，比学生大不了多少的皮埃尔是唯一的物理技工，外加一位助手。所有都需要从头建立、布置和安排，特别是学生的实验课。

那时候，皮埃尔没有时间也没有物质条件做自己的实验。他唯一的乐趣便是独自思考和哥哥一同研究过的晶体对称理论和现象。他很想跳出矿物分类的圈圈。于是，他的兴趣从晶体对称理论过渡到了物理对称。皮埃尔·居里证明，如果想预测结晶物质内部可能发生的现象，同样要考虑其所对应的物理量的对称。十年中，围绕这个课题发表的六篇文章被皮埃尔命名为《晶体学和物理学对称的广泛研究》。他写道：

“应该将晶体学中为人熟识的对称推论引入对物理现象的研究。”

皮埃尔使用越来越深奥的数学概念、矢量和覆盖运算群等。他在法国物理学会的会议上介绍了这些研究成果，并将其加入了自己的教材。

他把可以用箭头表示的矢量分成极矢量和轴矢量，比如代表速度、力或电场的是极矢量而代表由电圈所产生的磁场的矢量则是轴矢量：极矢量在垂直于矢量的镜面中的像是倒影，而轴矢量的像和本身完全一样。

皮埃尔于1894年以命题的形式阐述了对称的普通原理（通常被称作居里定律）：

“某些对称元素可以和某些现象同时存在，但是现象不取决于对称元素，而是取决于某些对称元素的不存在，现象是不对称造成的。…… 当某些起因导致某些效果时，起因的对称元素一定存在于它所导致的效果中。

如果某些效果显示出某些不对称，那么这些不对称一定存在于导致这些效果的起因中。

以上两条命题的逆命题是不成立的，最起码是基本上不成立的，也就是说，效果的对称性有可能高于起因自身的对称性。”

对称概念和守恒定律的组合将带来丰硕的研究成果，特别是粒子物理学中对新粒子及其性质的预测。

随着时间的推移，皮埃尔慢慢地重新开始了他所擅长而且终生喜爱的实验研究，设计、开发和制造了不同的测量仪器。除了前面讲述过的压电石英，还有一种新型象限静电计、一台快速精密扭秤、一台验电器和一种测量磁常数的仪器。当时，这些仪器的制造主要是依靠一些小公司，特别是中央化学品公司。

皮埃尔·居里发现磁定律

哥哥雅克已经在三年前通过博士论文答辩。1891年，皮埃尔决定着手对磁学进行实验研究，以准备自己的博士论文。在院长保罗·舒曾贝尔格（Paul Schützenberger）的帮助下，皮埃尔得到了少量的经费以及使用一些教学器材的权利。但是，他只能在楼梯和学生实验室中间的一个狭小空间里进行实验。就是在这个角落里，著名的对物质从常温到1370℃下的磁性变化的研究持续了整整三年半。其间，他一共研究了20种不同物质。

皮埃尔在博士论文中把物质的磁性分为三类：

“抗磁性物质——包括绝大多数单质化合物。弱磁性或顺磁性物质——其中包括氧气，…… 钯，…… 锰，…… 和一些不同的盐。铁磁性物质——包括铁、镍、钴…… 乍一看，这是绝对清晰的三组分类 …… 但是否存在过渡态呢？这是三种完全不同的现象吗？”

抗磁性，顺磁性和铁磁性

物质可以根据其磁性分为三类。其中，抗磁性存在于所有的物质中，然而只有当组成该物质的原子的所有电子都是成对的时候，抗磁性才能显现出来，但这些物质不具有任何永久磁性。把抗磁性物质（a）置于磁场H中的时候，原子的电子云就会发生变形，从而在该物质中产生与磁场方向相反的磁性M。

在顺磁性物质（b）中，原子外部的电子云存在不对称性（单数电子或内层的轨道没有全部占满）。这一不对称性使每个原子都具有不定向磁矩，这些磁矩在磁场中会沿着磁场方向取向。

铁磁性物质（c）中也存在磁矩，但它们是很强的磁矩，即使没有外部磁场，它们也会形成局部取向。在外部磁场的作用下，局部的表面会移动，使原子的磁矩沿着磁场方向取向。与抗磁性正好相反，顺磁性和铁磁性将加强外部磁场。

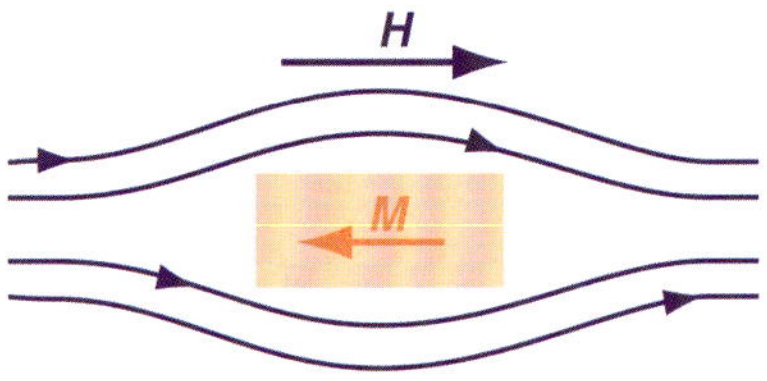

a.

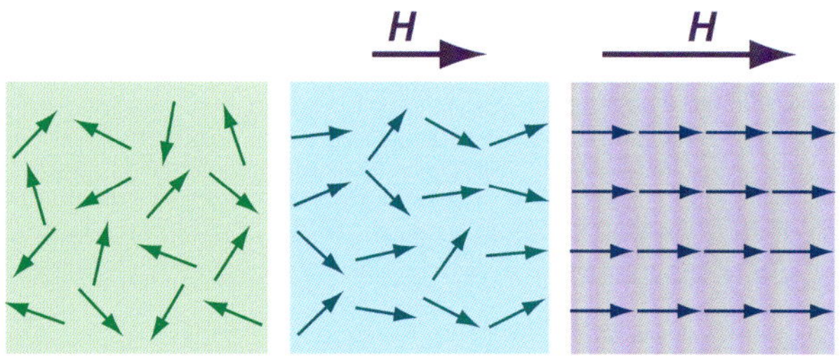

b.

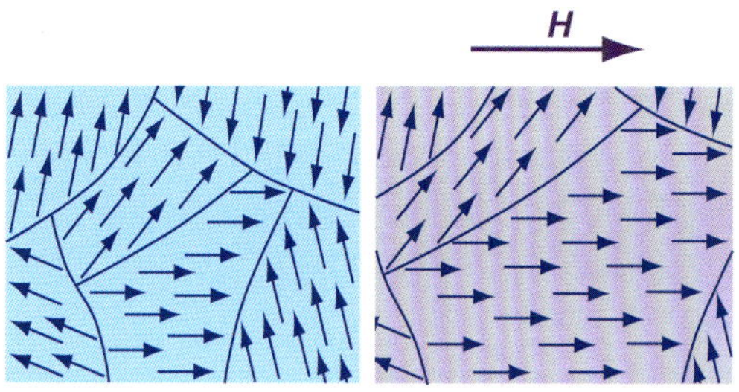

c.

磁性和温度

在测定不同温度下各种物质被磁场磁化的强度，也就是磁化率时，皮埃尔发现了多种不同现象：1. 抗磁性不随温度变化、也不随磁场强度的变化而变化（图中橙色直线）；2. 温度越高，顺磁率越低（绿色曲线）；3. 温度一旦超过临界点T_C，铁磁性物质就会失去其原有的特性而变得像顺磁物质一样（蓝色曲线）。

当时，人们还不了解原子的结构，对这些现象的解释也就颇具局限性：基于其特性，抗磁性的起因似乎不同于顺磁性和铁磁性，而顺磁性和铁磁性之间的关系是互变关系。现代物理学对这些现象给出了新的解释（见第34页）。当温度升高时，原子的热运动加快，它们变得更活跃而且更不稳定。于是，顺磁性物质中的磁矩就越来越难沿外界磁场方向取向。同样，在铁磁性物质中，当温度超过居里点时，磁矩的变化如此的活跃，混乱无序程度使其变得和顺磁性物质一样。

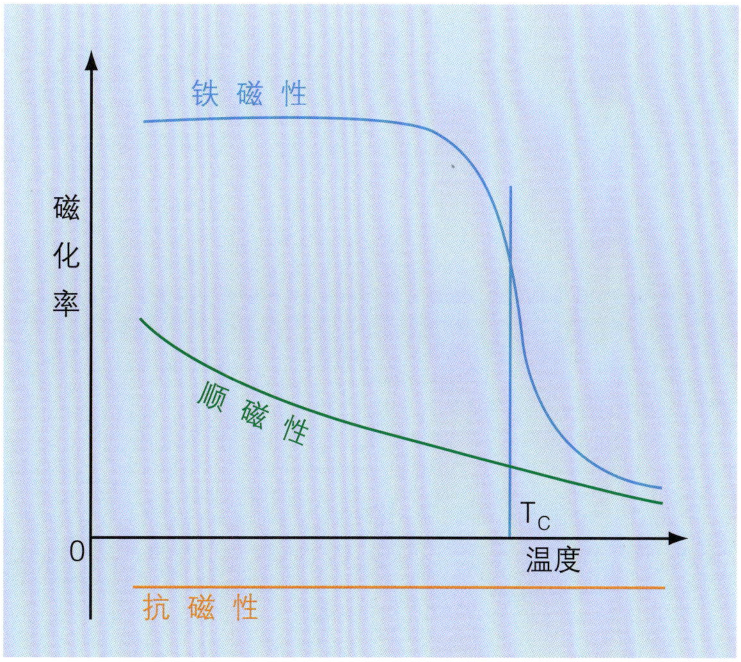

皮埃尔将所要研究的材料置于不匀称的磁场中，利用线的扭转来测量磁场作用下的合力。玛丽曾回忆说：要测定磁化率，就要测量小到百分之一毫克的力，而且是在1400℃的箱内！磁化率就是单位磁化强度（磁矩除以质量）和磁场强度比。皮埃尔得出了重要结论：

“抗磁性物质的磁化率与磁场强度无关。它通常也与温度无关。”

相反，顺磁性物质在温度变化时的表现则完全不同：

“它们的磁化率常常随绝对温度升高而降低。”

这就是居里定律（绝对温度以-273.1℃为零点）。于是，他认为顺磁性和抗磁性起因不同。至于铁磁性物质，它们则会在温度升高时逐渐地实现转换：磁化率在低温下处于最高点，当温度升高到一定程度时快速下降，最终在温度达到磁性转变点时加速下降至零点——这就是我们今天所说的居里点或居里温度（铁的居里点为770℃）。温度高于居里点时，铁磁性物质具有和顺磁性物质同样的特性。

最后，皮埃尔提出：

“从原子理论的角度考虑，以我们对流体所提出的假设作类似推论，可以说，当磁性粒子的磁化强度高到足以使它们相互作用时，磁化强度的快速提升就会发生。”

保罗·郎之万、皮埃尔·外斯（Pierre Weiss）和其他20世纪的物理学家认同这一观点。现在，我们知道抗磁性源于磁场对原子电子或分子电子运动的干扰而产生的感应磁矩。有些原子或分子还另外具有永久磁矩，尽管存在原子的热运动，磁场还是能使这些磁矩产生取向：这就是顺磁性。在铁磁性物质中，当温度低于居里点时，单位磁矩达到了足够的强度使其在没有磁场的情况下同样能够取向而实现磁化。

皮埃尔·居里开始在科技界声名鹊起。著名物理学家威廉·汤姆森（开尔文男爵）路过巴黎时听了皮埃尔在法国物理学会作的报告，跟他进行了探讨，第二天又参观了他的实验设施。这一切使威廉·汤姆森对皮埃尔产生了由衷的敬佩。

稍后，皮埃尔·居里第一次拒绝了授奖提名。他写信给上司说，与获奖相比，他更希望能改善工作环境。1895年3月6日，皮埃尔通过了博士论文答辩，论文答辩的评委是由埃德蒙·布蒂（Edmond Bouty）、保罗·加布里埃尔·奥特弗耶（Paul Gabriel Hautefeuille）和加布里埃尔·李普曼三人组成。父亲也旁听了他的答辩，幸福地见证了这一时刻。皮埃尔获得了物理化工学院的普通物理教授职位。就在此刻，谁也不曾想到，他的生活即将迎来一次巨变：一位波兰姑娘全神贯注地聆听了他的论文答辩，她的名字叫玛丽·斯克罗多夫斯卡。

← 皮埃尔·居里攻读博士论文期间发明的测定磁化率-温度关系的仪器。测试材料放在位于电磁场两极之间、附着着一个小电热器的玻璃器皿(D)中。玻璃器皿通过三个扭力偶(C、B、A)连接着一根扭线(F)，扭线的另一端连在显微镜下的测微计(M)上。通过测微计的移动可以演算扭线的扭曲，从而得到磁的作用力。

2

玛丽·斯克罗多夫斯卡，一位个性十足的姑娘

1891年，玛丽·斯克罗多夫斯卡离开波兰，前往巴黎接受高等教育。她爱上了物理学并和皮埃尔一起投入到了对神奇射线的研究中。

玛丽·斯克罗多夫斯卡（Marie Sklodowska）于1867年11月7日出生于波兰华沙。她的波兰名字叫玛丽亚（Maria），家里人叫她玛妮亚（Mania），玛丽这一称呼是到法国以后启用的。

那时，华沙在沙俄的残酷统治之下，即便如此，波兰人民也丝毫未曾丧失国家意识。一个世纪以来，波兰曾先后四次被外族瓜分，最后一次是在1815年的维也纳会议上。普鲁士夺取了包括波兹南在内的西部地区，奥地利吞并了加利西亚地区、稍后又吞并了克拉科夫。沙俄则掌控了东部和包括华沙在内的中部，在镇压了1830和1863年的两次起义后，实行残酷的暴政并开始推行俄罗斯化。在沙俄的统治下，所有的公立学校只允许使用俄语授课，而且也只有公立学校才有权利颁发学历证书。私立学校虽然允许使用波兰语，但却要受到警察的严密监控。然而，倔强的波兰人民却丝毫没有丧失国家意识，他们仍然坚强、勇敢地捍卫着自己的语言。

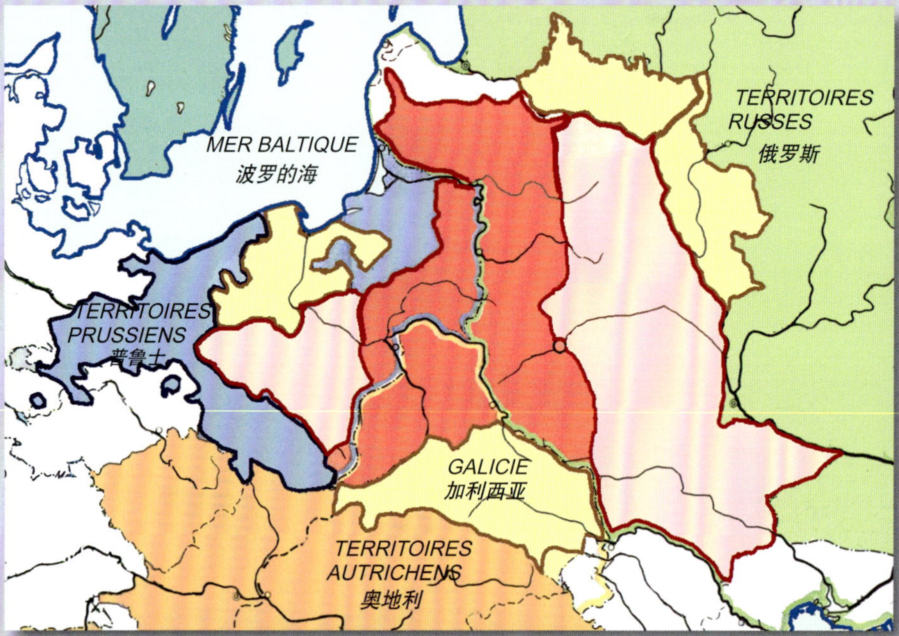

不同时期被瓜分的波兰领土。
黄色为1772年第一次被瓜分的部分，
粉色为1793年第二次被瓜分的部分，
红色为1795年第三次被瓜分的部分。

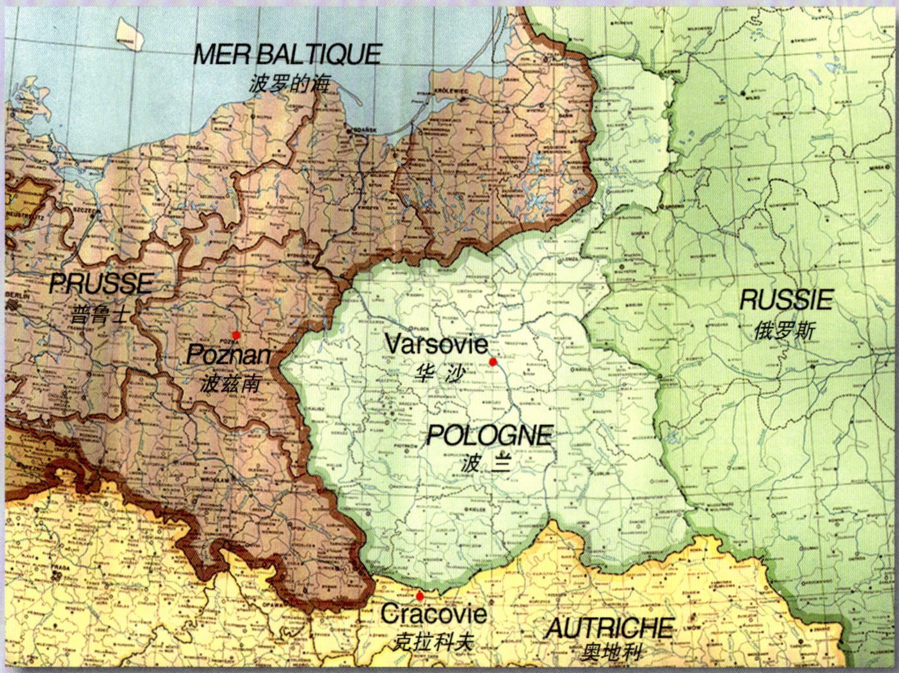

1815年维也纳会议后重建的波兰。这张地图标明了拿破仑失败后沙俄统治下的波兰王国的疆域。在俄罗斯化的环境中，1867年，玛丽·斯克罗多夫斯卡在华沙出生。

→ 斯克罗多夫斯基的孩子们：左起苏菲亚、海伦娜、玛丽亚、约瑟夫和布罗尼亚。玛丽亚出生和成长在华沙弗莱塔大街。

玛丽的父母二人，弗拉狄斯拉夫・斯克罗多夫斯基（Wladyslaw Sklodowski）和布罗尼斯洛娃・柏古斯卡（Bronislawa Boguska），都出身于破落农庄的贵族家庭。弗拉狄斯拉夫的父亲在外省教书。布罗尼斯洛娃的父亲已不再拥有土地，而是替一些稍富裕的家庭管理财富。玛丽的父母都接受过良好的教育。父亲斯克罗多夫斯基的全家都是以争取国家解放和提高民众教育水平为己任的知识分子。对于这样的一个家庭，不难想象抗俄起义失败后他们所面临的困难和经受的苦难。

弗拉狄斯拉夫是华沙一所公立中学的物理老师。这位卓越的教育家是个无神论者，他唯一信仰的就是科学进步。1860年，也就是他们结婚的那一年，布罗尼斯洛娃被任命为弗莱塔（Freta）大街一所私立学校的校长，这所学校是华沙顶尖的女子学校之一，布罗尼斯洛娃自己曾经也是这所学校的一名学生。与丈夫不同，布罗尼斯洛娃是一位虔诚的教徒。他们的五个孩子都出生在弗莱塔大街，玛丽是五个孩子中最小的一个。大姐苏菲亚（Zofia）生于1862年、哥哥约瑟夫（Jozef）生于1863年、二姐布罗尼斯洛娃（Bronislawa，别称布罗尼亚 Bronia）生于1865年、三姐海伦娜（Helena）生于1866年。

↑ 玛丽的父亲弗拉狄斯拉夫（1832—1902）和母亲布罗尼斯洛娃（1836—1878）。

玛丽3岁那年，父亲被任命为副校长，并因此分配到了一套公务用房，于是全家便搬出了弗莱塔大街。此后，母亲辞去了先前的校长职务，在家中相夫教子，专心给孩子们上课。父母亲对孩子们的教育真可谓尽心竭力，一丝不苟。尽管五个孩子学习都很努力，但是最小的女儿玛丽很早就表现出了与众不同的记忆力。艾芙・居里曾这样记录了三姐海伦娜的回忆：二姐布罗尼亚刚开始学习阅读的时候，一天，当她正在试图弄懂某个复杂句子的文字时，比她小两岁的玛丽从她的肩膀上探过头来，轻松地把句子读了出来。玛丽的这一举动使得还从未教她认字的父母大吃一惊，他们惊讶的表情竟把玛丽吓得哇哇大哭起来：

"对不起，对不起！不是我的错……可是这真的太简单了。"

不久，布罗尼斯洛娃·斯克罗多夫斯卡染上了肺结核。在大女儿苏菲亚的伴随下，她多次去国外长期疗养，先是去奥地利，后来又去了法国尼斯。那时，人们还不知道肺结核的病因是什么，当然也不懂得如何治疗。1873年，布罗尼斯洛娃回到华沙。就在同一年，因为和俄罗斯上司的分歧，弗拉狄斯拉夫丢掉了副校长的职位。他本来也可以就职于其他中学，可这样一来就这意味着要降低工资收入和失去公务用房，为养家糊口，只好自己开了一所寄宿学校。紧接着，灾难再次降临，苏菲亚因患斑疹伤寒于1876年早逝，这对长期患病的母亲堪称是一次沉重的打击。1878年，母亲也去世了。

↑ 玛丽亚·斯克罗多夫斯卡，摄于1883年。

↓ 玛丽亚·斯克罗多夫斯卡故居（左侧，摄于19世纪末）。该建筑毁于第二次世界大战，当时邮差只能把废墟的墙缝当信箱，重建后成为玛丽亚·斯克罗多夫斯卡-居里博物馆。

如饥似渴地学习

母亲去世的时候玛丽只有10岁。此前，玛丽就读的是弗莱塔大街的一所学校，后来转到离家较近的另一所私立学校，该学校开设了很多波兰历史和地理课程，而学习这些课程是不能让沙俄学监知道的。为了让玛丽能接触更多的年轻人，以减轻她失去母亲的痛苦，父亲把她转入了一所公立学校就读。1883年，玛丽以全校第一名的成绩获得了中学毕业证书。

翌年，便是玛丽修身养性的一年，她游历了波兰，更多地了解了自己的祖国，这期间她借住在亲戚或朋友处。她亲历了奥地利统治下的波兰东部和喀尔巴阡山。回到华沙后，玛丽做了一年私人教师，同时为继续求学做准备。她发现一所地下女子流动大学，当时华沙大学是不接受女生入学的，女子要想光明正大地上大学只有去国外留学。玛丽在一户有钱人家找到了一个家庭教师的职位。对玛丽来说，这是非常艰难的一年。其间，玛丽跟姐姐布罗尼亚商定：布罗尼亚先去巴黎学医，玛丽继续留在波兰当家教赚钱，以资助姐姐留学；等姐姐毕业后当了医生，再资助玛丽读书。

19世纪，华沙大学不接受女生。求知欲望强烈的玛丽常去地下女子流动大学听课。课堂就设在一些私人寓所，为了安全起见经常转移。

姐妹俩的计划开始实施后，布罗尼亚赴巴黎学习，玛丽则到士沛基（Szczuki）的农庄主佐拉夫斯基（Zorawski）家做了三年的家庭教师。佐拉夫斯基的长子卡齐米日（Kazimierz）正在华沙求学，假期回家时认识了玛丽。两个年轻人很快坠入了爱河。可是，卡齐米日的父母却因玛丽家境贫穷反对他们的婚姻。卡齐米日犹豫再三，最后还是遵从父母之命选择了跟玛丽分手。除了当家教，玛丽还教村里没有文化的农民子弟读书写字，而到了晚上，她则抓紧时间自学。正是这一个个勤奋学习独自探究的夜晚，使玛丽最终下定决心将来要在自然科学的领域里继续求学深造。

离开佐拉夫斯基家后，玛丽又到另一户有钱人家做了一年的家庭教师。1890年3月初，姐姐布罗尼亚给玛丽来信，说她跟一个刚从医学院毕业的波兰小伙子卡齐米日·德鲁斯基（Kazimierz Dluski）订了婚，并把婚期定在夏天。布罗尼亚在信中提议玛丽来年赴巴黎留学。于是，玛丽回到华沙父亲身边又住了一年，这一年里，她一边教书一边上地下流动大学，开始为自己的留学做准备。

1891年9月23日，她在致布罗尼亚的信中写道：

“布罗尼亚，我现在需要你给我一个明确的答复。决定你是否真的可以接纳我去你家，因为我已做好准备。我有足够的钱用以支付日常费用。在不给你增加太多负担的前提下，你可以给我提供伙食，写信给我。…… 你们可以把我安排在任意一个角落，我不会给你们添麻烦的，我保证不惹是生非。我恳求你给我一个答复，但是要坦率地！”

不久，玛丽就收到了布罗尼亚的回信，姐姐要她尽快动身赴巴黎。

↙↓ 1886到1889年，玛丽在士洙基的农庄主佐拉夫斯基家做家庭教师。楼上右侧是玛丽的房间。
玛丽爱上了佐拉夫斯基的长子卡齐米日，但这个富裕之家却反对他们二人的结合。

巴黎的自由之风

1891年11月初，刚刚24岁的玛丽坐了36个小时的火车抵达了巴黎。姐夫把她从车站接到了位于巴黎第19区德国街（rue d'Allemagne，现在叫让·饶勒斯大道avenue Jean-Jaurès）的姐姐和姐夫的家中。他们的诊所就开在公寓里，病人都是平民，大多数是居民区和附近拉维莱特（La Villette）屠宰场的工人，晚上还会有一些波兰流亡者在家中留宿。

在取得波兰中学毕业证书的认证后，玛丽在巴黎大学理学院注册攻读物理学士学位。每天，当乘坐马拉双层公交车去索邦上课的时候，巴黎的街景总能给她带来喜悦。著名教授深入浅出的授课更是让玛丽如饮甘露，她并不满足于书本知识，对实验课也同样兴趣浓厚。学校里绝大多数理科学生是男生，极少的女生中大部分是外国学生。尽管已经学过法语，玛丽还是不断努力地提高自己的法语口语和写作水平。

玛丽非常喜欢法国独立思考和追求真理的氛围，大口地呼吸着巴黎的自由之风。

RÉPUBLIQUE FRANÇAISE.

Diplôme de Licencié ès Sciences physiques.

Le Ministre de l'Instruction publique,

Vu le Certificat d'aptitude au grade de Licencié ès Sciences physiques accordé, le 28 Juillet 1893 par les Professeurs de la Faculté des Sciences de Paris, Académie de Paris à Melle Skłodowski, Marie Salomée, né à Varsovie, Russie, le 7 Novembre 1867,

Vu l'approbation donnée à ce Certificat par le Recteur de ladite Académie,

Ratifiant le susdit Certificat,

Donne, par les présentes, à Melle Skłodowski, le Diplôme de Licencié ès Sciences physiques, pour en jouir avec les droits et prérogatives qui y sont attachés par les lois, décrets et règlements.

Fait à Paris, sous le Sceau du Ministère de l'Instruction publique, le 30 Septembre 1893

Le Ministre de l'Instruction publique, Signé R. Poincaré

Délivré par M. le Recteur de l'Académie de Paris, le 30 novembre 1893

↑ 1893年，玛丽的物理学士证书。

↑ 莫奈（Monet）笔下的19世纪末的巴黎，玛丽每天乘马拉双层公交车去索邦上课。这张素描是朋友在波兰留法学生聚会上为玛丽画的，这些留学生经常在一起讨论苦难中的祖国的未来。

数月后，玛丽觉得住在姐姐的公寓里无法安静地读书。于是便搬进了位于拉丁区边上的弗拉泰斯街（rue Flatters）一间给佣人住的七楼亭子间。她在给哥哥的信中写道：

“比起在德国街的时候，我读书的时间不知要多出多少倍。”

尽管生活拮据，在冬天时常挨冻，有时还吃不饱饭，但玛丽还是把这段时光看作是一生中最美好的：

“这孤独的几年，完全用于读书……这一直是我所渴望着的。”

她尽量节省开支，许多夜晚是在先贤祠附近的圣日纳维夫（Sainte-Geneviève）图书馆度过的。每次新学期开学的时候住址都是新的，从皇家港大道（Boulevard de Port-Royal）到弗洋绨讷斯街（rue des Feuillantines），因为她回波兰度假时会退掉房间以节省房租。

坚强的意志、自信和坚忍不拔的性格，已经体现在年轻的玛丽身上。她在给哥哥的信中写道：

“应该相信有些人对某些事物是具有天赋的，那么就必须为达到这一目的而全力以赴……”

1893年初夏，玛丽以第一名的成绩获得物理学士学位。她还得到了用以资助波兰优秀学生出国留学的亚力山德罗维奇（Alexandrowitch）助学贷款，使她在索邦大学顺利学完了数学学士的课程，于1894年7月以第二名的成绩毕业。数年后，玛丽还清了这一助学贷款。

皮埃尔写给玛丽的信

“我们曾相互承诺（是这样的吧？）最起码要拥有一份深厚的友谊。但愿您不会改变主意！因为没有一成不变的诺言；这是不能强求的。然而，跟您携手共度此生，那将会是多么令我不敢想象的美妙事情啊，共同沉浸在我们的梦想中：您的爱国主义梦想，我们的人道主义梦想和科学梦想。在这所有的梦想中，我认为，只有后者是合情合理的。我想说的是我们没有能力改变社会现状，即使有能力我们也会无所适从，无的放矢则有可能事与愿违，结果只是推迟某些不可避免的事件的发展进程。与此相反，从科学的角度来看，我们却可以企望有所作为；这是一个坚实而宽广的领域、一个虽小却是既成的领域。”

皮埃尔·居里（1894年8月）

1894年初，在物理教授加布里埃尔·李普曼的推荐下，国家工业促进会（Société pour l'Encouragement de l'industrie nationale）要求玛丽对淬火钢的磁性进行研究，该项研究是在索邦李普曼实验室里展开的。首先需要的是足够先进的实验设备，玛丽希望能结识一位熟识磁学的朋友。正巧此时，玛丽在波兰认识的一位朋友的丈夫、瑞士弗里堡（Fribourg）大学的波兰物理教授约瑟夫·科瓦尔斯基（Jozef Kowalski）路过巴黎，玛丽把自己的想法告诉了他。科瓦尔斯基也正好认识一位在物理化工学院研究磁学颇有成就的物理学家。于是，在1894年春天的一个晚上，科瓦尔斯基邀请了皮埃尔并把他介绍给了玛丽，两个年轻人一见如故。

↑1890年前后的索邦理学院的物理庭院。

玛丽和皮埃尔

皮埃尔渴望再次见到玛丽以深入讨论他们的话题，于是，他们常常在物理学会或者在实验室见面。皮埃尔还希望去拜访玛丽，稍后，玛丽写道：

"皮埃尔·居里怀着对我狂热工作的朴实和由衷的好感来探望我。"

两个年轻人都很喜欢对方。皮埃尔希望能走进玛丽的生活，可是玛丽却犹豫不决，因为这将使她远离祖国和等待她回去的父亲。

↑ 皮埃尔和玛丽于1895年，蜜月期间。

↑ 玛丽和女儿伊雷娜于1898年。

像每年夏天一样，玛丽一放假就回到波兰自己家中。皮埃尔因为担心从此失去玛丽而祈求她无论如何要在10月返回巴黎。

玛丽回到巴黎后，两人都觉得志同道合，于是决定结婚。此后，皮埃尔把玛丽介绍给了自己的父母。1895年7月26日，他们在索镇市政厅登记结婚，玛丽的父亲和姐姐们都参加了她非常简朴的婚礼。他们用一位亲戚的礼金购买了两辆自行车，于是，两个新婚的年轻人便骑着车周游巴黎法兰西岛（l'Île de France），度过他们的蜜月。

这对新婚夫妇把家安在了物理化工学院附近、冰川街（rue de la Glacière）的一套小公寓里。玛丽用自己学生时代养成的省吃俭用的方法管理家庭账目。院长保罗·舒曾贝尔格允许她在丈夫身边做实验，这在那个年代可以说是个特例。这样，玛丽就可以继续研究关于淬火钢磁化的工作，这项工作最终完成于1897年，其研究成果发表于1898年。同时，她还准备教师资格考试并于1896年夏以第一名的成绩获取女校授课资格。

尽管电学备课的工作非常繁重，皮埃尔还是开始学习波兰语。除去德雷孚斯（Dreyfus）事件那一段时间之外，他从不参与政治。1897年，他开始研究晶体生长。这期间，玛丽也怀孕了。1897年9月12日，他们的女儿伊雷娜出生。玛丽像搞科研一样仔细地观察和记录了伊雷娜的成长过程，这些记录得以完整地保存了下来。可是，两周后，正如他们所担心的那样，皮埃尔的母亲因癌症去世了。后来，他们搬到了蒙苏里（Montsouris）公园附近凯勒曼大道（boulevard Kellermann）的一幢小花园洋房里，皮埃尔的父亲居里医生也搬来和他们住在一起，以便照顾小伊雷娜。

产后刚刚恢复，玛丽就想马上回到实验室继续准备她的博士论文。皮埃尔和玛丽被亨利·贝克勒尔（Henri Becquerel）在前一年发现的奇特射线所困惑。于是，玛丽决定把研究这一现象作为自己博士论文的课题。

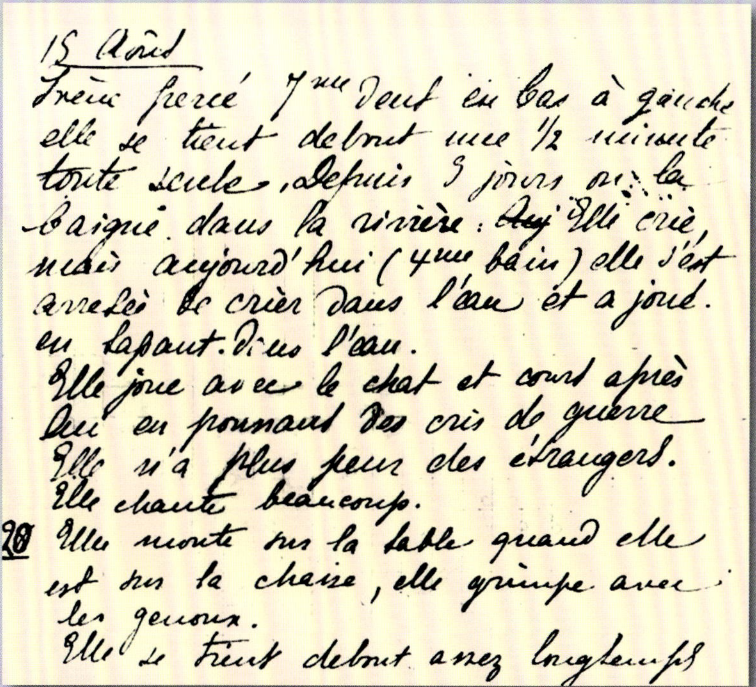
15 Avril
Irène percé 7me dent en bas à gauche
elle se tient debout une 1/2 minute
toute seule. Depuis 3 jours on la
baigne dans la rivière. Avant elle criait,
mais aujourd'hui (4me bain) elle s'est
arrêtée de crier dans l'eau et a joué
en tapant dans l'eau.
Elle joue avec le chat et court après
lui en poussant des cris de guerre
Elle n'a plus peur des étrangers.
Elle chante beaucoup.
20 Elle monte sur la table quand elle
est sur la chaise, elle grimpe avec
les genoux.
Elle se tient debout assez longtemps

→ 细心的玛丽日复一日地记录女儿的成长过程（1898年）。

活性比铀还要大的元素？

在德国物理学家威廉·康拉德·伦琴（Wilhelm Konrad Röntgen）发现了不可见而且具有穿透力的X光后，法国科学院院士亨利·贝克勒尔就曾试图发现某些荧光物质是否会在光的作用下发出X光。1896年3月1日，贝克勒尔在博物馆自己的实验室里发现一种铀盐“自主”地发出一种不可见而且具有穿透力的射线，这种射线似乎不同于X光。随后，他还观察到，这种射线能使带电物体消除电荷，并确定它来自元素铀。贝克勒尔将它命名为“铀放射”，同事们则称它为贝克勒尔射线。这种射线的强度好像不随时间减弱。贝克勒尔写道：

“…… 还不知道铀从哪里得到的能量使它能持久地放射射线。”

贝克勒尔研究了一年多，直到1897年4月，他认为这一课题已无太多研究价值，从而把精力放到了其他课题上。可以说，贝克勒尔打开了一扇尚且弄不明白的世界的大门。皮埃尔和玛丽对此基本上就是门外汉，他们既不出身于高等工程师院校（译者注：法国高等工程师院校地位高于大学），又不从属于任何重要机构。皮埃尔开始为妻子寻找实验场所。院长保罗·舒曾贝尔格6月去世了，继任院长查尔斯·加利埃尔（Charles Gariel）把一楼的玻璃工房拨给他们当实验室兼储藏室。要对贝克勒尔的探索展开深入研究和扩展实验结果，就必须收集定量实验数据，为此玛丽在这间实验室里组装了一台精准的验电器。皮埃尔也不时过来帮忙。

玛丽先标定好铀的放射量作为标准量，然后开始排查是否还有其他物质具有“自主”放射性。她先后研究了多种金属、盐、氧化物以及自然博物馆的阿尔弗雷德·拉克鲁瓦（Alfred Lacroix）借给她的矿石。起初，她和德国柏林的格哈特·施密特（Gerhard Schmidt）在同一时间分别发现了钍也同样具有这一特性。玛丽把这种某些重金属和其所有的化合物、无论在任何物理条件下都具有的“自主”放射的性质命名为放射性。随后，玛丽在1898年4月12日给科学院的报告短讯中写道：

← 1896年，法国物理学家亨利·贝克勒尔发现一种铀盐所放射的不可见射线。

探索贝克勒尔射线

1898年，玛丽·居里利用放射线对空气导电性的作用筛检能放射贝克勒尔奇异射线的物质。她使用的验电器是在居里兄弟的发明基础上制作的，该仪器由一个平行板电容（后来叫作电离室）、一个象限静电计和压电石英组成。当放射性物质被放在电离室与电池组相连的底板上时，放射线会电离两板之间空气的原子和分子。当顶板的接地开关断开时，被电离的空气接通电流使顶板带电。电荷带动静电计指针从而带动一面小反光镜，投向镜面的光束会反射到刻度板上。玛丽用拉伸或挤压石英所产生的压电抵消放射线引发的电流，以测量其强度：在测量开始之前，先用放置于一块托盘上的重物对石英做固定牵引；然后在一段时间内逐渐减轻重量以减少牵引力，这样石英就会产生定量的电荷，将刻度板上的光点保持在一定刻度。如此，放射线引发的电荷就会不断地被石英放出的、符号相反的电荷所抵消。通过测量单位时间内通过电离室的电量，就可以“称量”到放射性强度。

“两种铀矿石，沥青铀矿（氧化铀）和铜铀云母矿石（含水的铜、双氧铀磷酸盐）的放射大大超过了金属铀本身。这一现象十分突出并使人想到这些矿石中可能有放射性更强的其他元素。”

从玛丽的实验记录上可以看到，她第一次观察到这一现象是2月17日。惊喜的同时，她开始仔细地检查仪器各个部件以确认这不是实验误差所致。为了证实她的假设，玛丽还用纯原料合成了铜铀云母，结果是合成铜铀云母的放射性并不比天然铀盐强。

→ 玛丽读博士的时候设计的实验仪器示意图。

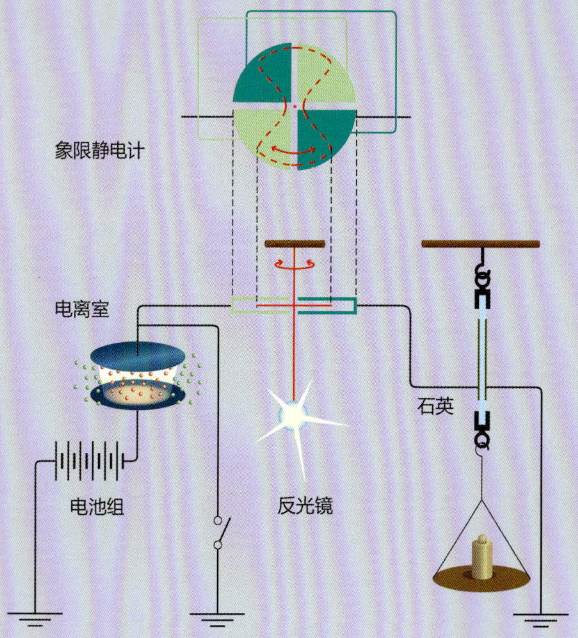

居里夫妇发现新元素

正如他们的实验记录所显现的那样，皮埃尔密切地跟踪着玛丽的工作进程。从1898年3月18日开始，皮埃尔就放下了自己手中的研究工作，同玛丽一起验证她的假设、寻找新的未知元素。

然而，他们的这项工作十分艰难，因为要寻找的新化学物质在沥青铀矿中的含量比先前想象的要少得多，似乎小于千分之一！他们使用的方法很新颖：使用普通分析化学方法进行分离，然后测量所有分离产物的放射量，确定要寻找的放射元素在哪一种分离产物中，从而优化分离方法。如此，两位科学家摸清了未知元素的化学性质，随着进一步的分离，某些分离物的放射性越来越强，说明该元素的浓度越来越高。皮埃尔和玛丽都亲自动手做分离和分析工作，他们的助手是化学主管古斯塔夫·贝蒙（Gustave Bémont）。因为贝蒙的头发泛红，所以几代学生都叫他贝氏红（Bichro）。

从放射性强于铀两倍半的沥青铀矿中，他们最终得到了一种放射性高出400倍的物质，尽管其纯度还远远称不上高，但它明显是一种接近铋的未知金属。1898年7月18日，他们在一篇短讯中公布了这一发现，并将该元素以玛丽的祖国命名——钋。

他们在11月重新回到这一研究课题上来。期间，皮埃尔和玛丽发现在沥青铀矿中还有另一种含量极小但放射性却极强的、化学性质与钡非常相近的未知金属。把它与钡分离只能用分步结晶的办法，在古斯塔夫·贝蒙的协助下，他们得到的氯化物放射性越来越强，直到高于铀900倍。法国物理学家欧仁·德马尔塞（Eugène Demarçay）在这种物质的光谱中近紫外线光区发现一条新谱线，而且强度随着该氯化物的浓度而递增。1898年12月19日，玛丽和皮埃尔将该元素命名为镭。他们写道：

“这一新放射性物质肯定含有大量的钡，尽管如此，其放射性还是相当可观的。由此可知，镭的放射性一定是巨大的。”

→ 居里夫妇的历史性实验记录集中在三本册子里。第一本是皮埃尔1897年开始用的，内容涉及晶体研究。1898年2月17日，玛丽记录了铀矿石的异常现象。从2月18日开始（摘要），她仔细地重复实验。

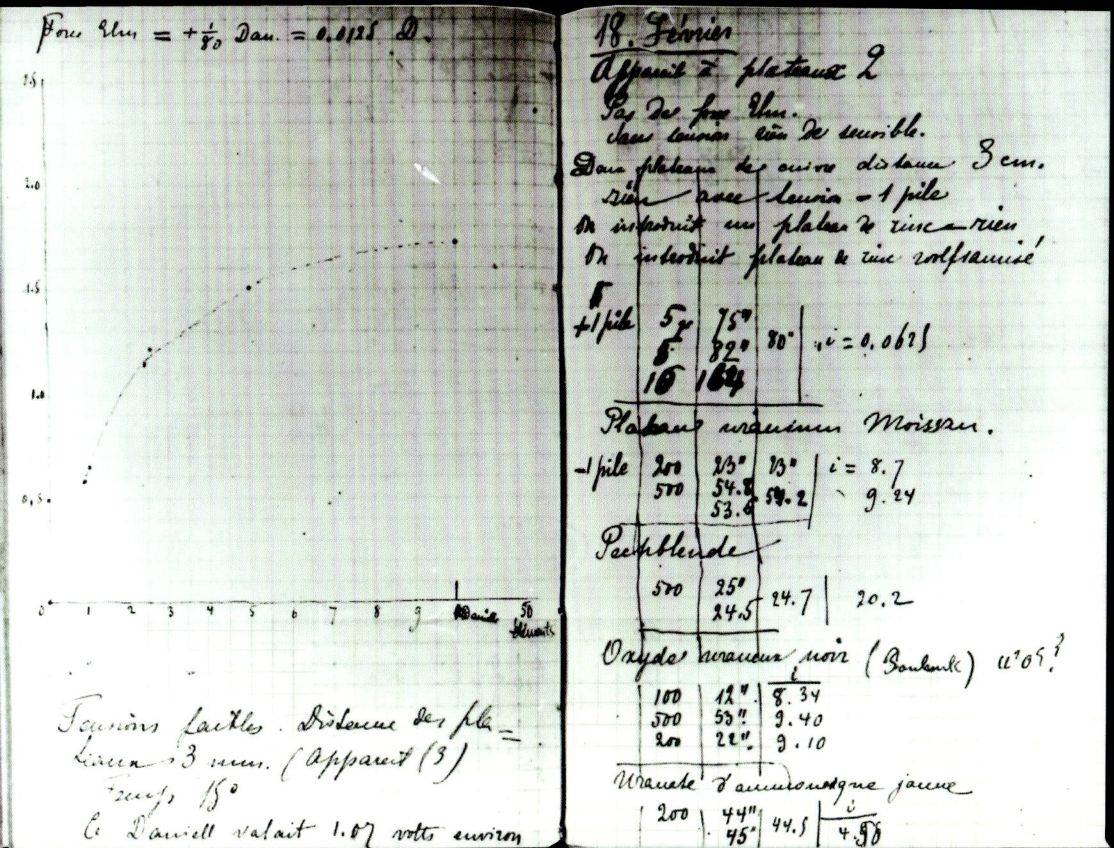

Force Elm = $+\frac{1}{80}$ Dan. = 0.0125 D.

Toujours faibles. Distance des plateaux 3 mm. (Appareil (3))
Temp. 15°
Le Daniell valait 1.07 volts environ

18. Février

Appareil à plateaux 2

Pas de force Elm.
dans l'air rien de sensible.
Deux plateaux de cuivre distance 3 cm.
rien avec l'air + 1 pile

+1 pile	5	75"	80"	i = 0.0625
	5	82"		
	10	164		

Plateau uranium Moissan.

−1 pile	200	23"	23"	i = 8.7
	500	54.8 / 53.6	54.2	9.24

Pechblende

500	25" / 24.5	24.7	20.2

Oxyde uraneux noir

		i
100	12"	8.34
500	53"	9.40
200	22"	9.10

Uranate d'ammoniaque jaune

			i
200	44" / 45"	44.5	4.98

令人疲惫不堪的分离工作

波希米亚的沥青铀矿石。1898年，玛丽发现沥青铀矿石（氧化铀）的放射性强于矿石中的铀。在该矿石中寻找放射性更强的元素时，玛丽和皮埃尔发现了钋和镭。

为了得到多疑的化学界同行的认同，玛丽和皮埃尔必须分离出一定量的新元素。一年后，他们发现应该着重分离镭，因为矿石中镭的含量高于钋。而且镭是碱土元素，化学性质相对简单。为了分离镭从而确定其所有性质，特别是“原子重量”（现在称作原子量），他们需要大量的原材料。后来我们才知道，2.8吨铀当中只有1克镭！

沥青铀矿主要来自捷克波希米亚地区（Bohême）圣约阿希姆斯塔尔矿（St. Joachimsthal），当时这一地区还在奥匈帝国的统治之下。人们从沥青铀矿中提取铀只是用于玻璃着色，残渣就直接丢弃了。皮埃尔和玛丽从学校和博物馆的仓库里拿到了5千克沥青铀矿残渣，他们估计全部的镭和部分钋都应该在残渣里。1898年11月，他们通过法国科学院院士、高等矿业学校（École des mines）教授米歇尔·列维（Michel Lévy）介绍，与奥地利科学院院士、法兰西学院（译者注：法国科学院属于法兰西学院）的联系人爱德华·修斯（Eduard Suess）取得了联系，得以用优惠的条件获取更多的沥青铀矿残渣，从开始的100千克到后来的数吨。

任务十分艰巨。化学处理要在和实验室分开的、被废弃的工棚里进行。玛丽写道：

“那是一间板棚，沥青地面加玻璃顶棚，凑合着能挡雨，没有任何设施……在这间简陋的实验室里，……我要一次性处理重达20千克的物料，结果是工棚里到处摆放着盛满沉淀物和液体的大罐子；搬动这些器皿、倾倒液体以及连续几小时用铁棒搅拌融化池里沸腾的物料——这一切让人筋疲力尽。”

↑ 居里夫妇在物理化工学院自建的实验室，上图是工房内景（左）和外景（右）。

“我们异常兴奋地看到我们的浓缩含铀物自然发光。皮埃尔·居里原本希望它们能有漂亮的颜色，但也不得不承认这一出人意料的特性给他带来的快感超过了他的想象。……尽管工作条件十分艰苦，我们却感到非常幸福。……这是我们生活中唯一的追求，就像在梦幻中。有时候，我们在吃完晚饭后会回来看一眼。我们没有储藏这些物质的地方，它们就放在桌子或板子上；从任意一个方向都能看到它们发着微光的轮廓，这些似乎悬浮在黑暗中的辉光总是那么令人激动和陶醉。”

玛丽·居里

他们还不知道来自于这些放射性物质的射线有多么危险。

镭的分离工作实在太繁重了。1899年中期，皮埃尔不得不请中央化学品公司帮忙，在他们的工厂里对残渣进行前期处理。前面提到过，皮埃尔的很多测量仪器都是由该公司制作的。夏天，留校生、索邦大学物化实验室的技工安德烈·德比尔纳（André Debierne）开始帮忙将实验室工艺放样，开发工业流程。玛丽和皮埃尔也同样得到了中央公司化学家弗雷德里克·郝德平（Frédéric Haudepin）的实验室所提供的帮助。1899年10月，在皮埃尔的指导下，德比尔纳在沥青铀矿残渣中找到了一种新的放射性元素，并将其命名为锕。

神秘射线

↑ 器皿中盛的是首次从刚果上加丹加（Haut-Katanga）矿的铀中提炼的镭。这张照片是在黑暗中拍摄的，哪里来的光呢？原来，放射性物质释放的α、β和(或者)γ射线激发并电离了原子，光便是它们从激发态回到基态的时候发出的。

↓ 磁场作用下的α、β和γ射线。

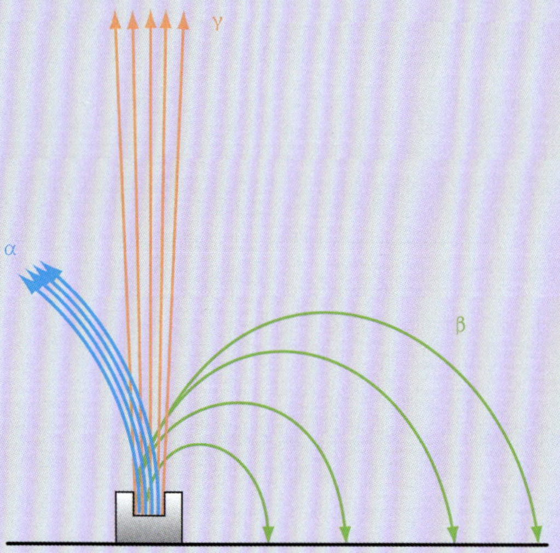

与此同时，其他国家的物理学家和化学家也开始对放射性元素及其射线产生了极大兴趣。居里夫妇大方地将镭盐样品提供给科学家们。这些盐被称作放射物质或放射源。一位尚未成名的、来自新西兰的物理学家——欧内斯特·卢瑟福（Ernest Rutherford），刚刚在剑桥约瑟夫·约翰·汤姆森（Joseph John Thomson）实验室完成博士论文，他测量了叠置在一起的5微米铝箔对铀的放射线的吸收并于1899年1月给出如下结论：

“铀的射线是复杂的，它最少包含两种不同的射线：一种很容易被吸收，为方便起见把它叫作α（阿尔法）射线，另一种则具有更强的穿透力，把它叫作β（贝塔）射线。”

实验结果接踵而至，尽管有时是相互矛盾的。它们主要来自德国化学家弗雷德里克·奥斯卡·吉塞尔（Friedrich Oskar Giesel）、奥地利物理学家斯特凡·迈耶尔（Stefan Meyer）和埃贡·冯·施韦德莱（Egon von Schweidler）以及1899年3月重新开始对放射性物质进行研究的贝克勒尔，当然还有皮埃尔和玛丽·居里。为了了解这些射线的特性，科学家们先后研究了磁场和电场对它们的作用。起先，科学家们无法使很容易被吸收的放射线（例如钋的放射线）偏转，在通称α射线以前，这种射线被称作“不变向射线”。玛丽说这种射线的吸收规律“让人想到抛射体的运动方式”。相反，具有强穿透力的β射线很容易在磁场的作用下偏转。不同的实验很快就证明β射线类似阴极射线，以此得出β射线就是高能电子的结论。1902年到1903年，欧内斯特·卢瑟福证明α射线是带正电荷的大质量粒子，随后他又证明它就是完全被电离的氦原子。

1900年4月，巴黎高等师范学院化学实验室的保罗·维拉尔（Paul Villard）报告说：实验证明，在镭的射线中还有不变向射线，而它却有很强的穿透力。这第三种放射线被命名为γ（伽玛）射线。γ射线其实和X射线同属一类，但能量更高，波长更短。

1899年11月，皮埃尔和玛丽发现了镭的又一特性：

“在研究我们制备的强放射性物质（钋和镭）的特性时，我们观察到，当其放射线辐射到无放射性物质后，能够把放射性传给后者，而且这一感应放射性会持续相当长的一段时间。”

无论什么物质，锌板、铝板、铅板，甚至一张纸，只要在铀盐边上放上一段时间，就会具有放射性。玛丽和皮埃尔一开始以为是来自放射源的粉尘落到了这些板子上，可是用水清洗根本去不掉它们的放射性。当放射源被拿开后，放射强度会逐渐减弱。所以他们认为这是感应放射性。

为什么放射性物质会不断地、以自发地发射射线的形式释放能量呢？前期的实验结果一出来，玛丽和皮埃尔就提出了这一实质性问题。他们多次对各种可能性提出假设，1899年1月，玛丽在《普通科学杂志》（*Revue générale des sciences*）中记述：

"几种假设：

1. 这是一种光致的长时间磷光。这种可能性很小……
2. 这是物质的释放，伴随的是放射性物质的质量损失。
3. 放射性物质的有效能量不断地减小……
4. 这的确是由类似X射线引发的次级放射。空间里可能无时不在地存在这种激发射线，或许其穿透力比X射线还要强，以至于只能被像铀和钍这样的、原子量巨大的元素吸收。宇宙空间是能量传递的媒介之假设并非异想天开，对此我们尚且一无所知……
5. 与卡诺定理相悖……射线……产生于环境中热量的消耗。"

1900年8月，皮埃尔和玛丽居里在巴黎国际物理会议上报告了新放射性元素与其放射线。他们在报告中陈述：

"放射性的自发性是一个谜，是一个令人无比惊愕的深奥课题。贝克勒尔射线的能源是什么？应该在放射性物质内部，还是在其外部寻找呢？"

一个被如此清晰地提出来的问题不可能永远找不到答案。

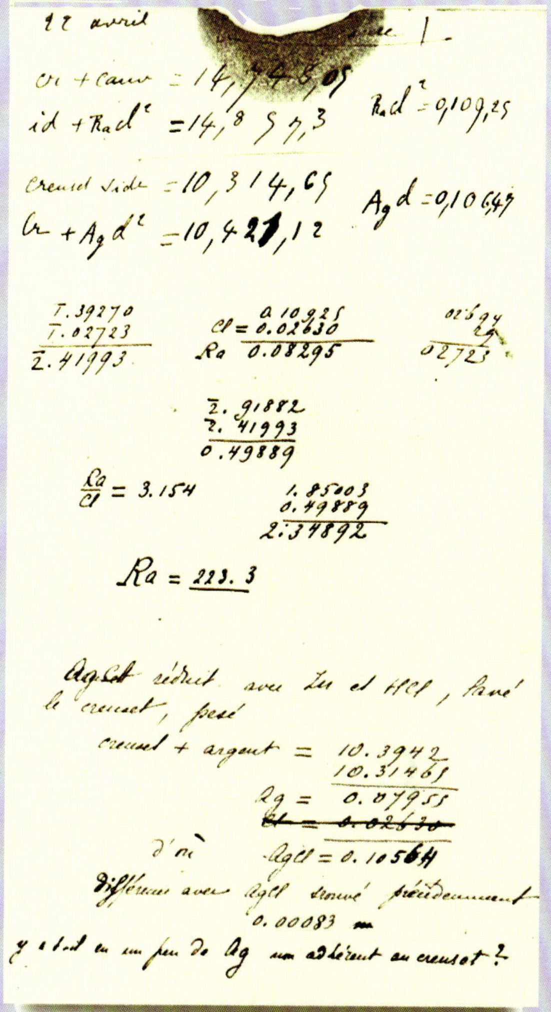
12 avril
RaCl² = 0,10925
creuset vide = 10,314,65
AgCl = 0,10647
Ra/Cl = 3.154
Ra = 223.3
creuset + argent = 10.3942
10.31461
Ag = 0.07955
AgCl = 0.10564
0.00083

↑1902年皮埃尔（上）和玛丽·居里（下）有关放射性研究的实验记录。100年后的今天，这张纸仍然具有放射性，照样能让盖革计数器噼啪作响。

3

CENTENAIRE DE LA DÉCOUVERTE DE LA RADIOACTIVITÉ
1896
1898

numéro atomique
84
86
88
90
238
234
230
226
222

肩并肩的最后岁月

皮埃尔和玛丽对放射性的研究成果是20世纪初物理学革命的一部分。他们于1903年获得诺贝尔奖，可是幸福是如此的短暂。

1900年，为了提高效率，皮埃尔和玛丽对后面的工作重新做了分工，皮埃尔继续研究镭的性质，而玛丽则继续化学处理工作、以求获取纯净的镭盐。

新西兰青年物理学家欧内斯特·卢瑟福刚刚在加拿大蒙特利尔获得了一个教授位置。他决定对钍的放射性进行研究，但是他自己手中所掌握的放射源强度大大低于居里制备的放射源。尽管如此，1900年1月和2月，他还是在《哲学杂志》（*Philosophical Magazine*）上报告了去年秋天所取得的惊人发现：氧化钍和钍盐似乎不间断地释放着一种放射性气体——放射性“射气”，后者又能使周围的物体，比如金属板或金属丝暂时地具有放射性。卢瑟福并不满足于用水清洗这些物体，而是用砂纸用力打磨并用硫酸侵蚀：之后，放射性竟然完全消失了！他断定这是放射性沉降物、一种“激发放射性”，而且一定来自极具放射性的痕量物质。文章发表前，卢瑟福查阅了皮埃尔和玛丽·居里关于感应放射性的报告，他认为所涉及的是同一类现象。然而，卢瑟福却给出了与居里夫妇大相径庭的解释。两者的假设都同样令人觉得不可思议。1900年6月，德国物理学家欧内斯特·多恩（Ernst Dorn）在重复卢瑟福的实验方法时发现，镭同样释放射气（稍后被命名为氡）。

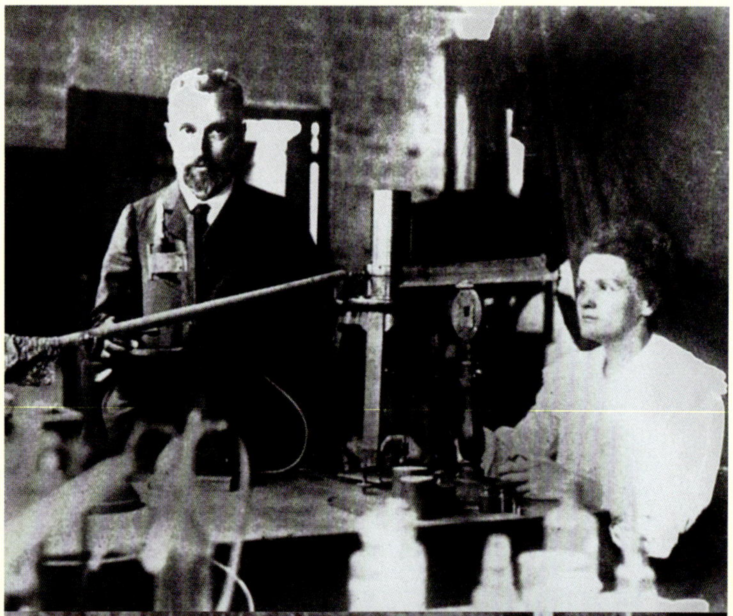

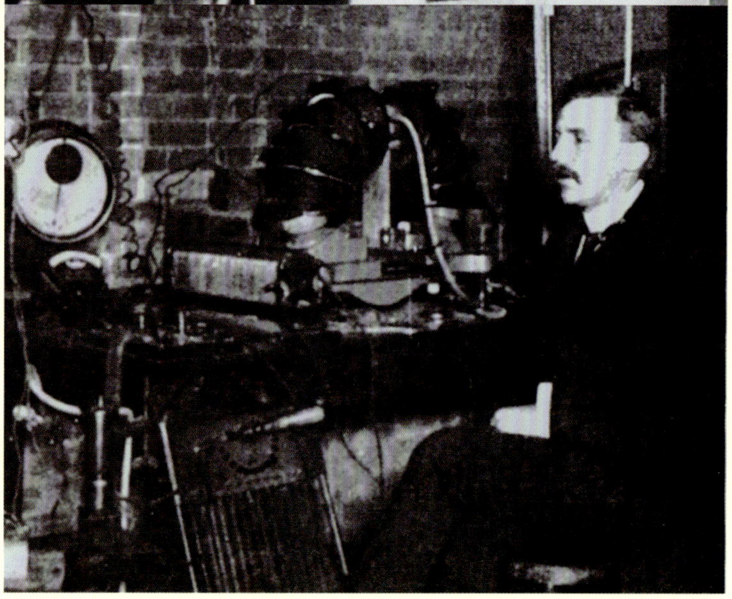

↗ 1900年，皮埃尔和玛丽在他们的实验室（上）。
→ 1905年，欧内斯特·卢瑟福在蒙特利尔麦吉尔大学的实验室（下）。皮埃尔认为放射性原子从环境中的未知能源获取能量，而卢瑟福则认为放射性是放射性原子的内在性质。很多年以后，居里夫妇才认同卢瑟福的释论。

关于放射理论的争议

1901年3月，皮埃尔·居里与安德烈·德比尔纳合作，重启对感应放射性的研究。他们发现感应放射性的强度在封闭空间中更高。他们评价说，感应放射性“在空气中从放射物逐步地传输到被激活物”，并且认为：

“卢瑟福先生的射气理论可以比较合理地解释各种实验结果；但是，既然可以很容易地设想其他令人满意的解释，我们觉得现在选定任何一种理论都为时过早，要想彻底弄清这一问题还需要新的证据。”

三个星期后，皮埃尔和安德烈·德比尔纳发现，如果在实验过程中不断地将空气抽出，以确保持续高真空状态，就不会产生感应放射性现象；他们还收集了镭盐中的气体，证实它具有很强的放射性。5月，得知了这些实验结果后，卢瑟福认为他和皮埃尔·居里及安德烈·德比尔纳的思路不谋而合，可是后者却于7月底提出了如下理论：

“可以认为，每个镭原子都是一个持续和稳定的放射性能源，尚且不用确定能量源于何处。聚积的能量……趋于散发……1.通过辐射；2.通过传导，就是说逐步地传输……（感应放射性）。”

↑ 安德烈·德比尔纳（1874—1949）于1899年。

1902年1月，皮埃尔和玛丽·居里在一篇方法论短讯中写道：

"（关于）放射能的起源，我们可以给出……两种广义假设：1. 每个放射性原子，在其势能级上，都具有它将要释放的能量；2. 每个放射性原子都有一个从外界摄取它将要释放的能量的机制。（至于）第一种假设，……至今所有的实验结果都对此给予了否定。

（在第二种假设中），能量也许是从某些未知能源摄取的，比如未知辐射。我们似乎对自己所处的环境了解甚少，我们的知识仅局限于可以直接或间接地触及到我们感官的现象。

在研究未解现象时，我们可以作出非常广义的假设，然后以实验逐步验证。这种系统化而且可靠的步骤必定是缓慢的。相反，我们也可以作出大胆的假设，事先设定机理；这种方法的优点是可以有的放矢地设计实验，尤其是可以利用意象以简化推理、使其变得不那么抽象。但是我们不能抱着由此演绎与实验相吻合的复杂理论的幻想。在包含一定程度的真相的同时，精确的假设一定也包含一定程度的谬误。如果包含一定程度的真相，它只是更广义的命题的一部分，最终还是要回到广义命题上来。"

玛丽后来解释说，这最后几句话是皮埃尔的手笔。

皮埃尔更倾向于第二种假设并在此后的一年半中始终自持己见。他认为也许还可以据此对类似布朗运动的其他现象给出解释，甚至所谓通灵现象——他和其他同时代的学者一直在试图对此给出科学解释。他重复卢瑟福实验的工作只坚持到1903年6月。而卢瑟福却非常实际，他对实验结果从不给予先验的推论，而是凭借敏锐的灵感系统地检验每一种可能性。两位物理学家都完成了相当简捷的实验。

1902年11月，皮埃尔发现：将镭盐瓶子中的气体分别导入密封的和开放的器皿中后，密封器皿壁的（感应）放射性衰减速度比开放器皿壁的要小得多。他同时还注意到这一放射性的衰减可以用作时间的标量。在做进一步研究时，他于1903年写道：

“卢瑟福先生似乎确信射气的物质性，而且，在一篇近期的论文中，他认为很可能是与氩气同一族的气体。我认为目前还没有足够的理由让人接受，存在一种常态原子物质的放射。

射气，这一表达方式很实用…… 我也会用它表述放射物以特殊形态释放的放射能，放射能以这种形态聚集在空气或真空中……

还有第三种假设，就是射气没有常态物质作为载体，而是在气体原子间存在可以被其带动的聚能点。”

← 皮埃尔和玛丽·居里 漫画。

通灵术和降神会

“我们在心理学会见识过几次灵媒欧萨皮亚·帕拉蒂诺（Eusapia Paladino）的降神会。非常有趣，而且我们亲眼看到的现象好像真的无法用诡计来解释——四腿离地的桌子、从远处拉近的物体、掐捏和抚摸你的手、突现的光亮。所有这些都发生在我们自己布置的场所，寥寥无几的观众都互相认识，不可能有协同行骗者。唯一的诈骗可能性就是灵媒具有魔术师般的超人技巧。可是，当她的手脚被抓住、而且照明足以让我们看到所发生的一切的时候，又如何解释这些现象呢？……

如果一些现象确实存在，我们还真是无从着手系统的研究工作，而且实施这种实验并不容易。我曾试图检验灵媒周围的空气是否被电离，可一台小抽风扇的噪音就足以干扰灵媒的工作了。另一个困难是，尽管灵媒是可以使某些现象发生，但是他还是试图作弊，因为这样他可以节省精力。”

皮埃尔·居里给乔治·古依（Georges Gouy）的信（1905年）

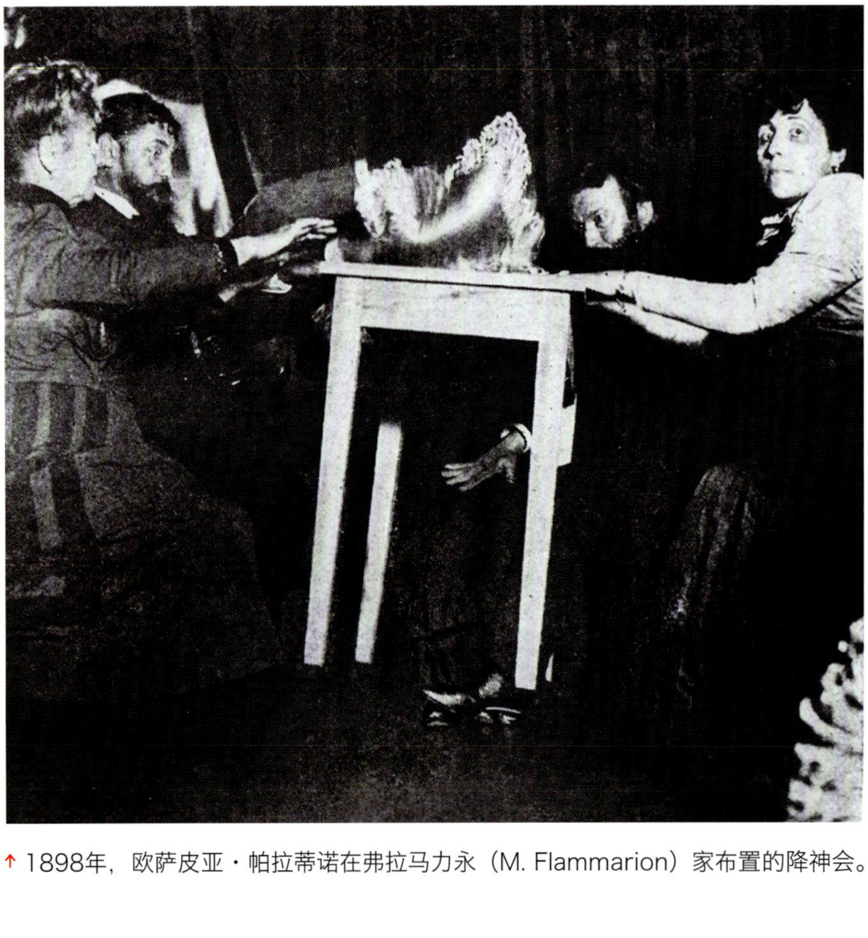

↑ 1898年，欧萨皮亚·帕拉蒂诺在弗拉马力永（M. Flammarion）家布置的降神会。

放射性元素系

在此期间，1901年10月，卢瑟福邀请来自牛津的青年化学家弗雷德里克·索迪（Frederick Soddy）到他的实验室，鉴定射气的本性。他们的研究工作进展得很快。1901年底至1902年初，他们惊讶地发现，射气不是直接产生于钍，而是产生于一个中间体，他们成功地把它从钍中分离了出来并命名为钍X。分离后，伴随着钍X放射性逐步的衰减，钍的放射性却又逐渐回到了其原始水平，而且又开始释放射气！钍X的半衰期——放射性原子衰变至原来数量的一半所需的时间——大约为4天。他们还确认了射气就是与氩气同族的惰性气体：由此，皮埃尔分别在真空条件下的实验（抽出的空气中含有射气）和在封闭及开放器皿壁的放射性衰减对比实验中所得到的怪异结果也就有了合理的解释。射气原子再衰变成固体，沉降在其他物体上便是所谓“激发放射性”。毫无疑问，这涉及四个连续的从一个放射性元素到另一个放射性元素的衰变，是一系列的核反应。最终，卢瑟福和索迪成功地使用液化空气冷凝（液化）了钍射气和镭射气。

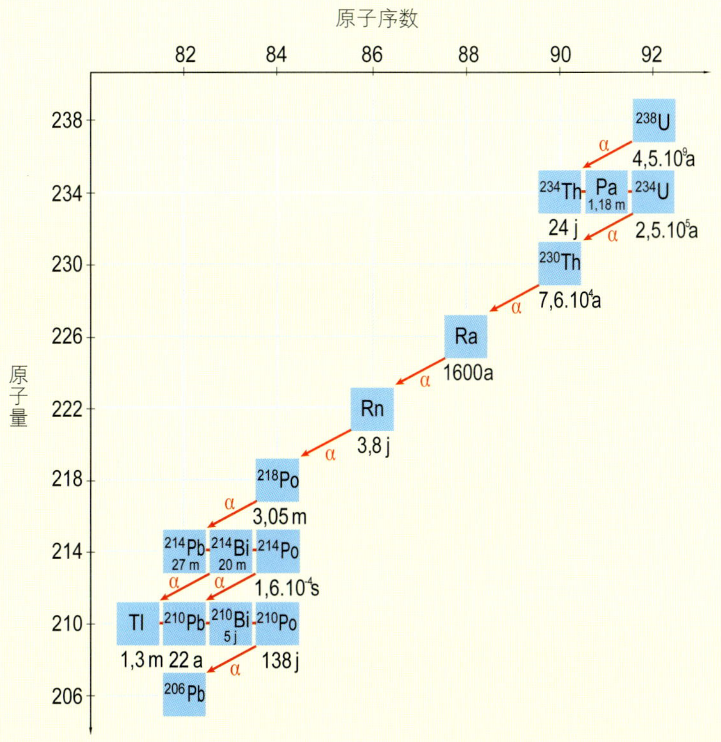

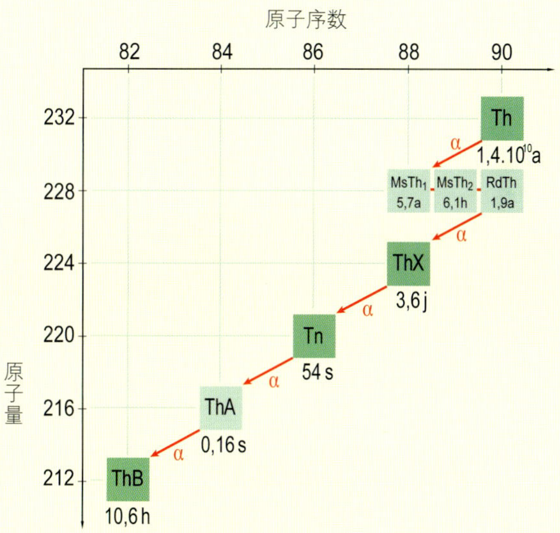

↑ 卢瑟福和索迪通过实验证明放射性元素的阶梯式衰变与其形成的放射性元素系。左图是铀放射系。右图是钍放射系的初始部分，其中深绿色的是卢瑟福和索迪于1903年所观察到的元素：Tn（钍射气）是由钍X释放出来的射气；ThB（钍B）则生成于射气的沉淀物中。图中水平方向标识的、原子量不变的衰变所涉及的是β衰变。

卢瑟福读过皮埃尔的最近那篇文章后很恼怒。1903年4月，他致信《哲学杂志》编辑，在用法语摘录了皮埃尔的观点并加以驳斥后，他写道：

“居里先生似乎未读过我们的最近那篇文章 …… 鉴于这些对射气的物质性提供了如此可靠证据的实验结果，我以为皮埃尔·居里提出的另一理论 …… 是无用的。”

1903年5月，卢瑟福和索迪对所有的实验结果作出了如下归纳：新放射性物质的含量非常之小，以至于无法用任何普通方法检测；放射性元素可以根据其连续的放射性衰变分类（物理学家们后来证明铀、镭和钍属于同一放射系）。他们确认：

“在含有放射性元素的天然矿物中，这些衰变一定是在漫长的时间中不间断地发生着，同时 …… 最终的产物肯定累积到了可以检测到的量而且肯定以放射性元素固有伴随物的形式存在于自然界。 …… 衰变的实质是一个带电粒子被抛出 …… 在放射性衰变中，原子核必定产生了裂变。”

放射性衰变

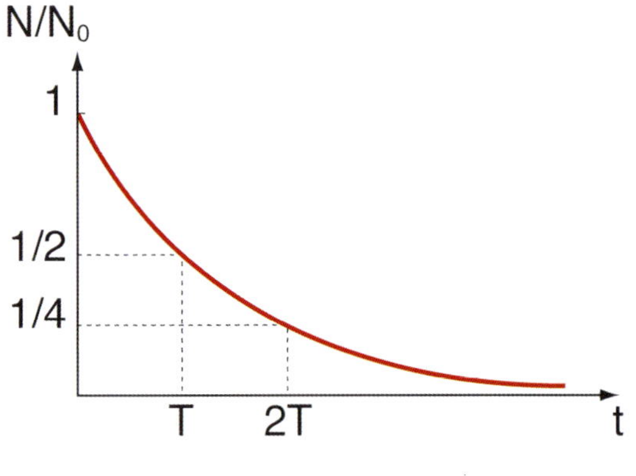

1903年，欧内斯特·卢瑟福和弗雷德里克·索迪建立了放射性物质衰变理论：单位时间内同一物质的衰变放射性原子的数目 n（或者“射线”的数目）与原子总量 N 成正比，$n = \lambda N_0$ 比例系数 λ 被命名为衰变常数：λ 数值越大，衰变速度越快。放射性衰变与时间的关系是一个指数函数：$N = N_0 e^{-\lambda t}$，t 代表时间，N_0 代表起始时间 t = 0 的原子总量。每一种放射性元素都有其特定的衰变常数，但通常用于描绘放射性元素的是原子总量减半（$N / N_0 = ½$）所需的时间T，也就是半衰期：$T= 0.693 / \lambda$。

每种衰变的特性都可以用一特定的放射性常数表示（衰变的概率）。他们补充说：

“放射性衰变的能量要比分子变化的能量高两万、甚至一百万倍。……镭的‘寿命’不可能超过数千年。……这一能量的存在为化学元素的稳定性给予了解释……在研究宇宙物理学时要考虑这一点。”

皮埃尔·居里不再自持己见了。6月，在雅克·丹纳（Jacques Danne）的协助下，他重复了卢瑟福和索迪近期的实验并证实了其结果。1904年3月，他们再次发表文章，但是“采用了卢瑟福的剖析方法”。最终，皮埃尔·居里坦诚地、但又稍有遗憾地接受了卢瑟福的理论。玛丽后来如此描写皮埃尔：

“任何成就都给他带来快乐，即使那来自于他原以为自己领先于他人的领域。”

尽管没有直接参与这些实验，玛丽却用了更长的时间以接受这个事实。

镭为人类服务

这个时期的皮埃尔所感兴趣的课题不只是感应放射性和射气。他认为，放射性物质的射线、特别是镭射线，对人体应该有类似X光的作用。

X光的医学应用曾在众多国家很快就得到了推广。在法国，X光片首先是由保罗·奥丁（Paul Oudin）医生和多圣·巴尔特雷米（Tousaint Barthélémy）医生于1896年在巴黎成功拍摄的。1896年7月，维克多·德佩涅（Victor Despeignes）医生在里昂第一次尝试X光疗法。从1897年初，安托万·贝克莱尔（Antoine Béclère）医生就开始先后在巴黎德农（Tenon）医院和圣·安托万（Saint-Antoine）医院系统性地使用X光进行诊断和放射治疗。

1900年，德国牙医奥托·瓦尔克霍夫（Otto Walkhoff）发现自己的皮肤在镭射线的作用下有被X光照射后同样的强烈反应。几周后，与皮埃尔和玛丽熟识的德国化学家弗里德里希·吉塞尔证实了这一观察结果。1901年，皮埃尔·居里重复了吉塞尔的实验，他用镭盐透过古塔胶薄膜对自己手臂进行了10个小时的照射。他的皮肤一天天地变红，症状与灼伤一样。经过包扎处理，逐渐形成的创伤面在近两个月后才得以康复。差不多在同一时期，皮埃尔·居里为贝克勒尔提供了具有极高放射性的镭盐作为标样，镭盐放置在密封安瓿中，贝克勒尔将其携带在背心口袋中大约6个小时后受到了同样的灼伤。玛丽后来这样记载：

“他来给我们讲述镭所引发的这一灾祸，悲喜交集地叫着：‘我喜爱它，但我怪罪它。’”

玛丽同样在操作和携带超强放射性物质后遭受了灼伤的痛苦。接触试管或样品的指尖疼痛而且变硬。1901年6月3日，亨利·贝克勒尔和皮埃尔·居里共同在科学院的短讯中报告了这一现象。

稍后，皮埃尔·居里给巴黎圣·路易（Saint-Louis）医院皮肤科医生亨利·当洛（Henri Danlos）提供了含有氯化镭的样品，开始试验放射性治疗。皮埃尔紧密追踪试验进程，还给医生们提供了仔细封装的、放射性更强的样品。首先尝试的是治疗狼疮，然后是某些皮癌。有时候使用的是封在安瓿里的镭射气。许多年后，人们才彻底弄清了放射线的作用，找出了有效的治疗方法。

1903年初，皮埃尔·居里和阿尔伯特·拉伯尔德（Albert Laborde）有了新的重大发现。他们观察到镭不间断地放热。首先，他们使用热电偶测量两个安瓿的温差，一个装有含1/6重量氯化镭的氯化钡，另一个装有纯氯化钡。他们证实含氯化镭的安瓿的温度总是高于室温1.5℃，这一温差之大足以用实验室通用的水银温度计测量到。随后，他们用量热计测量镭在单位时间内的放热量，证明1克镭每小时释放大约100卡热量：它可以用1个小时融化比自身稍重的冰。从原子的微观角度看，这是不同寻常的能量。来自镭和反冲核所释放的射线的能量散发在周围环境中，并转化为热能。

放射性，我们星球自身的热源

发现放射性后不久，人们就注意到，很多物质，特别是地壳中的各种岩石，都具有微弱的放射性：它们通常含有微量的，但可以测量到的铀、钍及其衰变产物和具有微弱天然放射性的钾。1903年，两位德国物理学家朱利叶斯·埃尔斯特（Julius Elster）和汉斯·盖特尔（Hans Geitel）装了一碟花园中的土，从中测量到微弱的放射性。放射性元素含量虽小，但乘以地球的重量，哪怕是只乘以地壳岩石的重量，所得出的放射性物质总量还是巨大的。放射线的能量散发在周围环境中，并转化为热能，放射性物质所释放的热量是相当可观的。

开尔文男爵通过计算地球从一开始形成、在宇宙中降温到今天所需要的时间，估计它的年龄大概1亿年；开尔文曾于1895年设想地球只有2400万年。很显然，在他的热平衡计算中，没有考虑到放射性这一热源。罗伯特·斯特拉特（Robert Strutt）和欧内斯特·卢瑟福指出地球的年龄比这要老得多。美国物理学家、矿物学工程师伯特勒姆·伯尔伍德（Bertram Boltwood）在1905年至1907年间用测定含铀矿物中氦和铅含量的方法（氦和铅是衰变的最终产物），确定地球的最低年龄是数十亿年（确切年龄为46亿年）。放射性使我们的星球保持着自身热度，它便是地质构造运动、板块移动以及火山活动的起因。这一现象不只局限于地球。

工作条件！

尽管工作热情高涨，皮埃尔和玛丽·居里在1900年前后的收入渐渐变得捉襟见肘。皮埃尔两年前就申请过索邦大学物理化学代课教授的位置，没有被录取。因为他不是毕业于高等师范学院，所以没有得到各方面的支持。

1900年初，皮埃尔在巴黎综合理工学院（École Polytechnique）做了几个月的课后辅导教师。4、5月间，他出人意料地收到来自日内瓦的邀请。日内瓦大学希望皮埃尔·居里接替一位退休物理教授的位置，他们认为皮埃尔一定会给物理系带来辉煌。于是，理学院院长罗伯特·肖达（Robert Chodat）开始和他正式协商；理学院认为他提出的条件很合理，而且准备任命玛丽·居里为讲师。皮埃尔犹豫不决，先是回绝了日内瓦方面的邀请，后来又接受了；皮埃尔和玛丽去了一趟日内瓦，很喜欢这座城市和周围的群山。可之后皮埃尔又犹豫不定并再次回绝了邀请，之后又再次“最终”确定接受邀请，但最终的结果是，皮埃尔在接到正式任命后随即便辞去了这一职位。整个过程历经了好几个月。皮埃尔·居里确实离不开他正在研究的镭和他的巴黎同事们。

除此之外，亨利·庞加莱（Henri Poincaré）和加斯东·达布（Gaston Darboux）终于在1900年9月为皮埃尔在巴黎理学院争取到了另一份物理代课教授的工作，授课地点在居维叶街的索邦附属教学楼。10月，玛丽也被任命为塞弗尔高等（女子）师范学院（École normale supérieure de Sèvres）的物理代课教授。她是该学院首位女性教师。

1902年，皮埃尔·居里获得法国科学院院士提名，但未获通过。第二年他又成为理学院矿物学教授候选人，却同样未果。皮埃尔渴望得到一间真正的实验室，通常只有教授才有自己的实验室。院长想为他申请法国荣誉军团勋章，可皮埃尔回复道：

“我恳请您感谢部长先生并告诉他，我根本不需要授勋，我最需要的是拥有一间实验室。”

↑ 1890年前后的日内瓦大学化学系。

↑ 1906年初，皮埃尔在大学课堂上。

“据玛丽·居里说，当1902年10月皮埃尔·居里接受我进P.C.N.（译者注：P.C.N.表示物理、化学、自然科学，是指大学自然科学学科一年级）的时候，他正处于不得不付出‘超出常人的工作量’的艰难时期。1900年，他同时承担两份水平完全不同的物理教学工作，一套课程的授课对象是P.C.N.的医科学生，另一套的授课对象则是物理化工学院的准工程师们，而且还不能耽误他在他那极其简陋的、但被后人话为传奇的实验室里的研究工作……可以想象，皮埃尔因（涉及）如此广泛的放射性研究工作所承受的沉重负担（译者注：皮埃尔的研究涉及放射性物质的医学、生物学应用，镭的放热，测量仪器）。玛丽·居里也同样为塞弗尔高等师范学院的物理课忙得筋疲力尽。

……尽管皮埃尔有关节痛的毛病，但他还是迈开大步地走路、头稍向前倾但没有耸肩，似乎正在缜密思考，绝不会让人看出来他很疲惫。长长的手臂灵活而轻盈。”

阿尔伯特·拉伯尔德

皮埃尔·居里的助手

↑1904年，玛丽·居里（中）和塞弗尔高等（女子）师范学院的学生们。

博士论文
《放射性物质的研究》

1898年，玛丽的姐姐布罗尼亚夫妇离开了巴黎，他们想在奥统波兰地区的札科帕内（Zakopane）建一所现代化结核病疗养院。1899年，玛丽写信告诉她，她非常想念姐姐和父亲，可她又补充说：

“再没有什么理由埋怨其他事情了，因为我们的身体还不错，孩子们一天天长大，再加上一个出类拔萃的丈夫，我甚至从未能想象过会遇到像他这样的人。这真是上天的恩赐，而且我们的爱情一天深似一天。”

1899年夏天，皮埃尔和玛丽去札科帕内看望了姐姐德鲁斯基一家，弗拉狄斯拉夫·斯克罗多夫斯基带着其他几个孩子也去了。

玛丽全力以赴地继续镭的分离工作。正如我们前面讲过的，她定下的目标是测定镭的原子量，方法就是逐渐浓缩氯化钡以提高其中氯化镭的含量。分析方法则是通过对产物的放射性和镭谱线的相对强度的测量，分析工作一直都是由德马尔塞担负的。1902年，完成最后一次浓缩后，玛丽·居里终于获取了大约0.1克纯氯化镭。欧仁·德马尔塞认为此样品“只含有痕量氯化钡，不足以给原子量带来无法忽略的误差”。于是，玛丽用氯化银沉淀的方法滴定氯化镭中氯的含量，以此推算出镭的原子量为225±1。她把镭归类在门捷列夫元素周期表中钡的同一族，排在钡的下面。

重病中的父亲得知了有关玛丽的消息。5月里，他用颤抖的手给女儿写信：

“你真的得到了纯净的镭盐！如把为获取它所做的所有工作都加起来，它肯定是最昂贵的化学元素。”

六天后，老人离开了人世。得到父亲病危的消息后，玛丽赶回了华沙，但却未能赶上与父亲道别。

↑ 1899年，斯克罗多夫斯基一家在奥统波兰地区塔特拉山聚会，玛丽和皮埃尔站在左边。

稍后，也就是自1903年初起，开始了一场与德国物理学家威利·马克华（Willy Marckwald）长达三年的纷争。马克华以为自己发现了一种新的放射性元素并命名为“射碲”（radiotellure）；玛丽后来证明它其实就是钋，同时也证明可以根据衰变常数鉴定放射性元素。

1903年6月25日，玛丽·居里在索邦大学通过了博士论文：《放射性物质的研究》（*Recherches sur les substances radioactives*）的答辩，成为巴黎大学首位女性物理学博士（译者注：所谓物理学博士同时包括化学）。此前，姐姐布罗尼亚还说服她为答辩会准备了一条新的连衣裙。论文答辩的评委是由加布里埃尔·李普曼、埃德蒙·布蒂和亨利·莫瓦桑（Henri Moissan）三人组成的。玛丽并没有止步于报告自己的研究成果，而是希望“让这篇论文成为对这个领域整体现状的概括”。

她保留所有有关放射能起源的所有疑问；但1904年论文再版时，在不放弃其他假设的同时，她在结论中加入了卢瑟福和索迪有关原子核衰变的理论。在1903年原版的结尾处，玛丽总结道：

“我们有关新放射性物质的研究造就了一场科学运动，是众多有关寻找新放射性物质和对已知放射性物质的研究工作的起点。”

玛丽在字里行间流露出的这份自豪感是当之无愧的。

答辩当晚，一位意外来宾、正好也在巴黎的欧内斯特·卢瑟福也参加了晚宴。

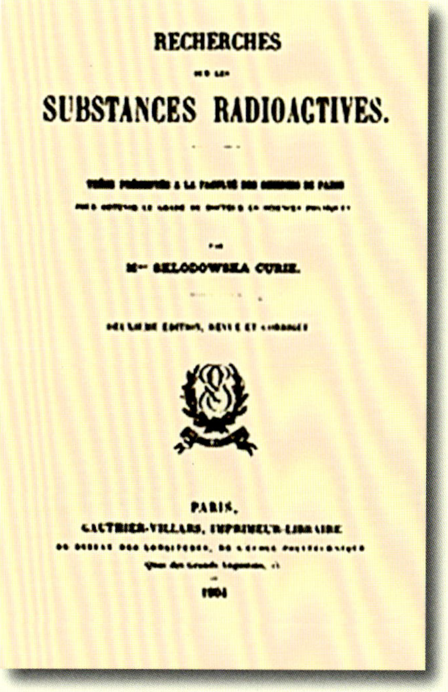

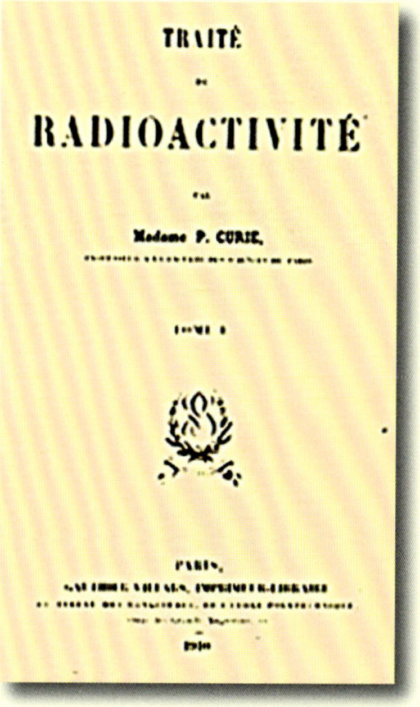

1903年，玛丽·居里的博士论文《放射性物质的研究》(左)和她1910年发表的综述《放射性论》(*Traité de radioactivité*)(右)。

为物理学革命所作的贡献

1895年至1914年，物理学界发生了一场真正的革命。从1895年底威廉·伦琴发现X光到1896年亨利·贝克勒尔发现铀的放射性，从1898年居里夫妇发现钋和镭到1902年欧内斯特·卢瑟福和弗雷德里克·索迪发现放射性衰变，这一系列的新发现揭示了物质的基本属性。同样质量的镭，其放射性要比铀高140万倍，而钋的放射性更高。利用这两种物质的强力放射线，物理学家以独特的手段开拓了一个研究微观世界的新领域。从概念的角度来看，物理学和化学之间由此建立了一种崭新的关系：物理学为化学提供了独特的研究方法，而化学则为物理学发展提供了新的武器和揭示了新的现象；此后，物理学将对元素周期律和化学键给出合理的解释。

如此，由放射性物质产生的α射线成为探索原子结构的有效工具：1911年，卢瑟福通过α粒子轰击金箔时的大角度散射现象推断出原子中存在一个很小、但集中了几乎全部原子质量的核，也就是原子核。

1896年8月，荷兰物理学家彼得·塞曼（Pieter Zeeman）在莱顿（Leyde）发现磁场中钠火焰光谱谱线的分裂现象，他的老师亨德里克·洛伦兹（Hendrik Lorentz）解释说：原子内部一定存在其特性可以被磁场改变的粒子。1897年，英国物理学家约瑟夫·约翰·汤姆森发现阴极射线是质量比氢原子小1700倍的、被称作为电子的粒子。后来，证实汤姆森发现的高速电子其实就是亨德里克·洛伦兹解释塞曼效应时所提到的粒子。

β放射性揭示了电子的某些特性。其实β射线就是高能电子。1902年，人们便发现一部分β射线的速度甚至接近光速，这时候电子的惯性则大大提升。1905年，爱因斯坦的狭义相对论对这种现象给出了定量解释。

同年，阿拉伯特·爱因斯坦（Albert Einstein）创立了著名的公式：$E = mc^2$。他在文章的结论中写道：

“不是没有可能，利用能容变化极大的物质（例如镭盐）对此理论加以验证。”

的确，放射学和物理学证明了这一理论的正确性。

这一时期，量子物理学也正在诞生：早在1900年12月，德国物理学家马克斯·普朗克（Max Planck）就对黑体辐射的能量给予了量子化，提出了能量量子化的假说。卢瑟福和索迪的放射性衰变理论阐明了这样的现象：放射性物质的原子不是像皮埃尔·居里曾经认为的、即一个连续的和恒定的能源，而是一个一个地、突发地衰变。然而，谁也无法确定哪一个原子将会衰变。于是，正如1903年索迪和1905年施韦德莱已经注意到的那样，物理学中出现了随机和概率的概念。

1903年，英国物理学家威廉·克鲁克斯（William Crookes）发明了一台由涂有硫化锌的透明屏和可调放大镜组成的“闪烁镜”。当一个α粒子放射源靠近硫化锌时，就可以在黑暗中观察到粒子随机撞击到屏幕时的闪光。奥地利物理学家和哲学家欧内斯特·马赫（Ernst Mach）曾经是原子理论的顽固反对者。来自维也纳的青年物理学家斯特凡·迈耶去拜访年老病弱但思维敏捷的马赫，给他展示了闪烁实验。迈耶描述说，马赫感到强烈的震撼，但爽快地说：

“现在我相信原子的存在了。”

一个固有的世界观在如此短暂的几分钟内彻底转变。

后来，放射性被应用于各个领域，从化学到医学，从生物学到地理学、天体物理学。它也导致了新学科的诞生，从放射化学到核物理，从远古事件的时间测定到宇宙线或基本粒子的研究。

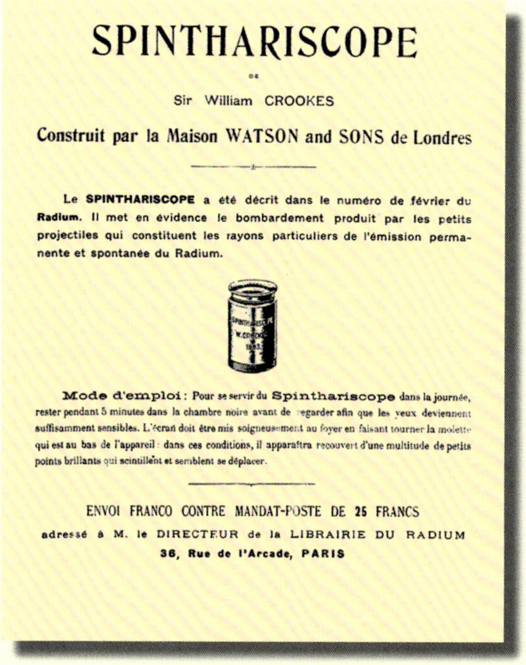

SPINTHARISCOPE

DE

Sir William CROOKES

Construit par la Maison WATSON and SONS de Londres

Le **SPINTHARISCOPE** a été décrit dans le numéro de février du **Radium.** Il met en évidence le bombardement produit par les petits projectiles qui constituent les rayons particuliers de l'émission permanente et spontanée du Radium.

Mode d'emploi : Pour se servir du **Spinthariscope** dans la journée, rester pendant 5 minutes dans la chambre noire avant de regarder afin que les yeux deviennent suffisamment sensibles. L'écran doit être mis soigneusement au foyer en faisant tourner la molette qui est au bas de l'appareil : dans ces conditions, il apparaîtra recouvert d'une multitude de petits points brillants qui scintillent et semblent se déplacer.

ENVOI FRANCO CONTRE MANDAT-POSTE DE 25 FRANCS

adressé à M. le DIRECTEUR de la LIBRAIRIE DU RADIUM

36, Rue de l'Arcade, PARIS

↑ 闪烁镜产品介绍。

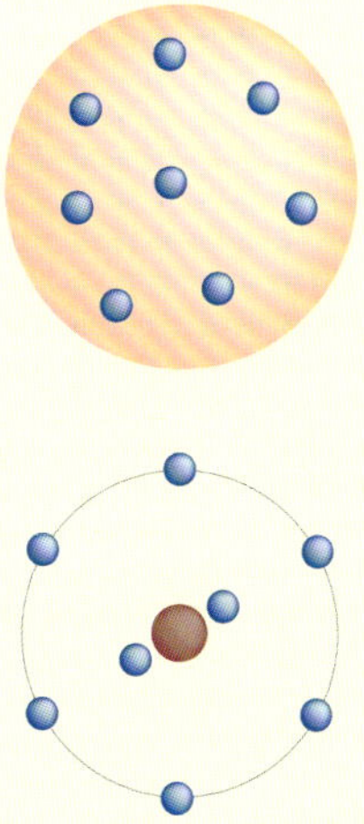

↑ 1907年汤姆森想象的氧原子（上）。
1911—1913年间卢瑟福和波尔理解中的氧原子（下）。

1903年获诺贝尔奖

玛丽博士论文答辩前不久，居里夫妇应英国皇家学院邀请于1903年6月19日来到伦敦，皮埃尔将在这里宣读有关镭的报告，期间还要进行演示。他们受到了开尔文男爵的热情接待，并认识了威廉·克鲁克斯、威廉·拉姆齐（William Ramsay）和詹姆斯·杜瓦（James Dewar）。皮埃尔曾发现，通过熔化镭盐以除去残留在其中的气体后，氡气仍会不断地溢出，这与拉姆齐和索迪的发现十分吻合。他与杜瓦的合作则是对溴化镭在液化氢温度下的放热量的测量。数月后，皮埃尔重返伦敦，接受英国皇家学会授予皮埃尔和玛丽的戴维奖章。接近1903年底的时候，皮埃尔为新《物理化学杂志》（*Journal de chinmie physique*）撰写了一篇关于放射性的文章。1903年11月14日，皮埃尔和玛丽收到一封发自斯德哥尔摩的电报和一封瑞典科学院秘书克里斯多夫·奥里维里斯（Christopher Aurivillius）签发的信件，通知他们与贝克勒尔同获1903年诺贝尔物理学奖。

诺贝尔物理学奖和化学奖由瑞典皇家科学院评定。第一次物理学奖颁奖是在1901年，获奖者是伦琴；随后，1902年的获奖者是洛仑兹和塞曼。1903年，介于有关放射性研究成果来自法国的候选人受到了极大重视。其间，曾有过将物理学奖只颁给亨利·贝克勒尔和皮埃尔·居里的考量。一位资深科学院院士、数学家哥斯塔·米塔格-莱弗勒（Gösta Mittag-Leffler）认为这是不公正的，他把情况告诉了皮埃尔。皮埃尔在1月25日已就此给推荐人亨利·庞加莱（Henri Poincaré）去过信，他回复米塔格-莱弗勒说：

“……如果的确是在考虑颁奖给我的话，我要求把我和居里夫人看作是放射性研究的合作者。事实上，是她最初的工作决定性地导致了新物质的发现，她的贡献是巨大的（她还确定了镭的原子量）。如果在此情况下将我们分别对待，我相信这会使很多人感到惊诧。再者，您不觉得，从艺术角度来看，将我们连带在一起会更具有魅力吗？”

最终，三个人的名字都出现在报给瑞典皇家科学院物理学分院评委会的名单上了。化学分院评委会认为放射学更接近化学，所以希望保留将来为钋和镭的发现者颁奖的可能性。

1903年12月10日，在斯德哥尔摩隆重的颁奖仪式上，瑞典皇家科学院分别为“天然放射性的发现”和“表彰他们共同研究亨利·贝克勒尔教授所发现的放射性现象所作出的非凡贡献”授予亨利·贝克勒尔、皮埃尔·居里和玛丽·居里诺贝尔物理学奖。玛丽是第一位获诺贝尔奖的女性。为教学工作和玛丽身体状况所困扰，皮埃尔和玛丽未能赴斯德哥尔摩参加颁奖仪式，他们的金质奖章和证书是法国大使代领的。皮埃尔承诺，稍后他一定来做例行的公开演讲。

诺贝尔奖突然给皮埃尔和玛丽·居里带来了荣耀和声誉，这与他们的生活理念并不相符而且大大地干扰了他们的工作。要知道，吸引记者的题材是众多的：至此尚未出名的年轻夫妇、“门外汉”、破废工棚里极为简陋的工作条件，还有神秘的、令人浮想联翩的、极少却极具活性的镭。而且，他们的含蓄和谦逊反而更吸引人们的好奇心。

↑发现放射性百年纪念章，纪念1903年诺贝尔物理学奖获得者：玛丽和皮埃尔·居里，亨利·贝克勒尔[纪念章制作者：埃里克·龚悌埃尔(Erik Gonthier)]。

↑ 1903年，因为钋和镭的发现授予皮埃尔和玛丽·居里的诺贝尔奖证书。

“一位美国记者巧捷地跟踪了居里夫妇的踪迹，来到布乐渡（Pouldu），困惑地站在一间渔家房舍前。报社派他来采访享有盛名的科学家居里夫人。可她在哪儿呢？得找个人问问……唉，房舍前石阶上坐着位赤脚妇人正在抖绳底帆布鞋里的沙子。

她抬起头，灰色的眼睛盯着这位不速之客……突然，他发现，眼前这位妇人怎么这么像报纸杂志上登出过的成百上千张照片里的那位夫人呢？就是她！这位采访者先是目瞪口呆，然后在她身旁低下身来，掏出他的记事本。”

艾芙·居里

《居里夫人》

新实验室

诺贝尔奖奖金的一半是一笔不小的数目。皮埃尔·居里可以减少繁重的课时了，他把物理化工学院的课交给了他过去的学生、一位崭露头角的物理学家——保罗·郎之万，还为科研请了个私人技工。

突然升起的明星效应是巨大的。法国总统参观了皮埃尔·居里在居维叶街的窄小实验室。由科学院院长提议，议会批准在索邦大学为他设立一个教授位置。皮埃尔被任命为理学院教授，正式就职于1904年大学开学的第一天——10月1日。与这一职位相关联的是一笔实验经费和三个助手名额：一名项目主管、一名技工和一名清洁工。玛丽被任命为项目主管，自11月1日起，她终于成为她一直工作的实验室的正式员工。1904年12月6日，玛丽在经历了痛苦的怀孕期后，在他们位于凯勒曼大道的小洋房里产下了二女儿艾芙——一个胖乎乎的小女孩。

皮埃尔在居维叶街有两间实验室。他得到批准，用设施经费在院子中增建一栋包括两间实验室和一间车间的小建筑。于是，皮埃尔和玛丽将设备全部搬了过来。1905年，他们彻底告别了物理化工学院……和他们亲爱的工棚。

在推迟相当长时间后，居里夫妇终于在6月初赴斯德哥尔摩做诺贝尔奖演讲。他们无论对旅程，还是对主办方的接待都非常满意，也非常喜欢瑞典这个国家。1905年6月6日，面对瑞典皇家科学院，皮埃尔回顾了放射性研究的历程并描绘了放射性研究的未来及其应用。他以这样的预言结束了演讲：

“我们还能想象到，如果镭落到罪犯手中，那将是非常危险的事情，那么我们要自问人类知晓大自然的秘密是否有益、人类是否足够成熟以从中获益，或者说这些知识不会祸害人类。诺贝尔的发明就是典型的例证，高效炸药使人类能够实现绝妙的工程。然而，它们在罪犯手中就是将人民拖入战争深渊的、可怕的毁灭性武器。我属于诺贝尔这一类人，我们相信新发现为人类带来的福祉将大于给人类带来的危害。”

尽管皮埃尔·居里不是很情愿，他还是在朋友们的促使下提出了入选法国科学院的申请。这一次，法国科学院于1905年7月3日正式接纳了皮埃尔·居里为院士。

→ 伊雷娜（9岁）和艾芙（2岁）在1906年。

制镭工业

← 1904年，埃米尔·阿尔迈·德莱尔在马恩河畔诺让创建的工厂。这是法国第一家生产镭的工厂。

第一个萌生建一座制镭工厂念头的是美国人斯蒂芬·洛克伍德（Stephen Lockwood）。1903年，在皮埃尔·居里的技术指导下，他创立了稀有金属还原公司，工厂建在纽约州北部的水牛城（Buffalo），用以处理从山岩中采集的钒钾铀矿石。

1904年，在法国，埃米尔·阿尔迈·德莱尔（Émile Armet de Lisle）借鉴了皮埃尔和玛丽·居里最初对工业制镭的尝试以及德国化学和工业家吉塞尔的经验，在马恩河畔诺让（Nogent-sur-Marne）创建了一家生产镭的工厂。所生产的镭价格昂贵，产品主要提供给医学界。德莱尔在同一地点已经有一家从金鸡纳树皮中提取奎宁的工厂，所以他与医学界早就有联系。由居里夫妇培训的员工，特别是弗雷德里克·郝德平和雅克·丹纳，是工厂的关键人物。工厂则为居里夫妇师生提供了一间小工作室和部分设备，用以制备研究用镭。

“我坚持要看一眼居里发现镭的实验室。当时居里夫妇正外出旅行。那简直就是马厩和土豆储藏室，要是我没看见摆放着化学物品的工作台，我还以为这是恶作剧呢。”

威廉·奥斯特瓦尔德（Wilhelm Oswald）

1909年诺贝尔化学奖获得者

1904年1月，阿尔迈·德莱尔创办了一份科普杂志——《镭》（*Le Radium*），主任为亨利·法尔加斯（Henri Farjas），雅克·丹纳任主编。稍后，1906年，这位工业家又出资在巴黎创建了镭生物实验室，并提供了半克镭盐用以临床和基础研究。在这间实验室工作过的有路易·维克汉姆（Louis Wickham）、保罗·德克莱斯（Paul Degrais）和亨利·多米尼希（Henry Dominici）医生。

1904年间，在操办镭原料生产的同时，皮埃尔·居里还与查尔斯·布查德（Charles Bouchard）和维克多·巴勒塔扎尔德（Victor Balthazard）医生合作，研究射气（氡）在小白鼠和豚鼠上的生理作用。他还建议安托万·贝克莱尔医生在居维叶街的实验室研究射气疗法。

1904年，而后于1906年（去世后发表），皮埃尔·居里和阿尔伯特·拉伯尔德检测并研究了温泉溢出气体及溶在温泉水中的气体的放射性。他们对比了数量可观的温泉，其中大部分是法国境内的。放射性最强的温泉是奥地利巴达盖斯坦（Bad Gastein）的，其次是法国普隆比埃（Plombières）的部分温泉，但强度要小得多。通过计时检测，他们分析总结说：

“气体的大部分放射性源于长距离的作用（水流过离泉眼有一定距离的某类岩石）而不是来自水本身所溶解的镭盐”。

并怀疑，

“这些泉水的独特（译者注：治疗）效应是否源于其放射性”。

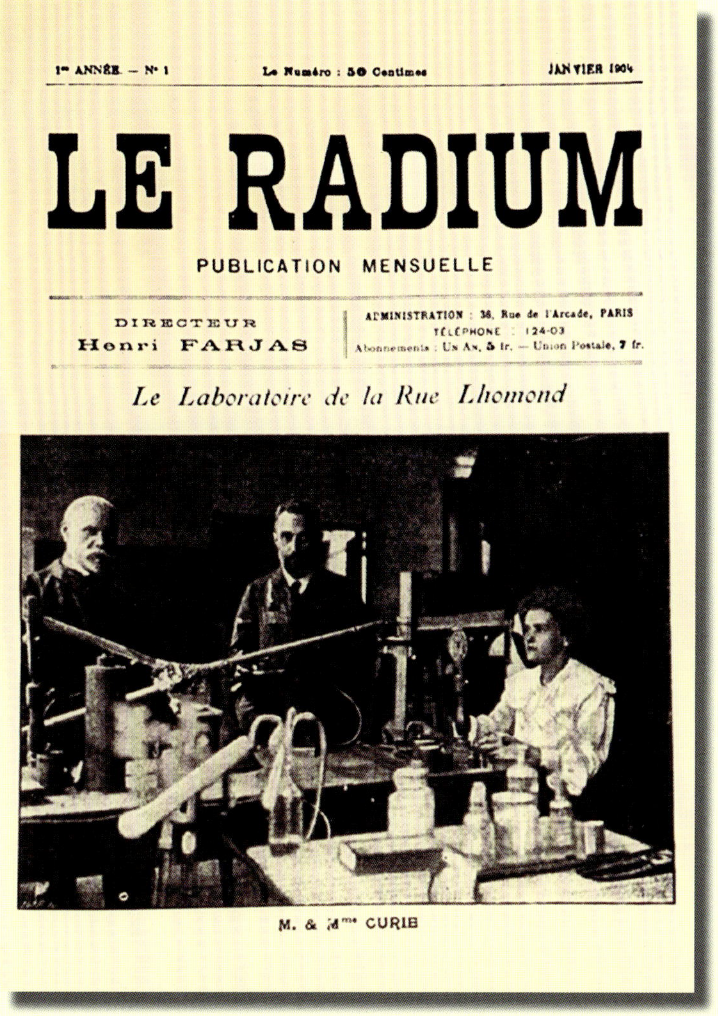

1re ANNÉE — No 1 Le Numéro : 50 Centimes JANVIER 1904

LE RADIUM

PUBLICATION MENSUELLE

DIRECTEUR
Henri FARJAS

ADMINISTRATION : 36, Rue de l'Arcade, PARIS
TÉLÉPHONE : 124-03
Abonnements : Un An, 5 fr. — Union Postale, 7 fr.

Le Laboratoire de la Rue Lhomond

M. & Mme CURIE

↑ 1903年居里夫妇获诺贝尔奖后，伴随着广泛的医学应用方面的研究，镭的生产逐步工业化。1904年，为了让广大民众对镭的研究进程得以深入了解，德莱尔创办了杂志《镭》。

← 普隆比埃温泉的广告，高放射性被作为招揽游客的卖点。

车祸

1906年复活节，皮埃尔和玛丽带着孩子们在舍沃鲁兹山谷（la vallée de Chevreuse）的圣雷米（Saint-Rémy）出租屋里度了几天假。天气晴朗，附近就有提供鲜奶的农庄。他们去郊游、采花，伊雷娜追逐蝴蝶，14个月大的艾芙被放在毯子上。星期一晚饭后，皮埃尔带着他们采集的毛茛花束独自乘火车返回。星期三，玛丽回来放下孩子后和皮埃尔去参加物理学会的晚宴，其间和亨利・庞加莱探讨了教学方法。天气变了，阴雨连绵。

第二天，1906年4月19日，皮埃尔去参加理学院教授协会的年会，会场在位于丹敦街（rue Danton）和赛帮特街（rue Serpente）路口的协会大厦。和让・佩兰还有其他同仁共进午餐后，皮埃尔前往塞纳河畔的高基耶-维拉尔斯（Gauthier-Villars）印刷所，可是印刷所正在罢工，于是他又朝贡地堤岸（quai Conti）的科学院方向走去。在新桥（Pont-Neuf）桥头要横穿多菲内街（rue Dauphine），这里交通十分繁忙。

雨还在下着。一辆四轮马车正驶向新桥，沉浸在思考中的皮埃尔撑着伞从车后越上马路。与此同时，一辆满载军装的双马载重车突然从新桥驶进多菲内街。大吃一惊的皮埃尔试图抓住一匹马的前胸，致使马受到惊吓而直立。他滑倒在路面上，虽然没有被马蹄踩到，可是由于头部被左后轮碾过，皮埃尔当场死亡。过路行人纷纷指责赶车人未能及时刹住马车。浑身是血的皮埃尔被放在担架上，抬到了格兰・奥古斯丁街（rue des Grands-Augustins）警察局。这时候才有人打开他的钱包，发现死者是皮埃尔・居里。警察通知了理学院，皮埃尔的助理技工前来辨认了尸体。

下午，理学院院长保罗・阿佩尔（Paul Appell）和让・佩兰按响了凯勒曼大道洋房的门铃。皮埃尔的父亲欧仁・居里打开门，看着悲伤无言的来客，他立刻就明白灾难降临了，绝望地重复着“他琢磨什么呢？”傍晚，玛丽回到家中，客人们把噩耗告诉了她。玛丽被惊呆了，她一动不动，但最终还是强忍着没有流露出绝望的神情。艾芙・居里写道：

↑ 皮埃尔与伊雷娜于1904年。

“这一刻对我母亲的性格、她以及孩子们的命运所产生的决定性影响是无法回避的。…… 从此，孤独和隐秘的阴影就一直笼罩着她。”

Triste retour

Mais M. Benezech vient annoncer que Mme Curie est rentrée chez elle ; avec une force d'âme remarquable, elle a reçu le coup terrible qui la frappait ; elle a dit simplement du plus profond de son cœur :

— Quel épouvantable malheur nous atteint !

Ensuite Mme Curie s'est prononcée contre toute autopsie.

Le corps de l'éminent savant a donc été ... une voiture des ... t que le juge ... des témoins ... filles.

DISCOVERER OF RADIUM.

TRAGIC DEATH OF PROFESSOR CURIE.

KILLED IN A PARIS STREET.

The R...

M. Pierre CURIE, le savant qui découvrit le radium, a été écrasé dans la rue et tué net par un camion.

Un terrible accident s'est produit hier, à Paris, qui a coûté la vie à l'un des savants dont la France s'honorait. M. Curie, membre de l'Institut, célèbre par sa découverte du radium, a été écrasé par un lourd camion.

M. Curie traversait la rue Dauphine, près du Pont-Neuf, à deux heures et demie, se tenant derrière un fiacre. A ce moment arrivait du Pont-Neuf un camion attelé de

M. Curie

deux chevaux et chargé d'équipements mi-

ECRASE PAR UN CAMION

MORT TRAGIQUE DE M. CURIE

Le grand savant qui collabora à la découverte du radium a trouvé la mort, hier, sous les roues d'un camion — La science française en deuil.

Le camion meurtrier

(La croix indique la roue qui écrasa le crâne de M. Curie.)

M. ET Mme CURIE

Dans leur laboratoire

伊雷娜托付给佩兰照顾着。皮埃尔的遗体和遗物被送回家中。只有最亲近的几位亲友参加了在索镇举行的葬礼，此外还有法国教育部长阿里斯蒂德·白里安（Aristide Briand）。雅克·居里、哥哥约瑟夫和姐姐布罗尼亚先后赶来陪伴玛丽，她的状态就像一台无意识的机器。

然而正是在这一痛苦时期，也是平生唯一一次，玛丽开始写日记，用以记叙自己的感情和回忆。在一年左右的时间里，她在日记中以致信皮埃尔的形式，回忆共同度过的最后时光、描述永别后的哀思。

“1906年4月30日：我今生再也见不到了的、亲爱的皮埃尔，我想在这沉寂的实验室里跟你说几句话，此地我曾几何时想象过没有你的生活。首先，我要回忆我们在一起度过的最后几天……”

“1906年5月1日：……皮埃尔在地下安息了，一切、一切、一切都结束了。为你的灵车屏蔽了你所讨厌的噪声和仪式，我做得对，是不是这样，我的皮埃尔。……我对你说过多少次，如果没有了你，我可能就不工作了。我曾将我所有的科学工作之幻想都寄托在你的身上，现如今我得独自挑此重担了。你告诉我这样说很不好，‘无论如何都要坚持下去’……”

“1906年5月11日晨：我的皮埃尔，不到一刻钟前，我刚刚从睡梦中醒来，心情还算平静，可现在我又想像野兽一样地吼叫了。”

“1906年11月6日：……明天我39岁了。既然我已决定绝不再为自己活着而且不以此为目的做任何事情，那么可能还是有些时间来完成自己制定的任务的，哪怕是部分地。”

4

UNION MINIÈRE DU HAUT KATANGA
SOCIÉTÉ CONGOLAISE À RESPONSABILITÉ LIMITÉE
Bruxelles, le 15 octobre 1932.
Madame CURIE,
1, rue Pierre Curie,
PARIS. France.
Nous avons l'honneur de vous remettre
opie de la lettre que nous adressons
adame le Docteur Dluska, ainsi que copie
at relatif à 30,640 gr. de Radium élément.
Nous vous prions d'agréer, Madame,
l'assurance de notre considération distinguée.
UNION MINIÈRE DU HAUT KATANGA.

玛丽接过火炬

皮埃尔去世后，玛丽将全部精力投入到教学和研究中。1911年，玛丽再次获诺贝尔奖。

雅克·居里和皮埃尔的挚友、物理学家乔治·古伊（Georges Gouy）对理学院院长表示，他们坚信只有玛丽能接替皮埃尔领导他的实验室，并且建议打破常规，任命她为索邦大学教授。1906年5月11日，在多位知名人士的奔走下，院理事会全数通过由玛丽接替皮埃尔的工作，同时任命她为代课教授。玛丽成为索邦第一位女性教师，1908年被任命为教授。

1906年11月5日下午1点半，玛丽在索邦的第一节课，离开始上课还有不少时间，众多的听众已经在门口等待。后到的塞夫勒高等（女子）师范学校学生和旁听生几乎找不到空位置，阶梯上则坐满记者以及巴黎各界人士。玛丽从另一侧入口走进教室，迎接她的是雷鸣般的掌声。听众都以为玛丽的开场白会首先向皮埃尔致敬，可她却简单地说道：

“审视物理学领域近期短短不到10年期间的发展，尤其引人注目的是关于电和物质本性的概念的演变。这一演变一方面来自对气体导电性的深入研究，另一方面来自放射现象的发现和研究。”

皮埃尔·居里的挚友、物理学家乔治·古伊提议任命玛丽·居里为索邦大学教授。

为了忘却而工作

失去伴侣的沉重打击使玛丽无法担负起两个人的工作，她只能作出选择。现在，她必须独自在这个男人世界里证明自己的价值，然而，对此她是非常自信的。在接替皮埃尔的授课工作的同时，玛丽还领导着实验室的工作。她的学生，不仅是女生，男生也逐渐多了起来，其中不少是外国留学生，她经常还要接待波兰的访问学者。

玛丽重新投入到镭的分离和提纯工作中。一些外国物理学家认为镭与其他化学元素完全不同。玛丽对此观点给予了否认，1907年8月，她公布了更精确的镭原子量测量结果：226.45 ± 0.5（现在公认的原子量为226.0）。1910年，在安德烈·德比尔纳协助下，玛丽·居里终于成功地制备了金属镭——一种白色的、接触空气即刻变黑的、熔点为700℃ 的金属。她还对钋进行了更深入的研究。其研究结果为这两种元素正确填入元素周期表消除了所有疑问。我们可以想象，这位科学家在工作中被放射线所照射的剂量是多么的巨大。

→ 1920年，玛丽在镭研究所的实验室中。

玛丽和学生们研究放射性元素的化学性质、衰变链、各种衰变产物的处理和分离方法，以及放射源的制备。尽管玛丽一直在跟踪其他实验室的进展——曼彻斯特的、后来在剑桥的卢瑟福实验室，维也纳镭研究所的斯特凡·迈耶尔实验室，柏林的奥托·哈恩（Otto Hahn）实验室和莉泽·迈特纳（Lise Meitner）实验室——她在广阔的核物理领域的投入是有限的，因为她没有精力去做所有的事情，另外也许是因为她被皮埃尔在与卢瑟福之争后的沮丧所困扰。她在这方面的研究涉及射气的各种物理作用、衰变定律及部分放射性元素的衰变常数、放射系以及射线的各种性质。要等到下一辈物理学家——萨洛蒙·罗森布拉姆（Salomon Rosenblum）、弗雷德里克和伊雷娜——那一代，这些前卫研究才步入真正的“核物理”时代。

1910年到1912年，玛丽投入大量精力研究如何通过射气释放量测定镭的含量以及如何制备镭的国际标准样品。为此，她研制了各种不同类型的电离室。

但是，玛丽不像皮埃尔那样对器械和检测器的开发兴趣浓厚，基本上不涉足卢瑟福师生非常活跃的这一领域。

然而，玛丽还是认为——事实上也的确如此——拥有强放射源、特别是强放射性镭源，才是未来研究的基本条件。镭永远是她的孩子，她紧密跟踪铀矿新矿床的探测，无论是法国的、葡萄牙北部的还是后来刚果上加丹加的，而且与各专业公司保持着紧密的联系。皮埃尔的学生雅克·丹纳在巴黎南郊的伊维特河畔吉夫（Gif-sur-Yvette）开办了一家小型镭工厂和私人实验室，当玛丽要求他在教学和办工厂之间作出选择时，他选择了后者。

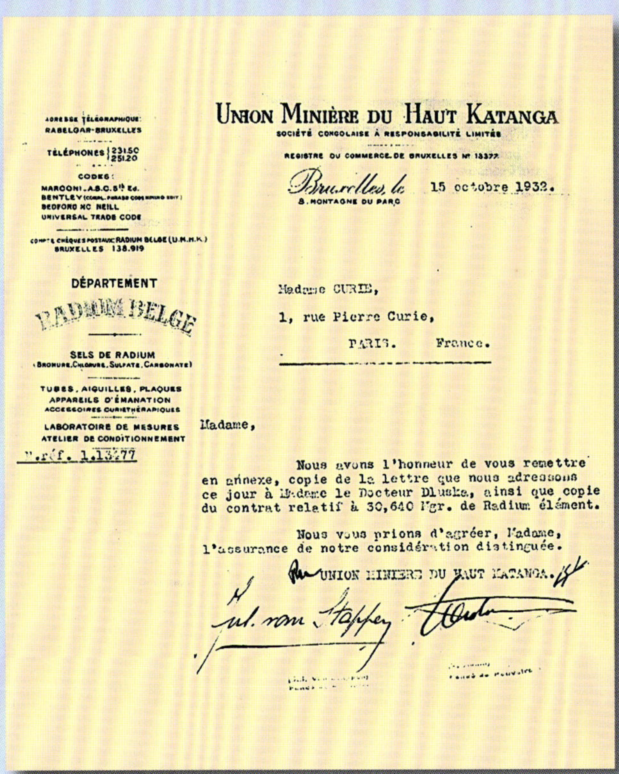
ADRESSE TÉLÉGRAPHIQUE: RABELGAR-BRUXELLES

TÉLÉPHONES 231.50 / 251.20

CODES: MARCONI. A.B.C. 5th Ed. BENTLEY BEDFORD MC NEILL UNIVERSAL TRADE CODE

COMPTE CHÈQUES POSTAUX: RADIUM BELGE (U.M.H.K.) BRUXELLES 138.919

DÉPARTEMENT RADIUM BELGE

SELS DE RADIUM (BROMURE, CHLORURE, SULFATE, CARBONATE)

TUBES, AIGUILLES, PLAQUES
APPAREILS D'ÉMANATION
ACCESSOIRES CURIETHÉRAPIQUES

LABORATOIRE DE MESURES
ATELIER DE CONDITIONNEMENT

N.réf. 1.13277

UNION MINIÈRE DU HAUT KATANGA

SOCIÉTÉ CONGOLAISE À RESPONSABILITÉ LIMITÉE

REGISTRE DU COMMERCE DE BRUXELLES Nº 13377

Bruxelles, le 15 octobre 1932.
8, MONTAGNE DU PARC

Madame CURIE,
1, rue Pierre Curie,
PARIS. France.

Madame,

Nous avons l'honneur de vous remettre en annexe, copie de la lettre que nous adressons ce jour à Madame le Docteur Dluska, ainsi que copie du contrat relatif à 30,640 Mgr. de Radium élément.

Nous vous prions d'agréer, Madame, l'assurance de notre considération distinguée.

UNION MINIÈRE DU HAUT KATANGA.

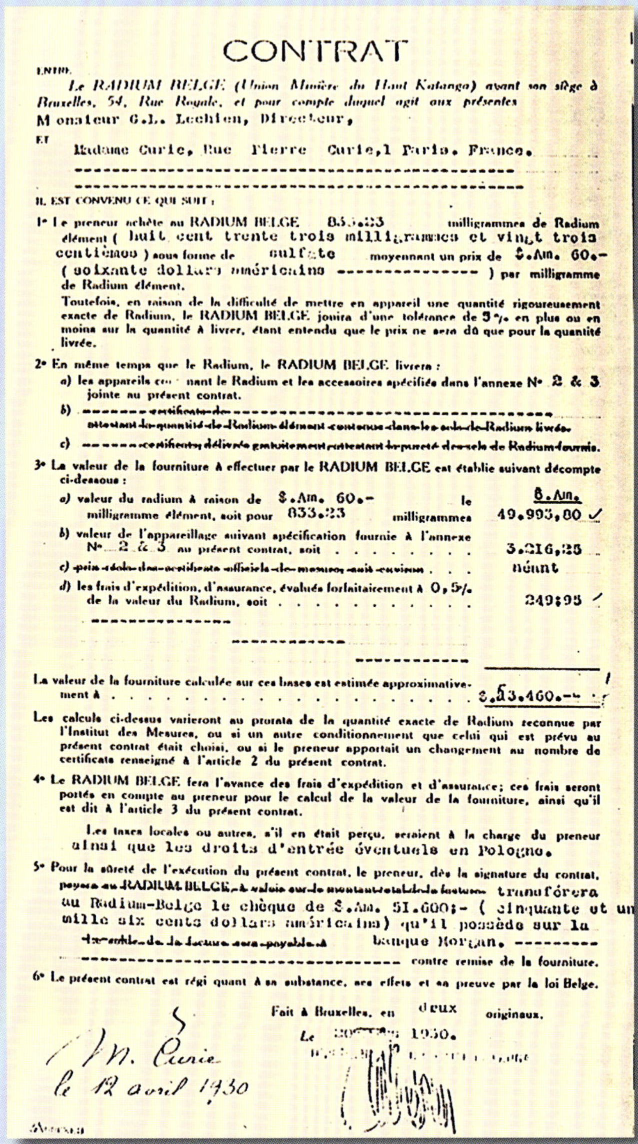
CONTRAT

ENTRE

Le RADIUM BELGE (Union Minière du Haut Katanga) ayant son siège à Bruxelles, 54, Rue Royale, et pour compte duquel agit aux présentes Monsieur G.L. Lechien, Directeur,

ET

Madame Curie, Rue Pierre Curie,1 Paris. France.

IL EST CONVENU CE QUI SUIT :

1° Le preneur achète au RADIUM BELGE 833.23 milligrammes de Radium élément (huit cent trente trois milligrammes et vingt trois centièmes) sous forme de sulfate moyennant un prix de $.Am. 60.- (soixante dollars américains) par milligramme de Radium élément.

Toutefois, en raison de la difficulté de mettre en appareil une quantité rigoureusement exacte de Radium, le RADIUM BELGE jouira d'une tolérance de 5 % en plus ou en moins sur la quantité à livrer, étant entendu que le prix ne sera dû que pour la quantité livrée.

2° En même temps que le Radium, le RADIUM BELGE livrera :

a) les appareils contenant le Radium et les accessoires spécifiés dans l'annexe Nº 2 & 3 jointe au présent contrat.

b) ~~certificats de attestant la quantité de Radium élément contenue dans les sels de Radium livrés.~~

c) ~~certificats délivrés gratuitement attestant la pureté des sels de Radium fournis.~~

3° La valeur de la fourniture à effectuer par le RADIUM BELGE est établie suivant décompte ci-dessous :

a) valeur du radium à raison de $.Am. 60.- le milligramme élément, soit pour 833.23 milligrammes — $.Am. 49.993,80

b) valeur de l'appareillage suivant spécification fournie à l'annexe Nº 2 & 3 au présent contrat, soit 3.216,25

c) ~~prix des certificats officiels de mesures, soit environ~~ . . . néant

d) les frais d'expédition, d'assurance, évalués forfaitairement à 0,5% de la valeur du Radium, soit 249;95

La valeur de la fourniture calculée sur ces bases est estimée approximativement à . . . . $.53.460.--

Les calculs ci-dessus varieront au prorata de la quantité exacte de Radium reconnue par l'Institut des Mesures, ou si un autre conditionnement que celui qui est prévu au présent contrat était choisi, ou si le preneur apportait un changement au nombre de certificats renseigné à l'article 2 du présent contrat.

4° Le RADIUM BELGE fera l'avance des frais d'expédition et d'assurance; ces frais seront portés en compte au preneur pour le calcul de la valeur de la fourniture, ainsi qu'il est dit à l'article 3 du présent contrat.

Les taxes locales ou autres, s'il en était perçu, seraient à la charge du preneur ainsi que les droits d'entrée éventuels en Pologne.

5° Pour la sûreté de l'exécution du présent contrat, le preneur, dès la signature du contrat, ~~payera au RADIUM BELGE, à valoir sur le montant total de la facture~~ transférera au Radium-Belge le chèque de $.Am. 51.600;- (cinquante et un mille six cents dollars américains) qu'il possède sur la ~~le solde de la facture sera payable à~~ banque Morgan. contre remise de la fourniture.

6° Le présent contrat est régi quant à sa substance, ses effets et sa preuve par la loi Belge.

Fait à Bruxelles, en deux originaux.

Le 1930.

M. Curie
le 12 avril 1930

↑ 1938年的上加丹加坎博韦（Kambove）矿。

← 出于对强放射性物质来源的担心，玛丽紧密跟踪比利时属刚果上加丹加矿对铀矿石的探测。
左：上加丹加矿务局给玛丽的信。
右：玛丽与上加丹加矿务局（Union Minière）签署的合同。

美国巨富、工业家和慈善家安德鲁·卡内基（Andrew Carnegie）在皮埃尔去世后不久认识了玛丽。被她坚定不移的信念和朴实的性格所打动，卡内基决定为她提供帮助并于1907年建立了一系列奖学金。这样，奖学金获得者加上助手、技工和志愿研究人员，玛丽实验室的研究人员数量增至15～20人。

1910年，玛丽完成了两卷《放射性论》，概括了有关放射性的所有知识。1924年，她发表了《同位素学和同位素元素》（*L'isopropie et les éléments isotropes*）。除此之外，玛丽对放射性在医学领域的应用也很关注。

量体裁衣式的教育

1906年秋天，玛丽想换一下环境，于是离开凯勒曼大道，带着孩子们和公公搬进了索镇铁路街（rue du Chemin-de-fer）的一幢花园洋房。去巴黎上班要乘半个小时的火车，这使她感到稍稍有些劳累。一位波兰女管家为她带孩子。孩子们学会了波兰语，但后来接受的是全面的法国教育。总是穿着深色衣服的玛丽从来不对她们提起父亲。

真正陪伴孩子们的是老居里大夫，他强装笑脸，但终究给全家带来了正常家庭应该具有的氛围。艾芙还小，但已经和祖父及姐姐伊雷娜关系十分亲密。老居里大夫对伊雷娜成长的影响很大。很不幸，欧仁·居里于1909年患病，卧床数月后于1910年2月去世。玛丽要求将他的棺木葬在皮埃尔棺木下面，因为这样自己将来就可以葬在丈夫身边了。

孩子们一天天长大，玛丽很欣慰地注意到伊雷娜的数学天赋和艾芙对音乐的极大兴趣。尽管母亲对宗教信仰非常开放，两个孩子都未接受过洗礼。她们有许多体育活动，还参加了一家体校。玛丽希望她们胆大且灵巧以获取在任何困境中生存的能力。

伊雷娜拿到了小学毕业证书。玛丽觉得学校的作息时间和教学方法不适合自己的孩子，咨询过朋友和同事后，他们组织了合作社形式的教学。家长是教师，孩子们是学生，这让人想起皮埃尔所经历的教育方式。那个时代的教育理念是理科重于文科。因为每天只有一节课，十几个孩子有不少时间进行体育活动，或者去参观博物馆。这一尝试持续了两年。随后，孩子们重新回到了正式的课堂。伊雷娜和艾芙先后就读于塞维涅中学（Collège Sévigné）。

← 玛丽和她的两个女儿伊雷娜和艾芙于1908年。

镭的国际标准样品

1910年9月，国际放射学会议在比利时布鲁塞尔召开。重要议题之一就是如何确定测量放射性活度的标准，尤其是关于镭的国际标准样品的建立。有了这一标准样品，不同实验室才能相互对比各自获取的精确测量数据，医生和生产镭的厂商才能知道他们所需要或所提供的镭的当量。

会议为此任命了一个专家委员会，成员为：美国纽哈芬（New Haven）的伯特勒姆·博尔特伍德、法国巴黎的玛丽·居里和安德烈·德比尔纳、加拿大蒙特利尔的亚瑟·伊芙（Arthur Eve）、德国不伦瑞克（Braunschweig）的汉斯·盖特尔、柏林的奥托·哈恩、奥地利维也纳的斯特凡·迈耶尔、因斯布鲁克（Innsbruck）的埃贡·冯·施韦德莱、英国曼彻斯特的欧内斯特·卢瑟福和格拉斯哥（Glasgow）的弗雷德里克·索迪。迈耶尔任秘书，卢瑟福任主席。委员会成员都是顶尖科学家，没人认为自己落后于他人，卢瑟福为平抚各方将竭尽其外交天赋。

玛丽的实验室就像她的大家庭，她与同事的关系既直率、简单又十分友好。但少数外国同行认为她的性格倔犟、冷酷，例如美国物理学家伯特勒姆·博尔特伍德就在写给卢瑟福的信中这样表示过。然而，专家委员会还是提议由玛丽·居里制备镭的国际标准样品，提议在会议上通过。单位被定为克金属镭。会议也为将来预备了一个“小得多的、将会得到特别命名的单位，10^{-10}克镭”。经过长时间的讨论后，会议还确定了射气释放的单位：1克镭在放射平衡时所释放的射气量。这一单位被命名为居里，以纪念皮埃尔·居里。

放射性活度的测量单位

第一个放射性活度的单位被命名为“居里”，就是1克镭在放射平衡时的射气（氡）量：镭衰变成氡，氡则继续衰变。然而，与镭对比（1600年），氡的半衰期要小得多（4天），所以从某一个时刻起，衰变的氡原子数量就会与新形成的氡原子数量达到平衡。在测定氡气量时，先将镭盐溶于少量液体中，溶液放入鼓泡器中。初始放射性射气由B管排出，然后关闭器皿。射气重新聚集于器皿中，达到放射平衡。通过由A管导入的空气将射气从溶液中排出，通过B管导入连接着静电计的电离室。利用玛丽在准备博士论文时曾使用过的方法，就可以测定饱和放射性射气量。1950年，国际组织根据每秒每克镭中的衰变数量 3.7×10^{10}，重新定义居里这一测量单位。1 居里被规定为任何原子每秒 3.700×10^{10} 次衰变。1975年，为了将放射性标准统一于国际单位制（SI）体系，规定放射性活度单位为贝克勒尔（Bq）：1贝克勒尔 = 每秒1次衰变。任何放射性衰变，α、β …… 都用这一单位表示。

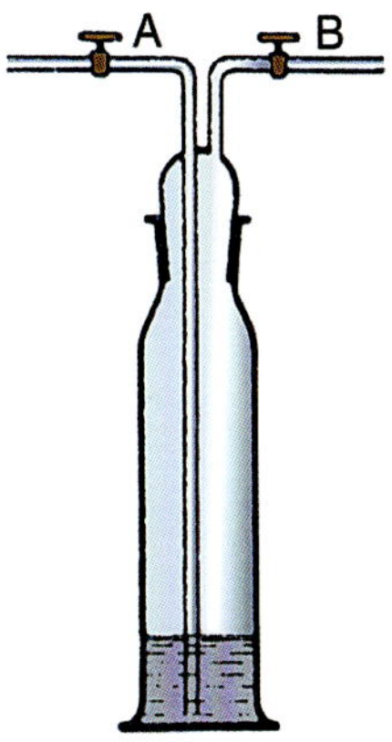

1911年8月，玛丽在自己的实验室中用高纯度的氯化镭制备了含0.01675克金属镭的标准样品。同时，在维也纳镭研究所（1910年10月刚刚成立）迈耶尔实验室里，奥托·赫尼哥施密德（Otto Hönigschmid）也完成了同样的工作。于是，专家委员会在1912年3月25至28日间再聚巴黎，对比不同备份的样品。委员们欣慰地发现，结果非常吻合，误差为0.2%，大致等于实验误差。委员会决定，巴黎的样品定为国际标准样品，来自维也纳的样品中的一份定为备用标准样品。次级标准样品鉴定书由两实验室共同颁发。玛丽希望将标准样品保存在居维叶街，卢瑟福说服她将其存入了塞弗尔国际度量衡局（Bureau international des Poids et Mesures）的保险柜。慷慨的赞助者补上了制备标准样品所用掉的镭。

暴风雨

法国物理学家、科学院院士德希雷·捷尔内兹（Désiré Gernez）于1910年10月31日去世，科学院便空出了一个院士的位置。玛丽·居里的朋友们建议她提交竞选申请。玛丽当然希望追随皮埃尔的足迹，而且身为院士，她还可以加入各类委员会，更快地公布研究成果。她还将成为进入这一圣殿的第一位女性。

法国科学院新院士由院士投票选举。玛丽的朋友们认为她一定会入选。她也知道自己在国际上享有绝好的声誉，布鲁塞尔会议的经历就是佐证。可是她没有意识到院士们对她的看法会是五花八门，而且低估了选举将不可避免地引起的媒体炒作。

11月16日，《费加罗报》（*le Figaro*）向公众报料说玛丽·居里准备参选法国科学院院士。玛丽的最大竞争对手是66岁的发明家爱德华·布兰利（Édouard Branly），他已经竞选过两次都未成功。布兰利发明了凝聚检波器，也就是马可尼刚刚发明的无线电接收机的放大器。布兰利和玛丽同样谦逊、含蓄，可作为天主教学院的教授，他有保守的天主教院士和公众的支持。媒体的热度空前高涨，站在布兰利一方的报纸大肆渲染玛丽是波兰裔，旁敲侧击地表明镭是皮埃尔·居里一个人发现的。相反，12月31日的《时代报》（*le Temps*）则刊登了科学院常任秘书让·加斯东·达布（Jean Gaston Darboux）的一封长信，列举了玛丽的贡献。

Bataille académique

M. BRANLY ET Mme CURIE

M. d'Arsonval et M. Bouvier sont pour l'inventeur de la T. S. F.

La lutte courtoise que se livrent en ce moment les candidats au fauteuil vacant dans la section de physique à l'Académie des sciences passionne l'opinion publique.

La bataille académique est circonscrite surtout entre deux candidats : Mme Curie, dont le nom est universellement connu pour les travaux qu'elle accomplit avec son mari sur le radium, et le savant français à qui on doit la découverte de la télégraphie sans fil, le professeur Branly.

Mais cette bataille dépasse cependant les limites d'une élection ordinaire. Une question grave se pose : les femmes peuvent-elles faire partie de l'Institut ? Sur ce point il y a divergence entre l'Académie des sciences et les autres sections de l'Institut. L'Académie des sciences dit oui en principe. Ses « sœurs en la Coupole » disent : non.

Ce principe posé, reste à savoir si en l'espèce Mme Curie doit être préférée à M. Branly.

Parmi les académiciens, les uns, M. Darboux en tête, disent que Mme Curie doit être élue : d'autres affirment avec non moins de chaleur que M. Branly doit passer le premier, haut la main.

Entre les partisans acharnés des deux candidats, il y a place pour des opinions moyennes.

L'un des membres de l'Académie exprimait ainsi ses doutes

— Certes, la collaboration de M. et Mme Curie a produit d'admirables découvertes. Mais avant son mariage, Mme Curie n'a jamais fait quoi que ce soit en physique et, depuis la mort de son illustre mari, elle n'a rien produit seule.

Un membre de la section de physique a, par contre, déclaré que Mme Curie était le plus grand physicien moderne.

— Cette idée, disait malicieusement un de ses collègues, ne lui est venue que depuis son élection.

Enfin voici deux opinions nettement exprimées sur la lutte engagée.

BRANLY Phot. Matin

M. d'Arsonval

M. d'Arsonval est net et précis.

— Ce serait un devoir patriotique, un devoir scientifique en même temps, que d'élire Branly dans la section de physique. Branly est le père de la télégraphie sans fil. C'est à lui que l'on doit cette merveilleuse découverte qui, à travers l'espace, permet d'envoyer des messages d'un bout à l'autre du monde.

» Certains veulent contester à Branly la découverte de la télégraphie sans fil, en soutenant que le savant français a bien trouvé le *cohéreur*, mais qu'il ne l'a pas appliqué à la transmission ou à la réception des ondes hertziennes.

» Ampère et Faraday, non plus, n'ont point construit la première dynamo ; ce ne sont pas moins cependant les fondateurs de la science et de l'industrie électriques.

» La paternité de la découverte de la télégraphie sans fil appartient d'ailleurs si bien à Branly que la première dépêche radiotélégraphique envoyée par Marconi fut expédiée à Branly lui-même. Ce fait est cité dans l'exposé des titres de Branly et mérite d'être connu.

» Ma voix, conclut le professeur d'Arsonval, est depuis longtemps acquise à Branly, et au prochain vote, c'est pour lui que je voterai des deux mains. »

M. Bouvier

L'opinion du professeur Bouvier sur l'élection d'un membre de la section de physique est connue des lecteurs du *Matin* depuis le 4 janvier dernier. A ce moment, le savant nous dit textuellement :

— La logique voudrait que Branly fût élu cette fois à la place vacante de Gernez, et que le prochain fauteuil fût réservé à Mme Curie. Branly, jusqu'à présent sacrifié, se verrait enfin récompensé.

» Je ne me sens pas capable, conclut M. Bouvier, de peser les mérites et les travaux scientifiques de Mme Curie et de Branly. Des conversations entendues, de l'ambiance en quelque sorte dans laquelle je me trouve, il me semble que l'œuvre de Branly est plus importante que celle de Mme Curie.

» Au prochain fauteuil vacant, si Mme Curie n'était pas élue, je voterai certainement pour elle. »

↗1911年1月5日的《时代报》指出科学院院士们对爱德华·布兰利和玛丽·居里的看法。一位布兰利的支持者确信："的确，居里先生和夫人的合作带来了不平凡的发现。然而，居里夫人在结婚前从未涉足物理领域，而在她杰出的丈夫去世后从未独自取得过任何成果。"

↑居里时代的法国科学院和1910年12月1日《费加罗报》诋毁女性的漫画:"(科学院的）穹顶能做一顶多么漂亮的帽子啊"。这里是在隐喻玛丽·居里。

其实，真正的争论焦点聚集在玛丽·居里是女人这一事实上。有些人无法接受一个女人成为科学院院士，并由此成为科学院所属的法兰西学院的成员。法兰西学院因循守旧，有坚持不接受女性的惯例。然而，其下属五个学院是独立的。女权人士，主要是女记者们，旗帜鲜明地表明立场，可她们所采用的方式方法却自相矛盾。人们可以读到“大脑没有性别”，但同时也可以读到“神奇的权杖能用女院士（用作）装饰（的）佩剑代替吗？”，或玛丽·居里应该坚持“独立自主，独享自己的荣耀只会增强她的女性气质”。

选举于1911年1月24日举行。第一轮爱德华·布兰利获29票，玛丽·居里获28票，余下一票是投给马塞尔·布里渊（Marcel Brillouin）的。第二轮布兰利以30票对28票胜出。玛丽没有离开实验室。她无法接受选举结果，尽管她的朋友乔治·厄本（Georges Urbain）、查理·纪尧姆（Charles Guillaume），还有乔治·古依写信安慰和鼓励她，玛丽还是决定绝不再竞选科学院院士。十年后，1922年2月，尽管没有提交过竞选申请，玛丽却被选为法国医学院院士。

AUJOURD'HUI : 12 PAGES — LE NUMÉRO QUOTIDIEN 10 Cent. — N° 55 – LUNDI 9 JANVIER 1911

·EXCELSIOR·

Journal Illustré Quotidien

Directeur : Pierre LAFITTE

88, Champs-Elysées, PARIS

Informations - Littérature - Sciences - Arts - Sports - Théâtres - Elégances

L'Académie des Sciences examine aujourd'hui la candidature de Mme Curie

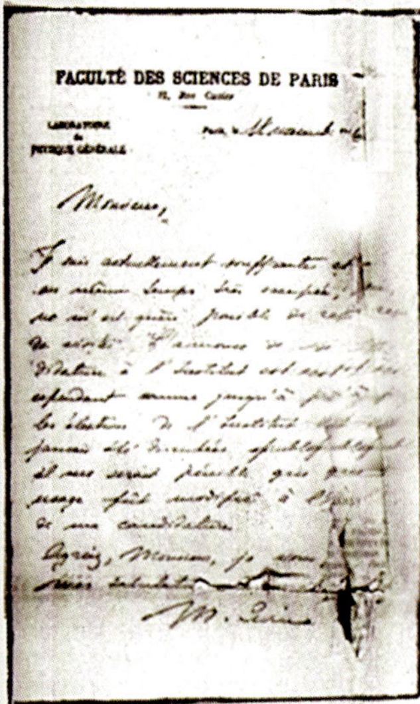

FACULTÉ DES SCIENCES DE PARIS

LABORATOIRE de PHYSIQUE GÉNÉRALE

Monsieur,

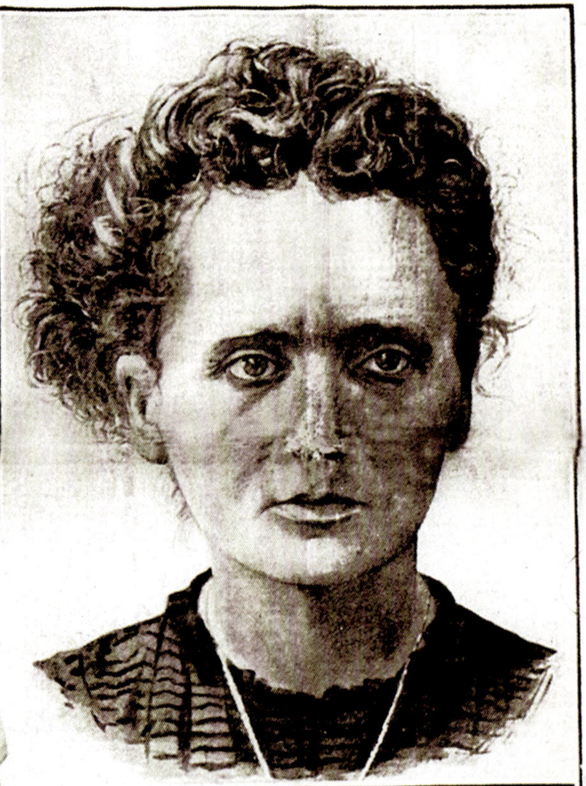

FICHE GRAPHOLOGIQUE DE Mme CURIE

[illegible]

Freya.

FICHE PHYSIOGNOMONIQUE DE Mme CURIE

[illegible]

Génia Lisstbow.

LA PHYSIONOMIE ET L'ÉCRITURE DE Mme CURIE

Nous avons demandé à M[illegible] [illegible] physionomie de la candidate [illegible]

“桃色事件”

1911年，玛丽·居里还遇到了更大的麻烦——“郎之万事件”。

保罗·郎之万的朋友都知道他的婚姻很不幸而且很为他担心。事实上，他被妻子——一位瓷器工匠之女——加上她母亲、姐姐、姐夫，整治得人无宁日。她要丈夫放弃科研，去投身待遇优厚的工业界。他们有四个孩子。激烈的夫妻吵架是家常便饭。保罗·郎之万需要向朋友倾诉，寻求他们的帮助。

他尤其愿意向他非常钦佩的玛丽·居里吐露心声，既感激她的同情，又欣赏她细心而理性的分析。玛丽也同样器重他的科学才能和远大的目光，相互的好感逐渐发展成情感。他们的朋友们也觉得这对他们双方绝对不是一件坏事。

理学院院长保罗·阿佩尔的女儿、刚升任位于乌尔姆街（rue d'Ulm）的师范学院科学主任的埃米尔·博雷尔（Émile Borel）的妻子玛格丽特·博雷尔（Marguerite Borel）以卡米尔·玛宝（Camille Marbo）的笔名回忆道：“在凯勒曼大道佩兰家的晚宴上，…… 喝咖啡的时候，身着腰带上系着一朵玫瑰的白色连衣裙、青春再现的玛丽·居里出现了。她坐下，像往常一样，一言不发，但某些细节表明，她已像寒冬过后的春天那样骤然重生。”

↑ 保罗·郎之万（1872—1946）和妻子让娜·德夫斯（Jeanne Desfosses）于1902年。他与妻子的敌对关系驱使他走向玛丽。两人的关系被让娜披露，成为八卦媒体的热点。

← 《爱克塞勒萧尔报》（*l'Excelsior*）于1911年1月9日头版头条刊登了科学院评审玛丽·居里候选人资格的消息，以及关于这位物理学家的字相和面相分析。

→ 玛格丽特·博雷尔，法国数学家埃米尔·博雷尔的妻子，在郎之万事件期间帮助玛丽躲避在自己家中。

1910年夏初，保罗·郎之万在离物理化工学院不远的地方租了一套小公寓，玛丽常去那里造访。夏末，当让娜·郎之万在一个信箱里发现了一封保罗·郎之万写给玛丽的信、而且随后威胁要杀了玛丽的时候，事情恶化了。经过让·佩兰调停后，平静只持续了几个月，1911年复活节前后，有人潜入郎之万的公寓，撬开书桌，偷走了两人所有的信件。正像她的姐夫、《小报》（*Petit Journal*）主编亨利·布尔乔亚（Henri Bourgeois）宣称的那样，这些信件到了让娜的手中。棘手的谈判开始了。

7月底，保罗·郎之万从家里搬了出来，带两个大儿子去英国度了一个月的假。其间，他仍在犹豫今后的去留。他妻子要求分居以及孩子的抚养权和一笔数目不菲的生活费。

这年夏天，玛丽先是去了荷兰莱顿（Leiden），然后在波兰札科帕内姐姐布罗尼亚家与孩子们会合。10月29日至11月3日，玛丽在布鲁塞尔参加苏威公司的创始人欧内斯特·苏威（Ernest Solvay）主持的苏威第一届物理咨询会。议题为《辐射理论与量子》。保罗·郎之万也参加了这次会议。

11月4日，《日报》（*Le Journal*）发起了又一波对玛丽·居里的攻击，紧接着是第二天的小报，接踵而至的是极右的国家主义报纸《法兰西运动》（*Action Française*）。11月14日，让娜·郎之万将丈夫告上法庭。开庭日订在12月8日。11月23日，高等师范学院毕业生、宣扬种族主义和反犹主义的花边周刊《行动》（*L' Œuvre*）的出版商刊古斯塔夫·特里（Gustave Téry）也跳了出来，从标题“索邦的丑闻”开始，几乎全刊都涉及所谓“事件”：

“为了一位母亲（译者注：指让娜·郎之万）：

想象一下，若非这个倒霉的女学生为辅助镭的发现从波兰专程赶来，法国还真就没有科学可言了，如此令人战栗…… 将外国佬的入侵看作是国难的真正爱国者还没有死绝！”

特里使用诡计，在他的诽谤刊物上公开了部分所谓玛丽·居里和保罗·郎之万的通信。数日后，郎之万在一封信中驳斥这些所谓信件是“面目全非的、经过变换文字顺序和断章取义的伪造件”。

玛格丽特·博雷尔写道：

“文章极为恶毒。在居里夫人住所的周围，人们谩骂：‘打倒偷人丈夫的外国佬！’德比尔纳看到居里夫人把自己和艾芙关在家中，根本不敢踏出大门半步。‘我们能做点儿什么，玛格丽特？’”

埃米尔·博雷尔得到了消息立即赶来。愤怒到了极点的博雷尔说：

“我们有两间空房。我们把居里夫人和女儿安置在这儿，避开侮辱谩骂。”

玛格丽特·博雷尔和安德烈·德比尔纳把她们接了过来。

在德比尔纳去体校接伊雷娜的同时（伊雷娜不巧在体校看到了一份《行动》周刊），玛格丽特·博雷尔把玛丽和艾芙从索镇接到了师范学院：

“在路上，木呆的居里夫人脸色煞白得像一尊石雕。我不敢拉她的手。她一言不发，傲然地穿过学校的院子。让·佩兰告诉我们他已经让他夫人马上赶来。”

在如此巨大的媒体压力下，理学院院长和法国教育部部长——也许还有其他部长——希望玛丽·居里离开法国回波兰。玛格丽特和埃米尔·博雷尔，让和亨利艾特·佩兰 （Henriette Perrin）还有安德烈·德比尔纳四处活动、据理力争，终于力挽狂澜，成功地保护了玛丽·居里。

在他的文章里，特里称保罗·郎之万为“波兰女人的肖邦”（译者注：法语中波兰女人和波兰舞曲是同一个词——Polonaise），他随后写道：“此人，堪称法兰西公学院（Collège de France）的教授，不过是个没有教养的怯懦小人。”

玛格丽特·博雷尔讲述道：“一天早上，脸色苍白的郎之万身着礼服来到乌尔姆街，要见我们夫妇二人，他站在楼下对我们说：

‘我决定和特里决斗。这很愚蠢，但我必须这样做。’”

保罗·郎之万开始寻找证人，这并不是一件容易的事。第二天早晨，两个对手持枪面对面地站在王子公园（Parc des Princes），两旁站着各自的证人和医生。许多记者也都到场。“开火”命令发出时，特里没有抬起胳膊，由此结束了决斗。特里后来在他的周刊里解释他不想杀死郎之万夫人的丈夫，也不想“让法国科学界丧失一颗宝贵的脑袋”。尽管是被官方禁止，决斗在当时还是很时兴的。同一周里，另外发生四起持剑决斗，都涉及记者且起因类似。

让娜·郎之万上告的结果是协商解决，没有进行诉讼。媒体热度渐渐回降，但玛丽·居里和保罗·郎之万之间无论是一起生活还是科研紧密合作都从此再无可能。

↑ 1911年苏威会议的参会者。前排左起：能斯特（Nernst）、布里渊、苏威、洛伦兹、沃伯（Warburg）、佩兰、维恩（Wien）、玛丽·居里和庞加莱；后排左起：戈尔德施密特 （Goldschmidt）、普朗克、鲁本斯（Rubens）、索末菲（Sommerfeld）、林德曼（Lindemann）、莫里斯·德布罗意（Maurice de Broglie）、努森（Knudsen）、哈泽内尔（Hasenöhrl）、豪斯特莱（Hostelet）、郝尔岑（Herzen）、金斯（Jeans）、卢瑟福、昂内斯（Onnes）、爱因斯坦和郎之万。

再次获诺贝尔奖

↑ 1903年诺贝尔化学奖获得者斯凡特·阿伦尼乌斯。

1911年11月8日，正值朗之万事件最为动荡之时，玛丽收到来自斯德哥尔摩的电报，通知她获得诺贝尔化学奖。她想拿出一半奖金用于拓展她的新实验室。11月22日，她致信瑞典科学院院士、1903年诺贝尔化学奖获得者斯凡特·阿伦尼乌斯（Svante Arrhenius），表示自己很想参加颁奖典礼，但是担心在媒体宣传如此白热化的形势下她是否还应该来。11月25日，阿伦尼乌斯回信说：

“我们这里清楚所有针对您的无端指责……没有人会涉及这一话题，您所处的将是一个纯洁的环境。”

可是，阿伦尼乌斯在他12月1日的第二封信中口气却完全不同了：“我的上一封信寄出后，您的官司的性质完全改变了”。他要求在这样的情况下：

“在您能够证明您的信件是被假造了的之前，您放弃到这里来领奖”。

对1903年的颁奖就起过重要作用的瑞典科学院院士哥斯塔·米塔格-莱弗勒得到了消息。他被激怒了，随后与玛丽多次通电报联系：

“这是一个阴谋，必须粉碎它；一定要来；躲避只能授人以口实。”

12月5日，玛丽在给阿伦尼乌斯的回信中漂亮地回击：

“您对我的行动所提出的建议似乎是我有重大过失。事实上，颁奖给我是因为我发现了镭和钋。我认为我的科研工作和某些私生活中的事件没有任何关系，有人想在三流媒体上利用后者——而且是完全被歪曲了的——对我进行攻击。

我无论如何无法接受，以关于我的私生活的诽谤及诬陷来影响对我的科学贡献的评价。我确信很多人会同意我的看法。您却持不同观点，这令我十分难过。”

12月10日，玛丽由女儿伊雷娜陪伴赴斯德哥尔摩。“为（她）以镭和钋元素的发现、镭的分离和对这一重要元素的性质及其化合物的研究为化学进程所作出的贡献”，1911年诺贝尔化学奖授予玛丽。当时，她是唯一两次获诺贝尔科学奖的学者。

第二天，玛丽·居里在诺贝尔奖演讲中，明确指出了她为发现所作出的具体贡献，以回击对她的诋毁：

“铀的辐射被亨利·贝克勒尔发现距今已经十五年了，而两年后，最先由我、而后由皮埃尔·居里、随后又由我，将这一现象的研究扩展到了其他物质上。…… 所有发射出这种辐射的物质被我命名为放射性（物质）。…… 这一物质（镭）的发现和分离过程为我的假设提供了证据，也就是放射性是物质的一种原子特征并能为寻找新元素提供一种新方法。”

玛丽特别致谢卢瑟福，在演讲中毫无保留地纳入了卢瑟福和索迪的原子衰变理论。演讲是以此结尾的：

“这里涉及的是一类非常特别的化学，通常所需的工具不是天平而是静电计，我们很乐意把它叫作无称量化学。”

就是在今天，这一论点也是成立的。

↑ 1911年，玛丽·居里获诺贝尔化学奖。

玛丽精疲力竭地回到了巴黎。忧郁症严重地干扰着她的正常生活。12月29日，玛丽高烧住进了医院。她在医院彻底休息了一个月。至于高烧，医生最后诊断是肾炎。手术似乎是不可避免的，但医生们决定要等她的体力恢复了再做。只有她最亲近的朋友才被准许探视，她将实验室和自己的事务都托付给了安德烈·德比尔纳。

出院后，玛丽搬出索镇，在巴黎圣路易岛（Ile Saint-Louis）贝屯码头（Quai de Béthune）租了一套新公寓。可是她太着急工作了，在标准样品委员会来巴黎开会的时候又住进了医院。肾手术做完后出院时，身体非常虚弱。于是，她在巴黎东南郊塞纳（Sénart）森林附近、布吕努瓦（Brunoy）的一幢小房子里休养。6月底，由于身体状况又恶化了，她去莱蒙湖畔的托农莱班（Thonon-les-Bains）疗养了一段时间。为了避开媒体，这期间她使用的是闺名。

换个生活环境或许对她是有益的。7月底，玛丽接受了英国物理学家赫塔·埃尔顿（Herta Ayrton）的邀请，去英国南海岸基督城（Christchurch）附近休养。埃尔顿同时也是一位女权活动家，她是1903年认识玛丽的。孩子们也来看望过她。这段隐姓埋名的时光重新给她注入了活力。10月，她重返实验室，而且立刻重新着手领导工作：尽管病魔缠身，她仍对世界各地的研究结果了如指掌。

← 威尔逊云室中观察到的一束在磁场中被导向、偏向和分散的镭E（现在被称作铋-210）的β射线。马塞尔·勒库安（Marcel Lecoin）摄于1935年。

1910年后放射性学科的发展

1910年至1914年，放射性学科飞快发展。1911年，通过对两个助手汉斯·盖革（Hans Geiger）和欧内斯特·马斯登（Ernest Marsden）的实验结果的分析，欧内斯特·卢瑟福确定原子中心有一个极小但聚集了几乎所有质量的带电核。同年，弗雷德里克·索迪证明放射性化学元素通常具有多个同位素，即化学性质相同、原子序数相同但质量不同的原子。1908年至1912年，卢瑟福和盖革成功地制作了可以计数单个粒子的仪器，盖革于1913年完成了对这种计数器的完善。1912年，在剑桥，查尔斯·威尔逊（Charles Thomson Rees Wilson）利用他制作的云室，第一次成功地拍摄了α和β粒子（射线）的运动轨迹。1912年4月，维克托·赫斯（Viktor Hess）为寻找残余辐射的来源将一台验电器带上高空气球，发现了宇宙辐射。1913年，弗雷德里克·索迪、亚历山大·史密斯·罗素（Alexander Smith Russell）、乔治·德海韦西（George de Hevesy）和卡西米尔·法扬斯（Kasimir Fajans）分别独立确定了位移定律，即α和β放射中原子的衰变法则。1911年至1913年，荷兰房地产事务律师、业余理论家安东尼·范登布鲁克（Antonius van den Broek）假设，元素周期表中的原子序数决定于原子中正负电荷数。1913年，尼尔斯·玻尔（Niels Bohr）在他的原子模型中指出，元素的化学性质取决于原子外面的电子层，α和β放射性则一定是原子核的特性。1913年至1914年，在曼彻斯特，亨利·莫塞莱（Henry Moseley）利用X光实验验证了范登布鲁克假设，由此确定了元素的电子结构，他预测了从氢到铀的92种元素。1914年，卢瑟福的学生詹姆斯·查德威克（James Chadwick）发现，与α射线相反，β射线的能谱是连续的。

↑ 1922年前后的镭研究所。居里楼（左）和巴斯德楼（右）。中间是放射源小楼。

镭研究所的创立

拥有巨额欧西里斯（Osiris）遗产的巴斯德研究所（Institut Pasteur）提议为玛丽·居里建一间实验室。可是大学不同意玛丽离开。于是，巴斯德研究所所长埃米尔·鲁（Émile Roux）和巴黎大学副校长路易·李亚尔（Louis Liard）签署了一个协定。协定经1912年修改后，规定由双方出资、巴黎大学出地兴建镭研究所，一共两栋建筑：一栋叫居里实验室，包括放射物理和化学实验室；另一栋叫巴斯德实验室，用于生物和癌症放疗研究。玛丽领导居里实验室，巴斯德实验室主任由埃米尔·鲁的学生克劳迪于斯·勒戈（Claudius Regaud）担任。研究所设在新的皮埃尔·居里街，也就是今天的皮埃尔和玛丽·居里街。

图纸准备好了，玛丽希望设计符合自己的理念，所以仔细地审查了图纸。1913年至1914年初施工期间，玛丽一直在紧密地跟踪工程进展。在她的要求下，两楼之间开辟一片花园，种上了树和玫瑰花，还建了一栋用于制备放射源的小楼。为医院和工厂设立的、原址在居维叶街的分析室也搬进了新研究所，校长办公室开始不同意这种有偿服务，但最终还是让其正式化了。

↑ 居里夫人和爱因斯坦在1925年，摄于日内瓦附近。

波兰人请玛丽·居里在华沙创立并领导一间放射实验室，玛丽于1913年去了一趟华沙。她仅同意担任名誉领导职位，但推荐了自己得力助手中的两位——波兰裔法国物理学家让·达尼斯（Jean Danysz）和波兰物理学家路德维克·维尔腾斯坦（Ludwik Wertenstein），后者将出任实验室主任。1913年夏天，玛丽带着两个女儿、管家和阿尔波特·爱因斯坦父子游览了恩嘎丁（Engadine）的群山。

1914年7月底，镭研究所竣工。8月1日，法国全国总动员，第一次世界大战已经开战。

↑ 波兰物理学家、玛丽·居里的学生路德维克·维尔腾斯坦（左）和让·达尼斯（右）将领导首间华沙放射实验室。

Gift of Radium for Mme. Curie's Arrival

Women Pay $100,000 for a Gramme to Be Presented to Polish Scientist When She Comes With Daughter in May

By Rose G. Szewc

5

Mme Curie aux États-Unis

Tout le monde le sait : les Allemands n'ont pas un sou pour nous payer, pas plus qu'ils n'ont de quoi payer les Belges, les Italiens, les Anglais, les Roumains, tous ceux enfin auxquels ils doi-

国家形象

在1914至1918年第一次世界大战期间，玛丽·居里为抢救伤员创立了放射服务；战后，她继续活跃在放射性元素的研究领域。

壮丁都入伍了，一队队士兵从街上走过。孩子们正在布列塔尼（Bretagne）阿古埃（Arcouest）一所租住的房子里度假，玛丽还没有离开巴黎。8月1日，玛丽在给她们的信中写道：

“亲爱的伊雷娜、亲爱的艾芙，形势似乎正在恶化，总动员令随时都会下达。不知道我是否还能出发。不要慌乱，要胆大心细。”

包括居维叶街的大学生、实验室的工作人员在内的很多人都已奔赴各自的部队。玛丽没有离开巴黎。伊雷娜则急于要回来为国家做点事，玛丽让她耐心等待。玛丽调查了军队的卫生状况后发现了一个严重的问题：无论是后方还是前方，军队医院只有数量极其有限的X光机；而且军医都不太会使用X光机。可是X光可以在手术前确定骨折特别是子弹或弹片的位置。她知道自己该做什么了。

玛丽于1921年写道：

“在刚刚过去的那些年代里，我像许多人一样，希望为保卫国家做些事情，我立刻就选择了（医疗）放射学……”

这个领域对玛丽来说并不陌生，她在索邦大学开设的课程里就包括X光的产生和吸收。她让贝克莱尔医生在他的医院里简单地教授了X光机的操作方法。她统计了可使用的设备数量。8月中旬，她已经拿到了法国战争部要求她组建一个放射设备操作团队的证明。

德国人离法国首都越来越近了。为了保护实验室所拥有的1克镭，玛丽挤上了开往波尔多（Bordeaux）的火车。车上坐满了南下的官员。玛丽拎着一个小手提箱，这个铅质“城堡”里装着那克宝贵的镭。在波尔多火车站根本找不到提包的伙计和出租车，旅馆客满为患。一位部里的官员认出了玛丽，帮她找了一间私房。第二天，她把东西存进了波尔多一家银行的保险柜后，立刻返回巴黎。在北上的列车里，令所有乘客惊讶的是，除了士兵，她是唯一的一位妇女。

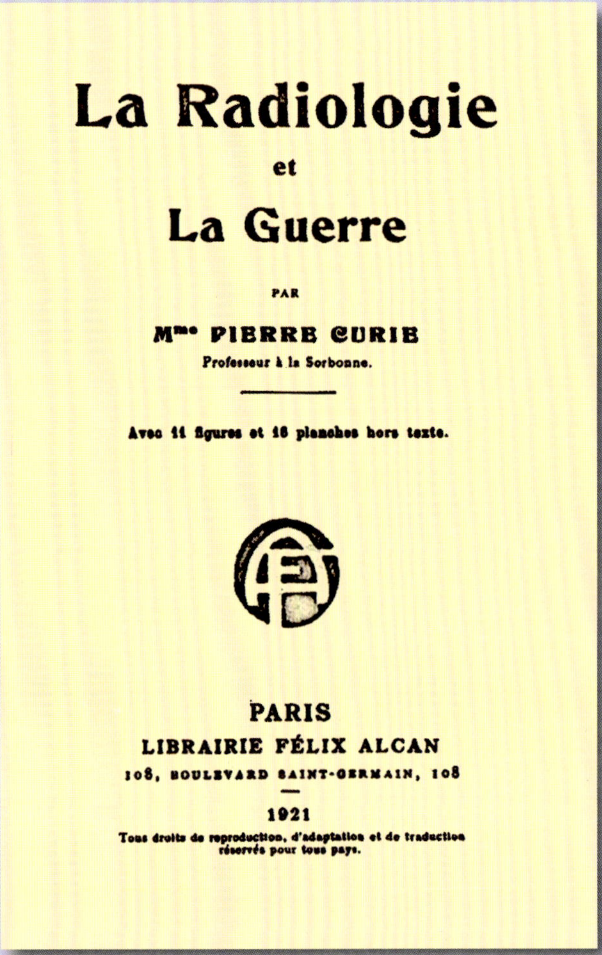

La Radiologie

et

La Guerre

PAR

Mme PIERRE CURIE

Professeur à la Sorbonne.

Avec 11 figures et 16 planches hors texte.

PARIS

LIBRAIRIE FÉLIX ALCAN

108, BOULEVARD SAINT-GERMAIN, 108

1921

Tous droits de reproduction, d'adaptation et de traduction réservés pour tous pays.

→ 玛丽描写第一次世界大战经历的书，出版于1921年。

放射线为伤员服务

德国军队在马恩河（Marne）战役中被击退。玛丽叫两个女儿返回了巴黎。艾芙回学校上学，伊雷娜拿到护士证后开始协助母亲的救护工作。艾芙在回忆母亲和姐姐开始一起工作的情景时写道：

“一种亲密无间的友情联系着玛丽·居里和这个少女。这位波兰女人不再孤独。现在她可以和一位助手、朋友交流工作和诉说自己的苦闷了。”

玛丽认为应该把X光机设备运到前线去，而不是把伤员运回后方。她决定装备X光放射车——“小居里”。

↑ 从前线撤回的“小居里”集结在巴黎荣军院（Hôtel des Invalides）院内。这种放射车在第一次世界大战中救护了100万以上伤兵。

SERVICE RADIOLOGIQUE

第一辆“小居里”

“先是由志愿员工操作 …… 在战争的大部分时间里，尤其是1914年9月，当大量伤兵从马恩河战场上撤下来的时候，它独自在巴黎防区担负着任务。情况紧急时，X光车加满油料、满载全部设备外出服务。这并不影响它在路况允许的情况下以50千米的时速行进。员工包括一位医生、一位操作员和一个司机，其实，在一个好的团队里，每个人都在做分外的工作。 …… 如果一切顺利，而且是在熟悉的地点，设备安装能在半小时内完成。安装耗时一个小时的情况是很少见的。”

玛丽·居里

《放射学与战争》

有的人把轿车捐给玛丽，有人出借“到战争结束”。她在法国红十字会（后来玛丽是放射科的主任）、法国妇女联合会和伤兵救助会的帮助下，获取了必需的设备，对这些车进行了改装。X光机所需要的电是由一台汽车引擎带动下的发电机提供的。

玛丽周旋于各政府部门之间。 她争取到了随X光车亲赴前线的许可。1914年11月1日，玛丽身着平民服装，只佩戴了红十字会的袖章，带着伊雷娜、机械师和司机来到了克雷伊（Creil）军医院，这一天他们就诊断了30人次。自此，无论是弗尔内（Furnes）还是茹万维尔（Joinville）、波珀灵厄（Poperinghe）、亚眠（Amiens）、兰斯（Reims）、凡尔登（Verdun）…… 玛丽的身影无处不在。1916年7月，她考取了驾驶证。她培训了护士操作员，装备了18辆X光车，设置了200个固定放射诊断所。在第一次世界大战期间，这一切为救治100万以上的伤兵提供了X光诊断。

开战后的第一个冬天，玛丽·居里接到了前助手让·达尼斯战死的噩耗，达尼斯少尉是从波兰赶回法国参战的。战争的很多残酷场面是侄子莫里斯·居里（Maurice Curie）告诉她的。莫里斯是雅克·居里的儿子，玛丽很疼爱这个侄子并和他一直保持着书信联系。他在前线战斗了一年，然后被调回后方的弹药供应部门。

镭研究所在整个战争期间几乎都空无一人。玛丽利用短暂的空余时间，在伊雷娜的帮助下，把设备从居维叶街搬进新实验室。停战那天她正好在实验室里。战争是结束了，但带给人们的只有死亡和废墟！战后的一年里，玛丽继续为军队放射科培训医护人员。尽管如此，她还是感到非常的高兴，因为真正的考验已经过去了，而波兰也独立了。

← 玛丽·居里坐在她的“小居里”驾驶室里（上）。 伊雷娜站在另一辆的尾部（下）。

美国镭

和平了，玛丽·居里的生活又回到原来的样子。伊雷娜也进了她的实验室。她们必须装备镭研究所，这样才能使它成为真正的研究中心。一部分员工回来了，可四年的战争彻底改变了他们。实验室与国外的联系逐渐建立了起来。第一个假期到来了，南方的阳光是那么的温暖。

到处都需要玛丽·居里，可她不可能满足每个人的要求。有很多咨询有关治疗癌症的来信，她都把对方介绍给克劳迪于斯·勒戈医生。尽管她极其不喜欢接受采访，但是在一位执著的美国女记者的多次恳请下，她还是在1920年5月的一天会见了她。这位记者叫玛丽·梅洛尼（Marie Meloney），朋友们称她“蜜西”（Missy）。梅洛尼曾就职于多家报社，现在是著名的妇女杂志《描绘》（*The Delineator*）的社长。两人之间立刻产生了好感。

玛丽能讲一口流利的英语，所以谈话是用英语进行的。她告诉蜜西美国拥有50克镭，她自己的实验室却只有1克，而且主要是用于生产医用氡气。这位记者马上为文章想好了主题。羞涩中略带忧伤的玛丽很让她感动，她能体会到玛丽的真诚和她崇高的目标。同样，玛丽也很欣赏个子小巧却浑身充满活力的蜜西，感受得到她的胆识和奉献精神。尽管两人的差异颇大——蜜西是持保守意识的共和党党员而且在高层社会颇有地位，但她们相互之间却建立起了牢固的友谊。

Mme Curie ira chercher en Amérique un gramme de radium

Les femmes américaines en font le don à la faculté des sciences de l'Université de Paris

Mme Curie aux États-Unis

Tout le monde le sait : les Allemands ont pas un sou pour nous payer, pas us qu'ils n'ont de quoi payer les Bel- s, les Italiens, les Anglais, les Rou- ins, tous ceux enfin auxquels il-

Gift of Radium for Mme. Curie's Arrival

Women Pay $100,000 for a Gramme to Be Presented to Polish Scientist When She Comes With Daughter in May

By Rose G. Szewc

A LA GLOIRE DE LA SCIENCE FRANÇAISE

« JE SAIS TOUT » A ORGANISÉ A L'OPÉRA UNE MANIFESTATION NATIONALE EN L'HONNEUR DE MADAME CURIE

ET AU PROFIT DE L'INSTITUT DU RADIUM

…e Curie, la veuve et la collaboratrice de Pierre Curie, …otre siècle considère comme l'un des plus nobles … dont puisse s'honorer la science française, a quitté …nce, le 4 mai, pour les États-Unis. Une délégation …aine, ayant à sa tête Mme Melloney, est venue … grande savante pour la conduire en Amérique où …se l'attendait. Un gramme de radium, que des …eux lui ont offert, sera remis à Mme Curie par le … C'est ce geste magnifique de nos amis américains, …r, M. Pierre Lafitte, notre rédacteur en chef, … la rédaction de *Je sais tout* ont voulu souligner …te. Avant donc que Mme Curie n'ait quitté la … organisé, en son honneur et au profit de l'Ins… manifestation placée sous la présidence d'hon… Briand, président du Conseil; sous le haut patro… de M. Louis Barthou, ministre de la Guerre, de M. Léon Bérard, ministre de l'Instruction publique, de MM. Appell, recteur de l'Uni-

↑ 法国和美国媒体全面报道玛丽·居里 1921 年访美的新闻:《无所不知》(*Je sais tout*)、《未来》(*l'Avenir*)、《晨报》(*le Matin*) 和《纽约时报》(*New York Times*)的剪报。

←↑1921年，玛丽·居里在两个女儿和美国记者玛丽·梅洛尼的陪同下访问美国。到达纽约时，等待她的首先是一大群记者。

此后，蜜西与玛丽多次会面。她提议在美国号召妇女募捐，以获得购买1克镭所需要的10万美元。作为条件，她要玛丽亲自赴美接受捐赠、到各大城市巡回讲演和接受荣誉学位，她还提议为玛丽出版自传。蜜西感到自己肩负着令人振奋的使命，而玛丽则看到了为自己的实验室获取大量新资源的机会。

玛丽一开始对这样一个募捐活动并没有抱太大希望，但蜜西所获得的成功却远远超出了所有人的期望。密西创立了“玛丽·居里镭基金”和两个声援委员会，与富人和美国各大院校联系。尽管在耶鲁和哈佛对此存在一些疑虑，但仍有众多院校加入了这一活动。她毫不犹豫地使用夸张的语言，描绘玛丽的生活如何贫困，还说:“时间在一分一秒地过去、伟大的居里一天老似一天，而世界可能正在失去天知道什么样的大秘密。而每年都有成千上万的人死于癌症！”她围绕着玛丽建立了一个神话世界，铲除了障碍，甚至去乞求各大报刊的主编不要重提郎之万事件。除去购买镭所需要的10万美元，蜜西还多募集到了5万美元。

蜜西的活动也影响到了法国。临行前不久，《无所不知》杂志社在歌剧院为玛丽组织了晚宴，法国议长会议主席白里安也应邀出席，让·佩兰和著名女演员莎拉·伯恩哈特（Sarah Bernhardt）分别致词。1921年5月初，玛丽和两个女儿在蜜西的陪同下登船启程。她知道等待她的将是什么样的情景，为此，她稍许有些忐忑不安。船在纽约靠岸时，码头上人声鼎沸，卡内基（Carnegie）夫人为她准备的两辆轿车已经等在那里，乐队同时演奏着美国、法国和波兰三国的国歌。甲板上，玛丽坐在一把扶手椅上，成群结队的、无所不问的记者和摄影师簇拥在她周围，到采访结束时，她已经筋疲力尽。随后，玛丽就开始了马不停蹄的从一个城市到另一个城市、从一所女校到另一所大学的巡访，参加一个又一个的仪式，进行一次又一次的演讲。女校还为她在卡内基音乐厅举办了一次大型活动。玛丽所到之处都受到了热情的接待，而她却被人群吓坏了，尤其恐惧人们对她的好奇。有时是两个女儿替她去接受荣誉学位证章。玛丽的魅力在匹兹堡（Pittsburgh）打动了工业家们，在耶鲁大学甚至让始终在批评她的伯特勒姆·伯尔伍德改变了看法。

白宫举行了盛大仪式，美国总统沃伦·哈定（Warren Harding）庄重地、象征性地将1克镭赠给了玛丽。之所以说是象征性的，因为它是封存在沉重的铅质安全壳中的，后者则嵌在木盒中。

七周后，玛丽·居里母女在游览了美国几处自然风光后回到了法国。玛丽随身带回了大量工业家们赠送的新钍（奥托·哈恩发现的钍同位素，也被称作“德国镭”）以及那1克宝贵的镭。蜜西的帮助并没有就此而止，数年后，她又说服亨利·福特把他的一辆轿车送给了玛丽。

↑→ 1921年，通过蜜西的募捐运动所购买的1克镭由美国总统沃伦·哈定赠给了玛丽·居里。镭是封存在铅质安全壳中的，后者则嵌在木盒中。

在波兰，姐姐布罗尼亚组织的募捐活动为建立玛丽·斯克罗多夫斯卡·居里研究所筹集到了足够的资金。该所的研究方向是放射性在医学领域的应用，可是，研究所没有镭。1928年，为了帮助自己的祖国，玛丽重踏征程而且再次得到了蜜西一如既往的热心帮助。然而这时的美国经济状况和政治环境与1920至1921年时期相比已不可同日而语。已经身为《纽约先驱论坛报》（*New York Herald Tribune*）周刊总编的蜜西决定将玛丽·居里个人定为这次募捐活动的中心点。玛丽答应再赴美国巡回演讲和访问，但这次提出了一些条件。

1929年10月，玛丽·居里第二次访问美国。这次的访问时间虽然只有15天， 但玛丽同样载誉而归。蜜西募集到了足够购买1克镭的资金，但不同于上一次的是镭将被送往华沙。玛丽受美国总统赫伯特·胡佛（Herbert Hoover）邀请，在白宫下榻了多日。胡佛代表美国人民将募集到的捐款赠给了玛丽·居里。玛丽登上返程轮船的那一天正好是华尔街股市崩盘的日子。1932年，玛丽·居里生平最后一次回到波兰，参加华沙新的镭研究所的落成仪式。

↑ 华沙镭研究所（现在的肿瘤研究所）是用一张玛丽·居里头像邮票的发行收入修建的，于1932年5月29日由玛丽·居里主持落成。

努力工作和社会责任

玛丽·居里对参加政治活动不感兴趣。正是如此，她在1919年曾拒绝加入由法国作家亨利·巴比塞（Henri Barbusse）和罗曼·罗兰（Romain Rolland）创立的团体——“光明社”。后者请她在一份呼吁上签名，她回信说：

“至于你们的呼吁方式，我看有个缺陷：那就是它不具备签字者在一些国际和社会公平的基本原则上达成共识的前提。如此，和平共处只能是幻想，因为一旦冲突发生，分歧立即就会重现。”

但是她于1922年同意加入国际联盟的国际知识分子合作委员会。为了委员会的事务，玛丽常与阿尔伯特·爱因斯坦联系，而且多次赴日内瓦。她积极参与有关科学知识产权的讨论，并希望以法律规定一种版权的形式保护科学发现者的权益，但这个项目最终没有结果，因为它的实际操作是很困难的；有关此议题的讨论始终没有停止。玛丽·居里一直到去世都是该委员会的成员。

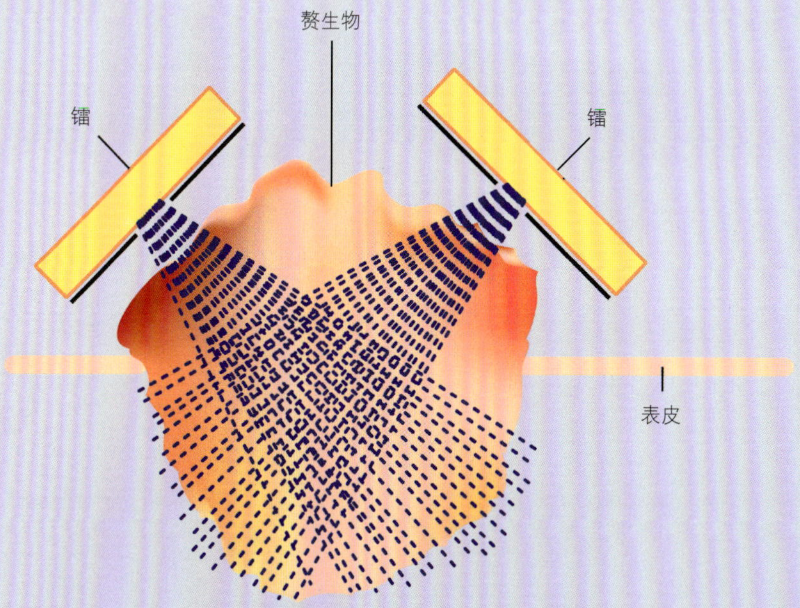

镭研究所的任务之一是开发放射线在医学界尤其是在癌症治疗方面的应用。玛丽·居里大力支持这一工作并且亲自组织镭源和氡气安瓿的制备，把镭源和氡气安瓿提供给勒戈医生领导的研究部门。医生们摸索出了如何更有效地使用放射线和控制其效应：他们已经知道放射线更容易杀死快速增殖细胞（癌细胞）。他们将放射线过滤，并使用一种以不同角度同时照射的技术提高对病灶的照射强度。

一个“法国抗癌联盟”成立了。1919年，镭工业家和慈善家亨利·德罗斯柴尔德（Henri de Rothschild）医生为玛丽·居里提供了帮助。1919年7月，巴斯德研究所为勒戈医生在附属医院里提供了几个床位和一间诊室。1920年底，皮埃尔·居里基金会（现在的居里研究所）成立了，资金来自德罗斯柴尔德的善款，它于1921年被公认为公益事业单位。自1922年起，基金会在镭研究所旁边开了一间结合居里疗法和伦琴疗法的诊疗所，1936年，在洛蒙街（rue Lhomond）建了一所医院。

↑以不同角度同时照射的技术是两位法国医生路易·维克汉姆（Louis Wickham）和保罗·德克莱斯于1909年发明的。它可以处理在皮下有一定深度的病灶，同时又保护周围的健康组织。由多台设备产生的强度适中的射线同时照射病灶，这样，汇聚在一起的射线在肿瘤内部的作用成倍加强，而对表面的组织影响则是有限的。

居里疗法（镭疗法）的初步成效引发了对镭的迷信，对其疗效的吹嘘是无奇不有。可是自1901年起，就已经发现镭会灼伤组织。镭研究所有一些基本的保护措施：化学试验在通风橱里进行，利用铅盒或铅板遮挡射线，定期验血。可这些措施是远远不够的，而放射学的先驱们往往不把他们所面临的危险放在眼里。无论是在美国还是在法国的镭工业界都有发病和死亡的报告。首先出现死亡事故的是一家新泽西的工厂，那里的女工在用含镭涂料描绘表盘上的发光数字的时候，常用舌头把毛笔舔尖。

↩ 居里疗法的初步成效在民众中引起了热潮。人们把放射性物质的作用比作某些小剂量有疗效而大剂量则有毒性的药物。有人喝加了镭的茶，有人在护肤霜甚至在唇膏里添加钍或者镭，更有甚者是在浴缸里通氡气，这一切让玛丽·居里和克劳迪于斯·勒戈愤怒而又无奈。甚至莫里斯·勒布朗（Maurice Leblanc）小说中的侠盗亚森·罗宾（Arsène Lupin）都发现镭对花的生长有奇妙的作用！这就是所谓“镭的疯狂年代”。

镭研究所也出现了放射线引起的疾病。由于工作条件极为简陋，又长期接触镭和钋，玛丽·居里经受了大量放射线的照射，外加第一次世界大战期间的X光辐射。可她的确有强壮的体魄。20年代期间，除了手指被灼伤外，她开始患贫血症，而且因很可能也是放射线引起的白内障动过多次手术。玛丽在公众面前总是设法遮掩自己的疾障。医生则是千方百计地让她多休息。玛丽度假的地方除了阿古埃还有地中海的卡瓦莱勒（Cavalaire），她在这个阳光明媚的地方建了一幢小屋。

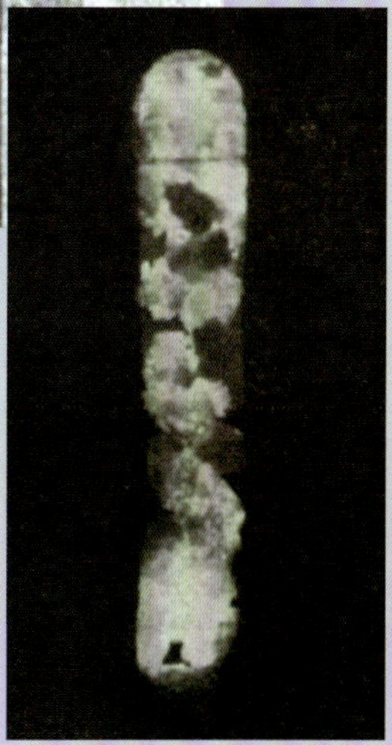

↑ 实验员正在制备用于居里疗法的放射安瓿。

→ 装有镭盐的安瓿，照片是在黑暗中拍摄的。

战后，玛丽常去阿古埃休养。这个美丽的风景区是生物学家路易·拉比克(Louis Lapicque）于1890年发现的，随后是历史学家查尔斯·塞诺博斯（Charles Seignobos）。自此，许多同行来此聚会，居里母女、佩兰夫妇、博雷尔夫妇、皮埃尔·奥格（Pierre Auger）夫妇和查尔斯·茂兰（Charles Maurain）夫妇。这些知识分子在一起钓鱼、游泳和散步。1925—1926年，玛丽在一块俯瞰大海的地方建了一幢小屋，她的后代们延续了在这里聚会的传统。

玛丽的越洋出访并没有结束。1926年，由伊雷娜陪同，玛丽在巴西做巡回演讲，回法国时带回了多种矿石样品。她还积极支持让·佩兰为科研争取更多经费和建立一个永久性机构的不懈努力。玛丽·居里的学生欧仁妮·考彤（Eugènie Cotton）对此有过描述：

“在1925年前后常去镭研究所的人，都能回忆起这两位名人刚完成了一个重大步骤后回来时的情景……永远不知疲倦的她问道：‘那现在呢，我的朋友，下一步往哪儿走？’”

1923年，在发现镭25周年之际，法国议会投票通过给玛丽·居里颁发国家退休津贴。同年，她用法文撰写了一本介绍皮埃尔·居里的书。

镭研究所的新生力量

放射性这一科研领域不断发展。1919年，卢瑟福还没有去剑桥领导卡文迪什（Cavendish）实验室。在曼彻斯特，他用α粒子轰击氮气时鉴别出核反应产生的高能质子，由此第一次实现了原子核反应。1921年和1922年，他的学生查尔斯·埃利斯（Charles Ellis）首次建立了核能级图并证明了γ射线的内转换现象，后来莉泽·迈特纳在柏林对这一现象进行了进一步的深入研究。在剑桥，弗朗西斯·阿斯通（Francis Aston）对质谱的研究取得了重大突破。在巴黎，路易·德布罗意（Louis de Broglie）推论出物质的波粒二象性。经过尼尔斯·玻尔、维尔纳·海森堡（Werner Heisenberg）、埃尔温·薛定谔（Erwin Schrödinger）等理论物理学家的研究，崭新的量子力学的建立为物理学带来了革命性的新概念。1927—1929年，罗尔夫·维德罗（Rolf Wideröe）建成了第一台粒子加速器；1931—1932年，欧内斯特·劳伦斯（Ernest Lawrence）建成了第一台回旋粒子加速器。

玛丽·居里以实验室为家，她的研究所不断壮大。学校为她在侧翼加盖了实验室。于是又增添了新的研究人员，也有志愿者。其中不少是外国人，大约三分之一是女性。30年代初，研究所已经拥有大约四十位工作人员。主管费尔南德·哈威克（Fernand Holweck）是一个兴趣极为广泛的发明家，从研制真空泵到尝试自埃菲尔铁塔发射电视。楼梯下面、栏杆和暖气之间是大家交换信息的地方，“老板”常常停下脚步加入到大家的讨论中。玛丽不在的时候，由伊雷娜和安德烈·德比尔纳主持实验室日常工作。

玛丽·居里领导而且鼓励对“传统”放射性的研究，包括对放射性元素的化学和放射性质的研究、开发化学分离的新方法、寻找新的放射性元素（放射性同位素）、对放射系的研究等。

她去世后多年，她的一位合作者，玛格丽特·佩里（Marguerite Perey）于1939年发现了第87号元素：钫。一开始，佩里将这一半衰期只有22分钟的元素命名为锕K。

玛丽一直与刚果上加丹加矿务局保持着紧密的联系。矿务局的勘探者于1913年1月和1915年先后在路易威士（Luiswishi）和欣科洛布韦（Shinkolobwe）发现了非常丰富的氧化铀矿床，1921年开始开采，一家与霍伯肯（Hoboken）公司合作的工厂也在比利时奥兰（Oolen）开工。玛丽希望掌握最强放射源的制备及拥有大量的镭和镭D（铅-210，钋生成于其中），她认为这是未来科研的保障。1928年，她在亚捷（Arcueil）建立了一个镭研究所附属化工基地。

1929年，重新展开的核物理研究又给实验室带来了复兴。萨洛蒙·罗森布拉姆想到用欧仁妮·考彤在巴黎西南郊的美景（Bellevue）地区制造的大电磁铁分析钍C（铋-212）的α粒子能量。他于1929年发现α射线的精细结构：它们有多组相邻很近的、与子核的不同能级相对应的离散能量，在置于磁铁后方的照相底板形成多条谱线。玛丽·居里和实验室的化学家们准备了其他放射元素源，以备在美景观察新的谱线。化学家摩西·海欣斯基（Moïse Haissinsky）在回忆自己回实验室取玛丽制备的第二个放射源的情景时，他说道：

"我在门口叫她：'对不起，夫人，能谱显示6条线！'居里夫人猛地转过身来，摘下眼镜，用挂满绚丽笑容的疲惫面容看着我：'6条谱线，不可能，您一定是在开玩笑，先生！'其实她知道我不是在开玩笑，'好吧，那我马上给您准备更好的放射源。'说完她马上开始工作。"

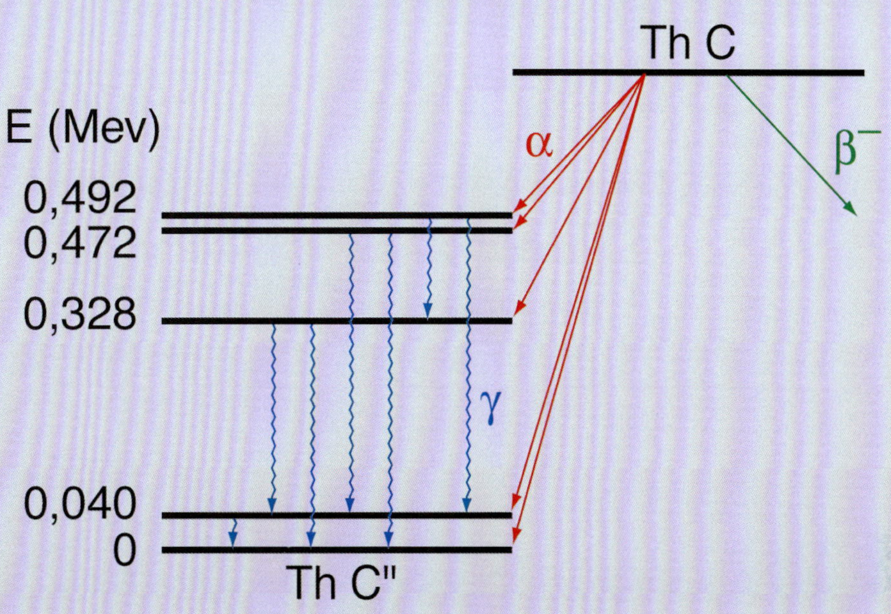

↑1929年，萨洛蒙·罗森布拉姆利用电磁铁对钍C放射出的α粒子能量进行分析，发现它分布在不同的离散能级上。事实上，一个位于基态的钍C核衰变成钍C"，后者或处于基态（E=0）或处于与其能级相对应的某个激发态，然后这个子核通过释放γ射线跃迁。α射线的能量等于母核与各个能级上的子核的能差，因此，它是离散的。

不久，弗雷德里克·约里奥和伊雷娜·居里取得了重要成果，我们在后面将会讲述。

玛丽每星期有两堂课。据她女儿说，尽管讲了这么多年的课，玛丽还是会紧张。她将授课内容归纳成了两卷本的《放射性》（*Radioactivité*）。手稿刚送去印刷，她便病倒了，这将使她面临更大的考验。

玛丽竭尽全力地工作

1932年初，玛丽在实验室里跌倒了，摔断了手腕。她根本就没有认真地对待骨折的治疗，以至于后来严重地影响了健康的恢复，而最终不得不在这之后的数月里经常卧床。艾芙在照顾她。此时，她最关心的是她的镭的命运，她希望身后镭能继续留在实验室，由伊雷娜监管，为此，她着手安排拟定了相关的法律条文。

1933年春天，玛丽主持了马德里的研讨会，10月去布鲁塞尔参加了苏威物理咨询会，可是12月她又病倒了。医生诊断是胆结石。为了避免动手术，她开始节食，可她的工作并没有停下来。1934年2月，她在萨瓦省（Savoie）与伊雷娜一家相伴了数日。同年复活节期间，她和姐姐布罗尼亚去了法国南方，在那儿她着了凉，于是决定返回巴黎。

尽管低烧不退，玛丽还是回到实验室，继续锕族放射性元素的研究工作。5月底，发烧更严重了，她不得不卧床休息。6月6日玛丽去医院做检查，可医生查不出病因，只能怀疑是结核病的后遗症，建议她去山区疗养院疗养。玛丽筋疲力尽地回到家里。最终还是决定去上萨瓦省（Haute-Savoie）阿西高原（Plateau d'Assy）的桑色莱茉（Sancellemoz）住院疗养。

艾芙一路陪伴，还得想方设法让人尽量不要认出玛丽来。6月29日的火车旅行十分令人劳累。到达疗养院后，医生发现结核病根本不是病因，但白细胞、红细胞的数量都大幅下降，体温也已超过40℃。到7月3日，她的体温有所下降，这是玛丽最后一次自己看体温表。伊雷娜和弗雷德里克也赶来了，艾芙记录了玛丽最后的遗言。玛丽对刚给她打完针的医生说："我需要安静。"4日晨，玛丽去世。

桑色莱茉疗养院院长托贝（Tobé）医生在病历中记录道：

"玛丽·居里夫人于1934年7月4日在桑色莱茉死亡。病因是发热型急性恶性再生障碍性贫血。骨髓没有发挥作用，很可能是长期累积的辐射造成的。"

玛丽·居里被安葬在了索镇公墓居里家族的墓穴中，参加葬礼的都是她的至亲。

从祖国波兰来到法国，玛丽·居里登上了科学的顶峰。她是第一位在自然科学领域取得如此丰硕成果的女性。她坚持不懈地为开发放射线在医学领域的应用而努力。她勇敢地、坚强地迎接各种挑战，成为后人的榜样。

在1933年马德里“未来文化”大会上，玛丽宣示：

“我属于认定科学是绚丽多彩的那一类人。…… 我同样不相信，探索和挑战精神会从我们这个世界上消失。”

↑ 玛丽·居里长期在极其简陋的条件下工作，接触镭和钋以及大量的辐射使她的双手受到了严重的灼伤。

↗ 1920年前后的镭研究所附属诊疗所。患者可以在这里接受居里疗法，放射性安瓿或针头直接放入病变的组织，或者放置在为患病部位特制的支架上。

↑ 1930年前后的皮埃尔·居里基金会附属医院，巴黎洛蒙街12号。

两个互补的年轻人

伊雷娜·居里很早就热衷于科学研究。她23岁就已经在镭研究所从事科研工作了。1925年，她在这里认识了玛丽·居里的技工弗雷德里克·约里奥。

1932年7月，一位政治家关于有必要“用锁链系住普罗米修斯”的论点（译者注：普罗米修斯曾因从天上为人类盗取火种而触怒主神宙斯）引发了对弗雷德里克·约里奥的一次采访。当时，他还是玛丽·居里的助手。数月前，弗雷德里克和妻子伊雷娜的合作成果启发詹姆斯·查德威克发现了中子。

年轻的弗雷德里克回答记者说：

“科学理念是一回事而发明理念是另外一回事。我们正在研究中子。换句话说，我们在探讨来自原子核中心的射线。有关于此，所有人都在追问我们：‘这有什么用？’我们不知道而且也不为此担心。”

他在不久的将来不得不改变这一看法。

伊雷娜，一位自主而含蓄的姑娘

伊雷娜是居里夫妇的长女，1897年9月12日出生于巴黎，也就是在玛丽·居里开始着手有关贝克勒尔射线的博士论文工作的前几周。在凯勒曼大道，他们跟让和亨利艾特·佩兰夫妇是邻居，伊雷娜常跟佩兰的孩子阿林娜（Alina）和弗朗西斯（Francis）一起在毗邻的花园里玩耍。后来又和一位法兰西公学院中文教授的女儿伊莎贝尔·夏瓦娜（Isabelle Chavannes）成了好朋友。

父亲去世的时候，伊雷娜刚过8岁。她所受到的教育和影响不仅仅来自于她热爱和崇敬的母亲，而且来自于祖父欧仁·居里医生。关于这一点，伊雷娜的妹妹艾芙写道：

“他和长孙女的朋友关系是无与伦比的，这个迟钝而孤僻的孩子各方面都极像他失去的儿子。他不满足于给予她自然历史和植物学的启蒙，还用自己对维克多·雨果的热情感染她，在暑期中写信给她，讲述道理和启发她，幽默的词语充分体现了他喜好嘲讽和优雅的风格；他为奠定伊雷娜精神世界的发展方向起到了决定性作用。如今伊雷娜·约里奥-居里平衡的身心发展、内敛的情感、对真实事物不可动摇的执着、反对教权甚至对政治的热衷，无不来源于祖父的教导。”

伊雷娜很乐意接受母亲在1907至1909年间组织的那种合作社式教育。玛丽通过大量实验演示为孩子们讲授物理课，有时当他们不好好做实验的时候，便会受到严厉的批评。玛丽还经常训练他们的心算能力。

后来，伊雷娜进入塞维涅中学。她妹妹描述道：

“这个野性十足的、迟钝又很难接近的年轻人没有才华横溢般学生的天赋。但比天赋更可贵的是：知识一旦进入她那组织缜密的大脑里，就会永远留在里面。无论是在高中毕业考试还是学士考试的时候，连玛丽都感到焦躁不安，而对她自己来说却和平常的日子没有什么两样。她宁静地离开索邦，带着绝对通过了考试的自信返校——然后淡定地等待毫无悬念的成绩。”

当郎之万事件爆发的时候，伊雷娜只有14岁。在这恐怖的日子里，她不愿意离开母亲半步。她不高兴玛丽在外面为躲避记者而避免使用居里夫人的称呼。以自己的家族为荣的伊雷娜更愿意接受挑战。随后而到的战争抚平了这一切。

← 伊雷娜和祖父欧仁·居里医生从小就建立了亲密无间的关系。这张照片摄于1900年。

量体裁衣式的课程

“前一天早上，他们涌进索邦的实验室，让·佩兰为他们讲授化学。第二天，小分队开赴玫瑰泉，由保罗·郎之万主讲数学课。文学、外语、自然科学、模型制作和绘画课则由佩兰夫人和夏瓦娜夫人，以及雕塑家让·马格鲁（Jean Magrou）和穆桐教授担任。还有就是在一间物理学院的空房内（作者注：其实就是她的实验室），玛丽·居里每周四下午给他们讲授这四面墙壁从未听过的、最初级的物理知识。”

艾芙·居里

1914年8月初，第一次世界大战爆发的时候，伊雷娜和艾芙正由管家陪伴着在阿古埃度假。母亲还留在巴黎而且也不会来了，正如我们已经讲述过的，她正在构想如何装备X光车以救治前方的伤员。17岁的伊雷娜因为自己不知道该做些什么而闷闷不乐，她想回巴黎“尽一份力”。10月11日，她终于如愿以偿地回到了母亲身边并且立刻就肩负起了最艰巨的任务。后来，她对这段经历描述道：

“我母亲教我如何使用那些设备，它们和现在的完善设备根本无法比拟。从1914年11月到1915年3月，作为操作员，我多次跟随她出征。后来，越来越需要人手，在陪训新操作员和X光师期间，我不得不独立工作。母亲就像不怀疑她自己一样不再怀疑我的能力，毫不犹豫地让18岁的女儿独自负责伊珀尔（Ypres）附近离前线只有几千米的英国-比利时医院的透视部门。除此之外，我还得肩负起另一项我并不得心应手的工作——就是给一位与最基本的几何常识为敌的比利时军医讲授弹片位置的确定方法。1916年10月，我独自出发为亚眠军医院建立X光透视部门。”

从1919年开始，伊雷娜开始在镭研究所协助母亲的研究工作。这张摄于1921年的照片中，母女二人在使用重物牵引下的压电石英。

← 第一次世界大战期间，伊雷娜先是在前线协助母亲操作车载X光机。她很快就学会了独立工作并于1916年独自为亚眠军医院建立了X光透视部门。

↓ 1919年，她和玛丽为美军组织了培训班。

后来，伊雷娜主持了由玛丽在居里实验室组织的放射医学护士学校的实验课，以及1919年的美军培训班。实际上，这个姑娘的绝大部分假期和课余时间都用在放射医学的工作上了。不仅如此，从1914年到1920年，她还在巴黎理学院攻读并获取了物理和数学学士学位。自1919年起，她便以“自由工作者”的身份在镭研究所玛丽的手下从事技工的工作，1922年获得正式任命。

← 1922年6月的一次大学生在塞文山区的郊游活动中，伊雷娜结识了一位塞夫勒女子高等师范学校毕业生安吉儿·庞贝(Angèle Pompéï)。同为体育爱好者，两人常结伴在山区徒步旅行，这张照片是1932年在阿尔卑斯山拍摄的。安吉儿·庞贝很欣赏伊雷娜的稳重、镇定、率直和刚正不阿。

伊雷娜在实验室

1921年初，伊雷娜在镭研究所开始着手她的第一个研究课题。阿斯通刚刚在剑桥利用质谱发现氯天然就是由两个同位素组成的。伊雷娜尝试用化学方法分析远古矿物中的氯和海盐中的氯是否具有同样比例的同位素，结果表明是等同的。1922年，她研制了一台测量含铀钍化肥放射性的验电器，这种仪器后来被政府反诈骗部门用来检查产品的均匀度。

伊雷娜对实验中的每一步骤都一丝不苟，充分体现出她有条不紊的心态和严谨的工作态度。她首先是一位物理学家，但也会毫不犹豫地着手实施一些极为复杂的化学实验。她还研制实验设备和测量仪器。她通常是一个人独立工作，特别是在准备博士论文的那一段时间里。当然最初的一部分课题，她是与其他研究人员合作完成的，如乔治·福尼耶（Georges Fournier）、凯瑟琳·夏米（Catherine Chamié），还有山田信夫。

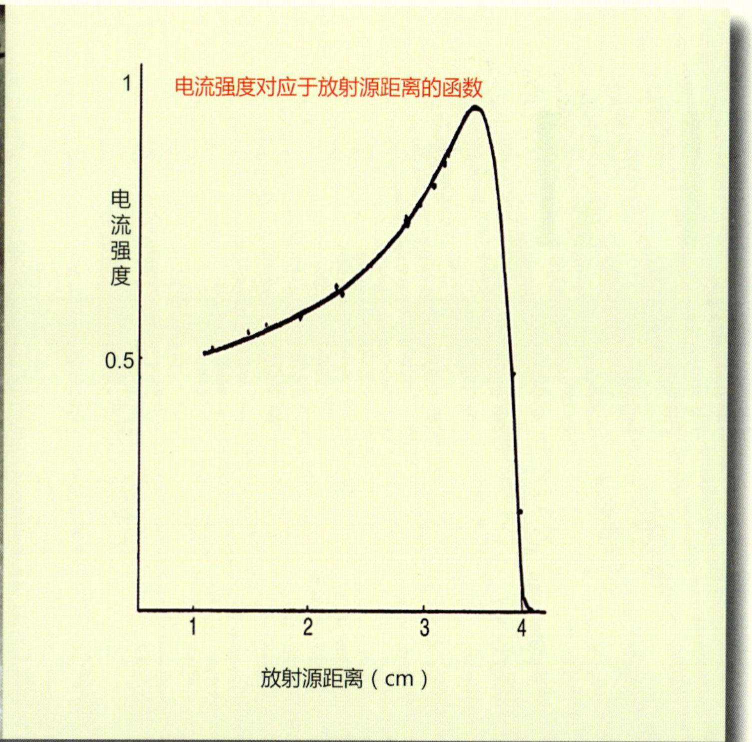

↑ 1926年，在进行博士论文的延伸工作时，伊雷娜对镭A和C'的α射线在威尔逊云室中轨迹的长度分布做了研究。她观测到两种长度的α射线轨迹，分别来自于两个不同的放射性元素：短的来自镭A。α射线的轨迹长度取决于母核和子核的能差。

↑ 钋的射线在空气中的布拉格曲线，伊雷娜通过移动放射源相对于电离室的位置并使用压电石英测量电离室中的电流得到了这条曲线。

伊雷娜的多个初期实验是研究钋的α射线，这也是她博士论文的研究课题。在氡衰变后的活性残留物中，人们可以区别出半衰期极短的放射性元素（几分之一秒到近30分钟）和衰变缓慢的放射性元素：镭D——一个半衰期为22年的铅同位素，镭E——一个半衰期为5天的铋同位素和半衰期为138天的钋。在存放过氡气的废旧安瓿中就可以找到这些衰变缓慢的放射性残留物。伊雷娜每过一段时间就需要一定量的钋放射源，于是她参与了钋的分离、提纯工艺以及分析方法的开发。分离的第一步是在研钵中将废旧安瓿捣磨成细细的粉末，然后用稀释王水（盐酸和硝酸的混合物）处理。她在《物理化学杂志》（*Journal de Chimie Physique*）上介绍了整个工艺。

伊雷娜博士论文是研究α射线的射程，精确测定其初始速度、射程中的速度变化和电离强度。她在实验中主要使用的是两种类型的威尔逊云室以测定射线轨迹的长度，另有一台请人制造的设备用以测定布拉格电离曲线。那个时代，世界上的许多物理学家们都在试图确定α射线（粒子）的性质。

伊雷娜被提升为助教。1925年3月27日，她通过了博士论文答辩。旁听席上坐着一位全神贯注的年轻人，他就是三个月前刚刚进实验室的、玛丽·居里的专属技工弗雷德里克·约里奥。

弗雷德里克，活力四射的小伙子

1900年3月19日，让·弗雷德里克·约里奥在巴黎第16区出生。他家的六个孩子当中有两个很小的时候就死了，他是最小的一个。弗雷德里克的父亲亨利（Henrie）那时候是个有钱的布料批发商，他是洛林地区（Lorraine）布里埃（Briey）人，生于1847年。尽管是个商人，但他有相当高的文化修养，工作之余喜欢狩猎和钓鱼，还热爱音乐并谱过狩猎合唱曲。1870年，他参加了巴黎公社的战斗，因此不得不在比利时逃亡了一段时间。1879年，他与艾米莉·勒德雷尔（Émilie Roederer）结婚，妻子1858年出生于阿尔萨斯的一个新教家庭。艾米莉主张正义，信仰自由和共和主义，她看上去是个不苟言笑的人。弗雷德里克有两个姐姐，大姐让娜（Jeanne）和二姐画家玛格丽特（Marguerite）。大哥亨利（Henri）在第一次世界大战初期牺牲于1914年8月23日，时年25岁。大哥的牺牲对弗德雷里克的打击是沉重的，同时也使家庭的关爱完全转移到这个小儿子身上来了。

约里奥一家搬到了巴黎靠近丹费尔-罗什洛广场（place Denfert-Rochereau）的奥尔良大街（avenue d'Orléans），今天的勒克莱尔将军大街（avenue du général Leclerc）。少年弗雷德里克——熟人都叫他弗雷德——在索镇拉卡纳尔中学（Lycée Lakanal）寄读。如果忽略法语的话，他的确是个好学生，体育优秀，酷爱足球运动。父亲很喜欢带他去狩猎或钓鱼，教他如何认识大自然、如何灵巧地驾驶小艇、如何长时间地守候猎物的到来。在德育方面，父亲对他的影响也是深刻的，例如对社会问题的关注。弗雷德里克对科学技术的兴趣更是十分浓厚，他制作过一台无线电接收器，有一段时间，他竟然把厕所变成了化学实验室！一张从报纸上剪下来的皮埃尔和玛丽·居里的照片钉在卧室的墙上。

↑ 弗雷德里克·约里奥一家于1902年。母亲艾米莉和四个孩子，玛格丽特、让娜、弗雷德里克和亨利。

第一次世界大战中，约里奥家丧失了大部分资产。尽管那时弗雷德里克已经通过了部分高中文凭考试，他还是放弃了高中而改学学时较短的课程。1917年，他被市立拉瓦锡中学（Lavoisier）录取，开始准备巴黎市立物理化工学院的入学考试，正是在这所学院里，皮埃尔和玛丽·居里完成了他们的重大发现。弗雷德里克后来回忆道：

“在拉瓦锡中学，我认识了工人和小商贩子弟，他们学习很努力，因为他们清楚自己的父母所作出的牺牲。这绝不是臆想！一开始，我真是跟不上。”

1918年，他投考未被录取，随后收到征兵通知，但停战使他得以推迟入伍。1919年，他虽然通过了入学考试，却又因为染上了副伤寒而休学一年。1920年，他终于如愿踏入了物理化工学院，成为第39届学生。当时的教务长是保罗·郎之万。

弗雷德里克精力充沛、活力四射而且富有丰富的想象力，他的魅力使他得到很多女性的青睐。三个学期过后，他必须决定是选修物理还是选修化学，他第一时间选择的是后者，最后才改变了主意。正如他的同学和好友皮埃尔·比卡尔（Pierre Biquard）描述的那样，化学主管古斯塔夫·贝蒙见到弗雷德里克的开场白是：

“物理学家在这儿，二等（葡萄酒）！”

在这所工程师学院里，实验课占有很大的比重，超过了所有课时的一半。小伙子很快就以极强的动手能力成为最优秀的学生。

弗雷德里克非常喜欢和崇敬老师保罗·郎之万，后者对他成长的影响是极大的。两人之间曾有过多次谈话：

“我敲门进去，‘老板’用清澈、善良的眼睛盯着我……结果我忘了为什么来找他了。……郎之万的特点，就是一堆模糊的概念一旦经过他的大脑，出来时则会变得无比清晰和简单。这种变换不亚于发明创造。”

1920年，法国发生了罢工和声援活动，要求赦免因拒绝以苏维埃为敌而暴动的法国黑海水兵。郎之万的政治立场引起了弗雷德里克强烈的感受，郎之万也因此成为他的榜样。

1922年，弗雷德里克在卢森堡阿尔泽特河畔埃施（Esch-sur-Alzette）的阿贝德（Arbed）钢铁厂做了五周的校外实习。他真正接触到了工人阶级，开始关注工业界和工业界所面临的人权问题，当然，这并没有减少他对科学研究的浓厚兴趣。1923年，弗雷德里克以第一名的成绩获取毕业证书。然后就是服兵役，开始是在普瓦捷（Poitiers）炮兵后备军官学校，后来在奥贝维埃（Aubervilliers）的防化部队。

→ 弗雷德里克于1926年。

当弗雷德里克和他的朋友皮埃尔·比卡尔得知有用于科研的罗斯柴尔德专项奖金的时候，他们决定提出申请。他们征求保罗·郎之万的意见并希望得到他的支持，郎之万对此给予了积极的鼓励但同时也提醒他们，从事科研工作的工资是绝对无法与工业界同日而语的。他还补充道：

“要想跻身于高等院校，你们的劣势是：你们不是高等师范学院毕业生……，你们的晋升将是十分困难的。除非你们能取得不同凡响的科研成果。”

数日后，他通知这两个年轻人，玛丽·居里同意弗雷德里克·约里奥去她的实验室工作，而他自己则将领导皮埃尔·比卡尔。

好多年后，弗雷德里克对记者说：

“在这儿，我见到了她，她坐在办公桌后，小小的个子，花白的头发，炯炯有神的眼睛。我呢，穿着军官服，坐在她对面……不知所措。她听着我说话，突然打断我问：您能不能明天就开始工作？可我的服役期还有三个星期呢。她决定道：我会给你们的上校写信。第二天，我便成为了她的专属技工。”

↑ 弗雷德里克·约里奥和皮埃尔·比卡尔在1953年。1924年，他们同时进入科研领域：一位成为玛丽·居里的专属技工，另一位则成为郎之万的下属。

玛丽·居里的专属技工

自1924年12月进入玛丽·居里的实验室，弗雷德里克逐渐熟悉了放射性和实验室的操作技术。他结识了其他科研人员，认识了加工车间主任和玻璃吹制工，向他们学习加工技巧，最重要的是学习放射性物质的化学。伊雷娜负责给他介绍正在进行的科研项目和指导他的工作。两个人就这样认识了。

后来弗雷德里克对米歇尔·鲁杰（Michel Rouzé）吐露：

“我根本就没想到过有一天我们会结婚。但我一直在观察她。（一切都）是从观察开始的。一副冷酷的面孔、有时候还忘记和别人打招呼，她在实验室不总是招人喜欢。观察中，我发现这个别人眼里的毛坯，其实是个出色的、情感丰富和充满诗意的姑娘，在很多方面就是她父亲的翻版。我读过很多有关皮埃尔·居里的文章，也听过认识他的教授们的讲述，在他女儿身上我能看到同样的纯洁、善良和稳重……”

伊雷娜沉稳内向，遇事冷静，做事深思熟虑；弗雷德里克则富有幻想，冲动，很容易接触相处。伊雷娜从不注重打扮；弗雷德里克则总是仪表堂堂。弗雷德里克渐渐习惯了送伊雷娜回家，除了科学，谈话中他们还发现彼此有着共同的社会观点、共同的爱好，特别是对体育的爱好。周日，他们去塞纳尔（Sénart）或枫丹白露（Fontainebleau）森林远足。弗雷德里克后来说：

“我们都发现自己已经离不开对方了。我们的性格不同，但却是互补的。无论是在工作中还是在生活中，良好的结合都不是来自于相同的性格，而是来自于互补的性格。”

艾芙说：“1926年的一个早上，沉稳的伊雷娜向家人宣布她已经和弗雷德里克——镭研究所最杰出的也是最张扬的一分子——订婚。”这年夏天，伊雷娜随母亲去巴西巡回演讲。回国后带弗雷德里克去阿古埃度假。弗雷德里克马上就喜欢上了这个地方。他和“常客”们聊天，认识了他们当中的年轻人。这些年轻人都羡慕弗雷德里克的体育天赋，可他和他们在一起时总是有些不自在，因为他们不属于同一院校派系。相反，他和村民，特别是渔民，却一见如故，还买下了一艘帆船。

婚礼是1926年10月9日举行的。从这天起，贝屯码头公寓里坐在早餐桌前的就常常是四个人了。弗雷德里克很会说话，也很会辩论。伊雷娜这样描述道：

“我的母亲和我的丈夫常常如此热烈地讨论，一句接一句地，我根本就插不进半句话，要想发表意见务必得先申请发言。”

↑ 1932年，伊雷娜、弗雷德里克·约里奥-居里、玛丽·居里（左）和艾米莉·约里奥（右）在塞纳河畔苏瓦西（Soisy-sur-Seine），中间是五岁的海伦（Hélène）和四个月的皮埃尔（Pierre）。

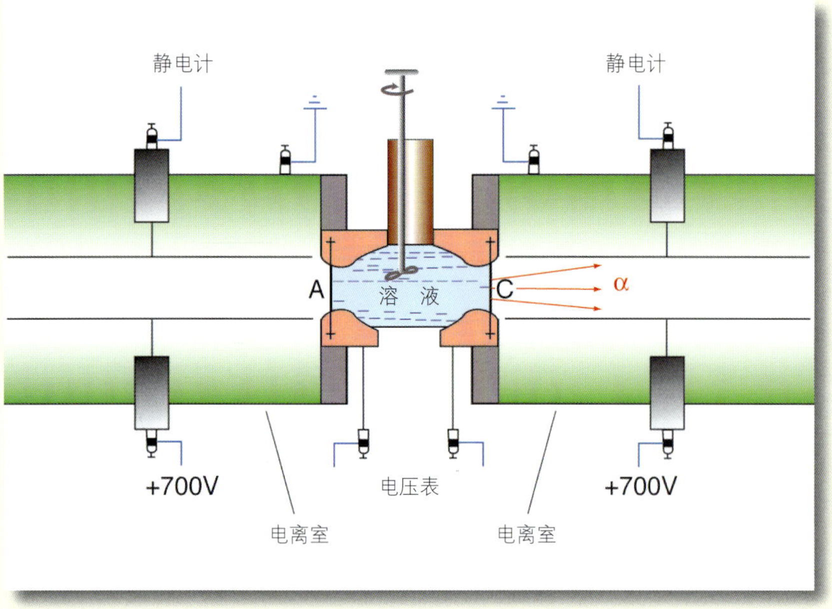

← 测定元素化合价的方法之一是研究其电化学性质：将元素的离子溶液置于两个电极之间(阳极A和阴极C)。元素的化合价决定其离子存在形式，通电后，溶液中的离子向电极移动，失去或得到电子后沉积在阳极上或阴极上。通过对沉积物的鉴定就可以得到该元素的化合价。在准备博士论文的时候，弗雷德里克设计了一台很奇特的、用于研究钋的电化学性质的仪器：这种方法不用收集钋的电解沉积物，而是通过两个安装在电极后面的电离室，即时检测电极上的沉积物所释放的α射线。

弗雷德里克想读博士学位，可他发现自己还没有高中毕业证书，另外还必须要在理学院考个学士学位。他立刻着手准备，并分别于1926年和1927年获取高中毕业证书和学士学位。1927年，他的第一个科研项目、也就是他的博士论文的起始点，是设计一种新的研究放射性元素电解产物的方法。通过这一奇特的方法，可以不间断地跟踪电解过程。钋通过电解从溶液中沉积在非常薄的电极上，它所释放的α射线穿过电极进入用于测量其强度的电离室。1930年3月17日，弗雷德里克通过了博士论文答辩，论文题目是《放射性元素的电化学研究》（*l'étude électrochimique des radioéléments* ）。在这项工作中，他需要对极薄的金属箔的电阻进行研究，为此，他制备了只有10纳米厚的金箔，弗雷德里克的实验操作能力在这里得到了充分的展示。

在镭研究所的最初几年里，弗雷德里克先是技工，后来又获得爱德蒙·罗斯柴尔德基金会的科研奖学金，博士论文通过后他获取了半个助理研究员位置外加半份国家科学基金（Caisse nationale des sciences）的奖学金。1927年，为了弥补家用开支，他还在私立沙利亚工业电气学校（École d'é lectricité industrielle Charliat）教电测课。

弗雷德里克和伊雷娜的女儿海伦生于1927年9月，儿子皮埃尔生于1932年3月。

→ 保罗·郎之万（1872—1946）于1920年。弗雷德里克非常崇拜他在巴黎物理化工学院的老师保罗·郎之万。

7

人工放射性

伊雷娜和弗雷德里克错过发现中子的机会后，开始研究钋的射线。1934年，他们发现了人工放射性，并因此获得1935年诺贝尔化学奖。

↑ 1934年，伊雷娜和弗雷德里克·约里奥-居里在镭研究所的化学实验室中。

1928年春，弗雷德里克第一次与伊雷娜合作实验。实验的目的是对空气中镭C'（钋-214）的α射线所引发的离子数量进行精确测量，这是伊雷娜此前科研工作的延伸。他们的文章署名用的是"伊雷娜·居里和弗雷德里克·约里奥"：伊雷娜婚后所有的科学论文都延用了婚前的姓氏。

1929年12月，弗雷德里克已完成了博士论文的撰写，两人开始研究一种极易被吸收的射线。这种射线与α射线同时产生于钋，是1914年在曼彻斯特被发现的。通过使用特殊的放射源载体和射线吸收物，他们证明这种射线是由空气中的氮核被α粒子轰击后产生核变所放出的质子组成的。这段合作经历为他们日后共同写下辉煌的篇章打下了良好的基础。

在合作的同时，他们还有各自的研究项目。伊雷娜教会了弗雷德里克如何使用威尔逊云室。迪米特里·斯科别利岑（Dimitri Skobeltzyn）是首位将威尔逊云室置入磁场中，以研究宇宙辐射的物理学家，作为洛克菲勒奖学金获得者，他于1929年到1931年在镭研究所工作过。迪米特里在这方面一定对约里奥有过帮助，尤其是测试方法。利用威尔逊云室不仅可以观察射线的轨迹，还可以在短时间内对其进行拍照，这令弗雷德里克感到十分惊奇。

1931年，弗雷德里克设计了一种新型威尔逊云室：可变压式威尔逊云室，低压可以达到1/76大气压，射线的轨迹在这一低压条件下将会加长。弗雷德里克利用这一技术观察衰变后生成的核的运动轨迹：这种被叫作反冲核的粒子在衰变反应中受反冲作用力而后退，其中一部分自己再次衰变，衰变速度之快使普通威尔逊云室无法对它们进行跟踪。如此，弗雷德里克研究了锕射气（一种气体，氡的同位素）α衰变的反冲核锕A及以其再次衰变中产生的反冲核锕B。这种威尔逊云室在他今后的工作中起到了巨大的作用，弗雷德里克自己也逐渐成了这个领域的专家，通常在他的实验室里总是有一两台设备在运行。

同期，伊雷娜于1929年建立了一种测定镭D半衰期的新方法。她和母亲合作将新数据与多年来实验室的测量数据作了对比，两人都认为至此公认的数值太低了。这部分研究工作发表在唯一一篇玛丽和伊雷娜共同署名的文章上。1931年，伊雷娜利用威尔逊云室研究射钍（钍-228）、射锕（钍-227）与其子核锕X（镭-223）的α射线，她发现射锕的α射线有相互间非常接近的不同能级，它们形成两组不同的轨迹。

↑ 弗雷德里克·约里奥制造的威尔逊云室之一。当猛然抽动活塞时，云室体积突然增加，导致温度下降，这时，室内的水蒸气便呈超饱和状态。如果这一步骤控制得当，就能使水蒸气凝聚而形成云雾，最理想的是将水汽凝聚在沿带电粒子运行轨迹出现的离子上。于是，便可以通过云室上部的窥镜直接观察或拍摄这些轨迹。

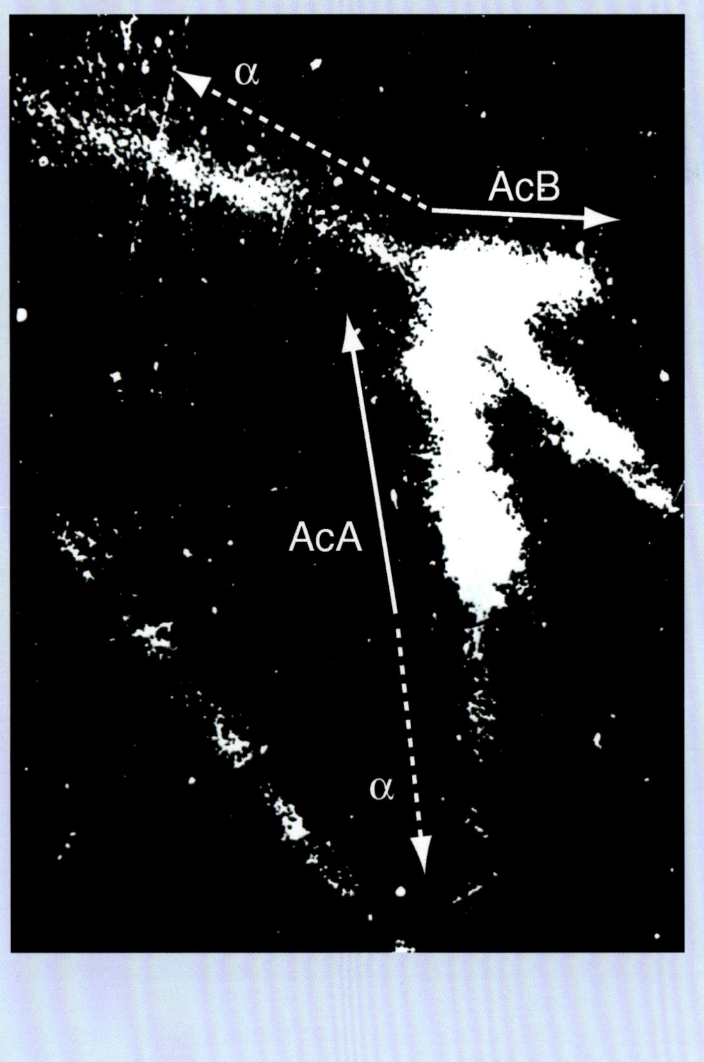

→ 锕射气核衰变成锕A(AcA)，后者本身再衰变成锕B(AcB)。这些衰变在低压威尔逊云室被观察到。锕射气衰变时所产生的α粒子射向下方，同时，子核锕A受反作用力向上方运动，来自后者的α粒子射向左方、锕B向右方运动。锕B的运动轨迹稍有偏转，因为它撞到了一个云室中的气体原子(AcB下面的轨迹)。

穿透力极强的射线

弗雷德里克和伊雷娜在很多方面都是互补的，两人也都清楚这一点。弗雷德里克果敢、想象力超人、动手能力极强，而伊雷娜的性格却很沉稳、做事有条不紊。他们希望共同研究钋的α粒子在穿过物体时所产生的罕见现象，这一放射性元素的优点是它基本上只放射α射线。我们在前面已经讲过，镭D衰变时不断地产生钋。玛丽·居里一直小心地保存着装过氡气的旧安瓿，另外，“比利时镭”（Radium belge）——上加丹加矿务局的一个部门——还提供给她大量从装镭的安瓿中提取的镭D。不管是伊雷娜还是弗雷德里克都学会了熟练地从镭D中提取钋。1931年，他们着重在小面积上制作高强钋放射源，这是一项复杂的工作。他们通过电解或用喷灯在气流中对钋进行热挥发，在20平方毫米的面积上者得到了高达200毫居里的放射源。但是钋在138天的周期里会变成稳定的铅，如果实验持续数月，他们就必须更换放射源。

1931年底，弗雷德里克和伊雷娜重复瓦尔特·博特（Walter Bothe）和赫伯特·贝克尔（Herbert Becker）于1930年在柏林-夏洛滕堡（Berlin-Charlottenburg）首次实现的实验。弗雷德里克和伊雷娜读过他们的文章，还于1931年4月在苏黎世研讨会上听过瓦尔特·博特的讲座，玛丽·居里于同年10月在罗马也听过他的演讲。这两位德国物理学家在使用7毫居里的钋源α射线轰击一些例如铍、硼或锂这样的质量较轻的元素时，利用钟形计数器观察到一种强度并不高但穿透力极强的射线，他们以为是高能γ射线，因为在轰击铍时，该射线穿透1厘米厚的铅板后竟然仅衰减30%。

“如果入口壁过厚，我们肯定会错过核抛射现象。…… 我始终非常重视实验的准备和实施。当然，要从一个预先设计的思路出发，但每当有可能的时候，准备实验时都必须为预想外的事件打开尽可能多的窗口。千里之行，始于足下。”

弗雷德里克·约里奥

弗雷德里克和伊雷娜使用强度超过先前14倍的钋源研究这种射线。一片紧贴钋源的铍片（或其他轻元素）放置在圆筒状电离室上部，后者直接装在高敏霍夫曼（Hoffmann）静电计上面。电离室的上部用非常薄（百分毫米）的铝箔盖住，它能让可能出现的次级射线穿过。实验时，他们用建立在圆筒的横切面上、放射源和电离室之间的磁场扫除所观察到的电子。弗雷德里克和伊雷娜发现博特和贝克尔射线的穿透力比这两位德国物理学家标明的还要强。

随后，他们发现，除却像玻璃纸、水、石蜡这样的含氢的物质，在轻元素和电离室之间嵌入其他各种不同的屏障没有任何影响。在嵌入含氢物质时，电离流量大幅度提高：如果使用石蜡，提高量几乎是一倍！他们发现，导致这一流量加大的原因是被0.2毫米铝箔全部吸收的一种射线，于是得出这样的结论：该射线是被高穿透力射线从屏障物质中撞击出来的氢核，也就是高速质子。弗雷德里克和伊雷娜推断高穿透力射线是高能 γ 射线，其能量要比博特和贝克尔所报告的数值高得多。但这一解释还是有问题的，因为迄今为止还从未观察到过如此高的能量。这些研究结果于1932年1月18日以短讯形式发表在《科学院年报》（*Comptes rendus de l'Académie des sciences*）上。在2月22日的另一篇短讯中，他们报告说他们在威尔逊云室中直接观察到了从石蜡板中撞击出来的质子，它在空气中的运行轨迹长达28厘米。

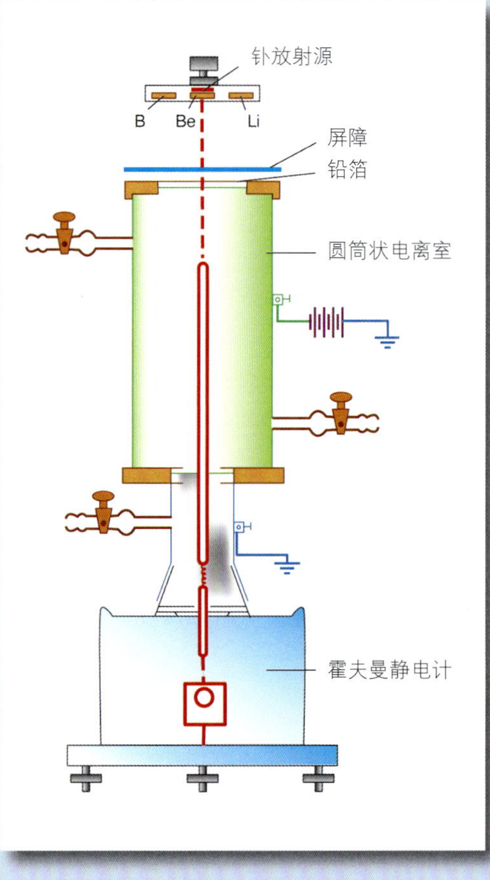

↑ 弗雷德里克和伊雷娜用于研究博特和贝克尔高穿透力射线的实验装置。钋放射源释放的α射线轰击铍片时，释放出高穿透力射线。弗雷德里克和伊雷娜利用与静电计相连的圆筒状电离室研究这种射线对含有大量氢元素的物质的作用（中心的支柱与室壁替代了传统电离室的两个极板）。电离室的上部用非常薄的铝箔可以让可能出现的次级射线穿过。

中子的发现

然而，在剑桥的卡文迪什实验室，英国物理学家詹姆斯·查德威克也正在准备研究同一课题。他读过法国同行1月18日的短讯后，感到非常震惊并立刻告知了欧内斯特·卢瑟福。卢瑟福说，“我不相信”，同时要求查德威克验证约里奥-居里的发现。查德威克用小电离室和连接示波器的放大器取代约里奥-居里的检测装置。每一个进入电离室的带电粒子都将电离室内的气体，所形成的离子对的数目与粒子能量成正比。如此，查德威克测定了高穿透力射线穿过氮气时抛射出的氮核的能量，他发现弗雷德里克和伊雷娜的解释与如此高的能量不相符。基于撞击过程中能量和动量守恒，他断定博特和贝克尔高穿透力射线不是γ射线，而是“中子”——一种不带电的、质量与质子相近的粒子。2月17日，他将这一研究结果寄给了《自然》杂志（*Nature*），文章于2月27日发表。弗雷德里克·约里奥后来评论说：

“查德威克能够如此迅速地发现中子，是因为他的电离室连接着比例放大器，这让他可以对每一个观察到的反冲核所携带的能量进行测量。这在当时是相当先进的、镭研究所还不具备的技术。实验人员必须时刻注意自己实验室里检测技术的现代化。”

弗雷德里克写道：

“步骤清晰的发现是少见的。中子的发现正是源自三个国家的科学家的三组前后关联的实验结果。”

早在1920年6月皇家学会（Royal Society）的巴克连讲座（Bakerian Lecture）上，卢瑟福为了指明一种可以解释原子核组分的、假定是由紧密连接的质子和电子组成的不带电粒子时，已经使用过查德威克给出的命名——中子。

↑ 英国科学家詹姆斯·查德威克（1891—1974）在重复弗雷德里克和伊雷娜的实验时，使用了更先进的设备，成功地发现了中子。这一发现使詹姆斯·查德威克获得了1935年的诺贝尔物理学奖。

弗雷德里克补充道：

“这一假设没有引起包括我们在内的大部分物理学家的重视。查德威克所属的卡文迪什实验室却一直未忽略过它，所以中子的发现最终在卡文迪什实验室完成是理所当然的。传统的老实验室的确具有潜在价值。无论是去世的还是健在的大师们的那些一次次被提出又一次次被遗忘的观念，有意或无意地被这些实验室的科学家所接受，并不时得以发展，这就是（科学）发现。”

此后不到两年，便轮到镭研究所的传统开花结果了。

弗雷德里克和伊雷娜当然感到非常失望，因为他们没能为自己发现的现象给出正确的解释，结果也就错过了中子的发现。但是，他们并没有气馁，而是更加努力地工作。除高穿透力射线之外，他们还在威尔逊云室中观察到了高能电子的痕迹，于是开始着手研究它的由来。这些电子既然不是来自核衰变的β射线，那一定是原子吸收γ射线所导致的。当时，人们知道两种利用γ射线产生高能电子的方法：光电效应——原子中的电子吸收γ射线后被释放的现象；康普顿效应——γ射线散射到自由电子上时转移部分能量的现象。弗雷德里克和伊雷娜分析，中子产生时会同时产生γ射线。他们还对中子的产生进行了研究，证明轰击氟、铝和钠时同样会产生中子。与查德威克得出的结论相反，他们的结论是中子的质量大于质子，后来证明他们的结论是正确的。

1932年春，弗雷德里克和伊雷娜来到瑞士伯尔尼地区阿尔卑斯山少女峰（Jungfraujoch）海拔3500米的科学中心，试图寻找宇宙线引发核抛射的证据。结果证明该射线的主要组成部分不是中子。

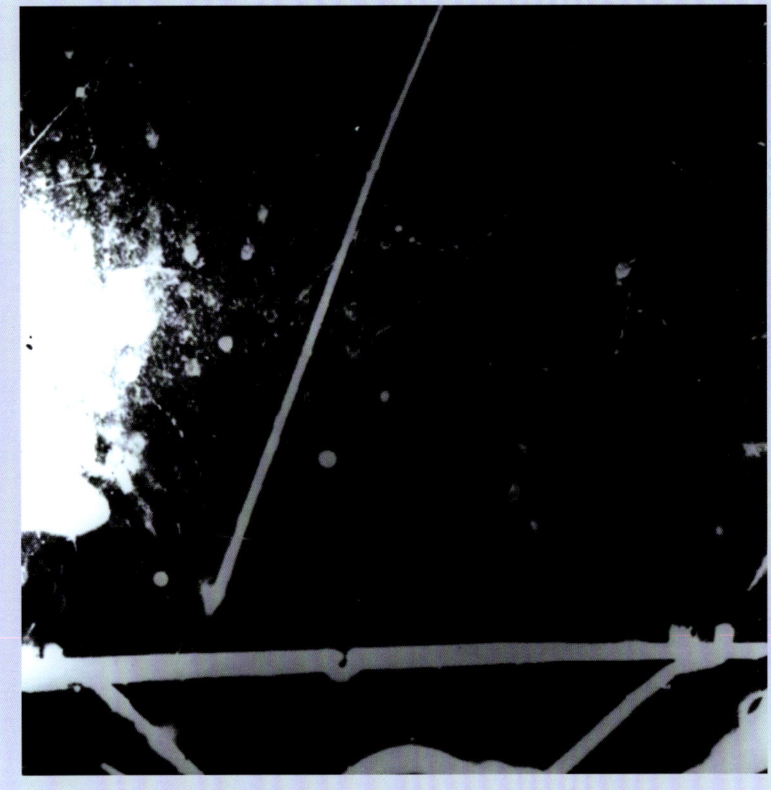

↑ 弗雷德里克和伊雷娜在研究高穿透力射线时，用威尔逊云室取代电离室。当高穿透力射线轰击石蜡板时，他们直接观察到抛射出的质子。照片中下方水平线是放置在云室中的石蜡，斜线是从石蜡中撞击出的质子的轨迹。

e+：物质化和湮灭

弗雷德里克和伊雷娜在使用威尔逊云室研究伴随中子释放所产生的高能电子时，发现“多个在磁场作用下弯曲的高能电子的轨迹指向放射源。（当时）很难对这一奇怪的现象给出解释”。他们假设，这些电子要么来自仪器内壁的反射，要么与中子在远离发射源的区域内引发的核反应所产生γ射线有关系。

然而，美国物理学家卡尔·戴维·安德森（Carl David Anderson）于1932年利用威尔逊云室在宇宙线中发现了正电子。帕特里克·布莱克特（Patrick Blackett）和朱塞佩·奥基亚利尼（Giuseppe Occhialini）在英国证实了这一发现。他们还和查德威克合作，在一个复杂的中子和光子源中观察到了正电子。1933年4月和5月，弗雷德里克和伊雷娜重新解释了自己先前拍摄的威尔逊照片，认为“向放射源运动的电子”就是正电子。这样，就存在另一种通过吸收γ射线产生电子的方法：1.02 MeV以上的γ射线能够物质化生成一对正负电子，能量越高、吸收物质的原子序数越大则物质化的可能性越大；每个静止的电子的能量为 0.51 MeV，剩余的能量以动能的形式转换给两个电子。正电子的产生对物质吸收高能γ射线的惊人现象给予了解释。在柏林，莉泽·迈特纳和库尔特·菲利普（Kurt Philipp）也独立获得了相同的结果。

↓1932年春，弗雷德里克和伊雷娜在瑞士伯尔尼地区阿尔卑斯山少女峰的科学中心研究宇宙线的性质，试图在其中找到中子。

弗雷德里克和伊雷娜在铅片中和威尔逊云室内的气体中观察到正负电子对的生成。然而，弗雷德里克和安德森在实验初期都还不知道，其实英国理论物理学家保罗·狄拉克（Paul Dirac）于1931年就已经在他的电子相对论性量子理论中预测了正电子、也就是电子的反粒子的存在。所谓反粒子就是具有与其相对应的粒子相同质量和相同电量但符号相反的粒子。

在这里我们有必要提一下那个时代理论物理学家和实验物理学家的关系。像许多同时期的著名实验物理学家一样，弗雷德里克和伊雷娜更愿意以先前的实验结果和自己的灵感为出发点，设计和实施下一步的实验。他们不希望被一个好主意或一些理论依据束缚手脚：事实上，近几年里的确有不少新发现的现象完全是出乎意料的。

实验设备比较简单，实验周期也不太长。1933年，欧内斯特·卢瑟福在布鲁塞尔的苏威咨询会上如此评论：

“我觉得，从某种意义上来讲，我们在开始实验以前就有了正电子理论是令人遗憾的。布莱克特先生尽了最大的努力避免受理论的影响，但是分析（实验）结果时的思路必然在某种程度上受到其影响。我倒是愿意实验证明先于理论。”

在当时的法国，理论物理学家和实验物理学家之间的鸿沟是很大的，法国理论物理学家的主攻方向是数学物理学，他们对放射学和核物理没有兴趣。

1933年12月，听过狄拉克在苏威咨询会上的讲座后，弗雷德里克在与伊雷娜继续重要实验的同时，抽出部分时间，开始研究正电子的最终归宿。他解释道：

“根据狄拉克的理论，一个正电子遇到一个自由负电子或一个弱束缚的负电子后便会消失，在相反方向上释放两个能量各为0.5MeV的光子，其能量和1.0 Mev正好是两个湮灭电子的质量和。”

实验时，弗雷德里克将强正电子源置入一个电磁铁的递减磁场区域，使用让·蒂博（Jean Thibaud）的余摆线方法，使正负电子通过磁场后聚集到一块金属片上。正电子在金属片上湮灭。最后通过一台盖革-穆勒计数器检测释放出的光子，也就是 γ 射线。他观察到一个正电子湮灭后释放出两个能量各为0.485 ± 0.060 MeV的光子，这一实验结果证实了狄拉克的理论。

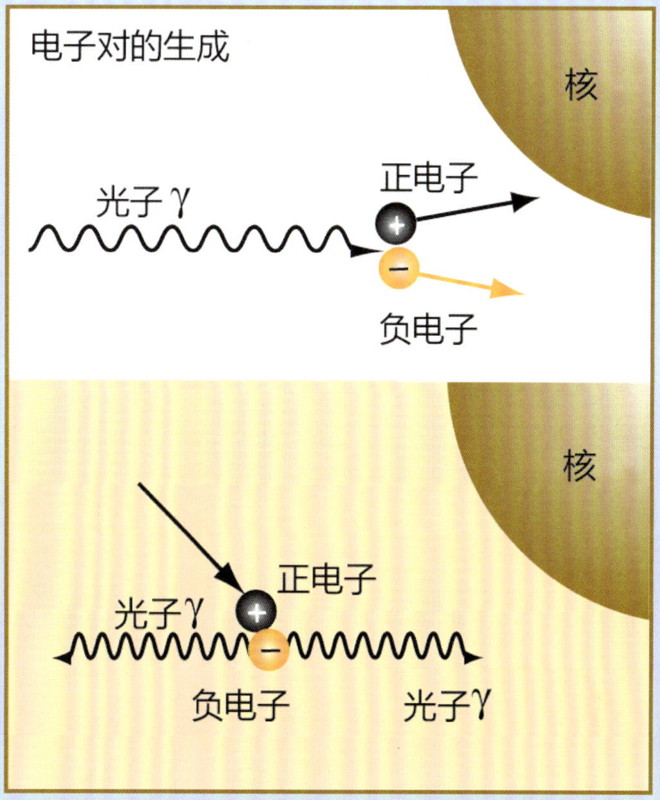

↑ 1931年，英国理论物理学家保罗·狄拉克预言正电子的存在，以解释正负电子对的生成以及与其逆向的湮灭过程。1933年，狄拉克获诺贝尔物理学奖。

核嬗变产生正电子？

弗雷德里克和伊雷娜·约里奥-居里发现人工放射性是分三步完成的：“核嬗变产生的正电子”的发现；一种新放射性的发现；存在新放射性元素的化学证据和广义化。

1933年6月，弗雷德里克和伊雷娜重起对伴随钋α射线的弱强度射线的研究。他们怀疑是否存在与原子序数为84的钋核嬗变成原子序数为85的未知元素的同位素所对应的连续β射线谱。为了观察该β射线，他们将覆盖着铝箔的强钋源放置在威尔逊云室的细小窗口前，铝箔的作用是阻挡α射线。云室则置入磁场中，这样，电子的运行轨道便会弯曲，给出其带电符号、电量以及能量。

→ 伽莫夫的隧道效应理论建立在新兴的量子力学基础上。根据路易·德布罗意于1924年提出的假设，所有粒子都具有波粒两重性：伽莫夫认为，在放射性元素、例如U-238的α放射性中，与α粒子对应的波被限制在核的势井中，也就是核内粒子相互吸引的核力和与距离成反比的库仑斥力的叠加。当α粒子的能量值是负的时候(1),它无法从井中逃离。一旦它的能量值是正的(2),它通过隧道效应穿越势能屏障的可能性就不再是零。

从核反应到原子核的构造

在简单的反应中，是一个粒子撞击一个靶子，例如卢瑟福所发现的α粒子撞击氮核所发生的反应。正如帕特里克·布莱克特后来所证明的，该反应的产物是一个氧核和一个质子：

$$^{14}N + \alpha \rightarrow {}^{17}O + p$$

反应所需要的能量来自粒子的原始动能，所需最低能量叫作阈能。

反之，有些反应释放能量，那么也就不存在什么阈能。例如约翰·考克饶夫（John Cockcroft）和欧内斯特·沃尔顿（Ernest Walton）于1932年在卡文迪什实验室第一次利用粒子加速器完成的核反应：

$$^{7}Li + p \rightarrow \alpha + \alpha$$

哪怕质子的能量很小，反应后照样能得到两个向相反方向运动的、带有相当高能量的α粒子。

然而，靶核的质量越大，带正电的粒子就越难进入。靶核本身的正电在周围形成势垒，排斥带正电的粒子（库仑力），只有核凝聚力才能大于这一库仑力。但是，美籍俄裔物理学家乔治·伽莫夫（Goerge Gamow）在1928年用新兴的量子物理证明，势垒对能量低于它的α粒子来说并不是不可逾越的：总是存在通过“隧道效应”穿越势垒的可能性。卡文迪什实验室所观察到的低能质子与锂核的反应同样源于隧道效应。当然，并不是每次粒子撞击到靶核时都会引发核反应，大多数粒子最终只是穿过靶子。

到1932年，物理界一直都认为原子核是由质子和电子组成的，其中一部分可能是聚集在一起的α粒子。可是这种解释遇到了问题，一方面是电子的体积（无法想象它们在核内部会是自由的），另一方面是核以及其各组成单位的内在角动量，或者说自旋（当时还不知道自旋的加法规则）。中子可以解决这些问题，但前提是中子是基本粒子而不是由质子和与其紧密连在一起的电子组成的。要等到近两年后，中子和质子的等同地位才被所有人接受：原子核的组成部分是质子和中子。德国物理学家维尔纳·海森堡（Werner Heisenberg）的研究成果为此提供了理论依据。同时确立的另一结论是：核力是完全不同于库仑力的、巨大的、短程相互作用力，是凝聚整个核的力。

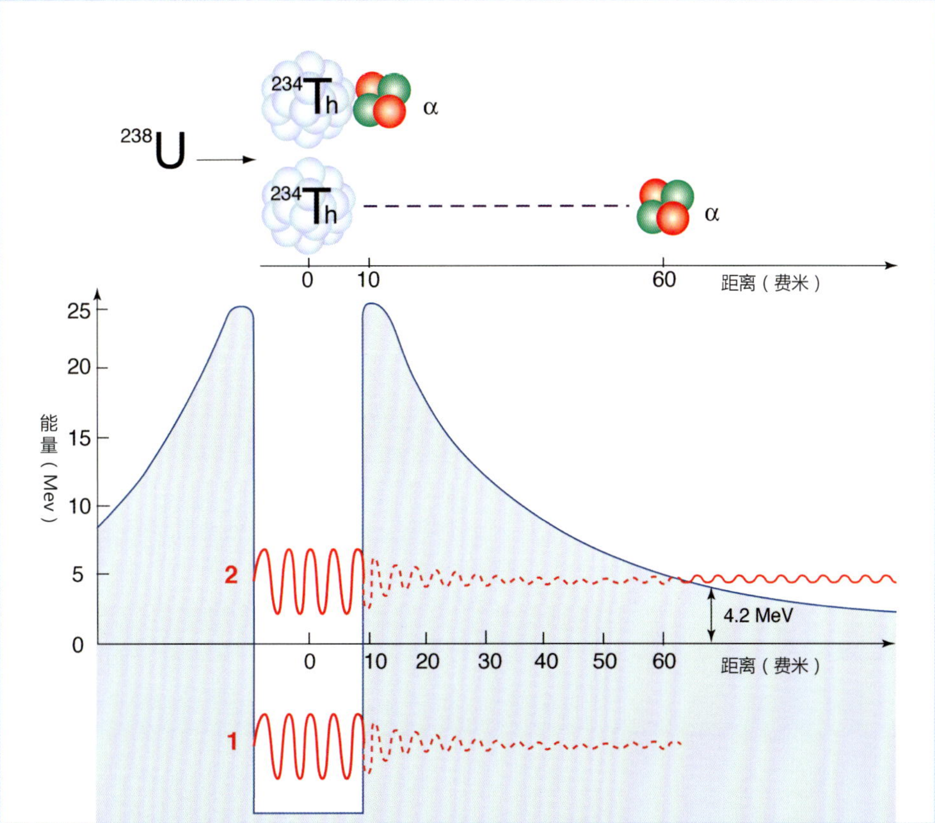

让他们大吃一惊的是，除了负电子之外，还观察到了不少正电子。他们还不时观察到由核嬗变产生的质子：

$$^{27}Al + \alpha \rightarrow {}^{30}Si + p$$

如果用银、石蜡或锂箔替换覆盖钋源的铝箔，正电子则不再出现，这说明正电子不是来自钋而是在铝中产生的，其能谱延伸到近3MeV。大约200万入射α粒子产生一个正电子。用硼替换铝也同样会产生正电子。

弗雷德里克和伊雷娜如此解释这一出人意料的结果：

“有时候嬗变不释放质子而是释放一个中子和一个正电子”。

他们将这些正电子称作“嬗变正电子”，剩下的核与释放质子的嬗变所生成的核是一样的。他们给出的新反应式为：

$$^{27}Al + \alpha \rightarrow {}^{30}Si + n + e^+$$

↑ 弗雷德里克和伊雷娜拍摄的在空气中生成的正负电子对的威尔逊照片。威尔逊云室放置在磁场中，这样就可以使带电粒子的运动轨迹弯曲。来自下方的γ射线物质化产生一个正电子（向右弯曲的轨迹）和一个负电子（向左弯曲的轨迹）。

↑ 1933年苏威物理咨询会与会者。前排左起：薛定谔、伊雷娜·约里奥-居里、玻尔、约费（Joffé）、玛丽·居里、郎之万、里查逊（Richardson）、卢瑟福、顿德尔（De Donder）、莫里斯·德布罗意、路易·德布罗意、迈特纳、查德威克。后排左起：亨利厄特（Henriot）、弗朗西斯·佩兰、弗雷德里克·约里奥-居里、海森堡、克莱默（Kramers）、斯塔荷尔（Stahel）、费米、沃尔顿、狄拉克、德拜（Debye）、莫特（Mott）、卡布雷拉（Cabrera）、伽莫夫（Gamow）、博特、布莱克特、罗森布拉姆、埃雷拉（Errera）、鲍尔（Bauer）、泡利、费尔夏费尔德（Vershaffelt）、柯星斯（Cosyns）、郝尔岑、考克饶夫、埃利斯、佩尔斯（Peierls）、皮卡尔德（Piccard）、劳伦斯、罗森菲尔德（Rosenfeld）。

1933年10月22至29日期间，由郎之万主持的苏威第七届物理咨询会在布鲁塞尔召开。议题为《原子核的结构和性质》。41位到会的物理学家中半数为或将成为诺贝尔奖的获得者。以玛丽·居里、郎之万、卢瑟福、迈特纳、玻尔为首的前辈与恩里科·费米（Enrico Fermi）、沃尔夫冈·泡利（Wolfgang Pauli）、弗雷德里克和伊雷娜·约里奥-居里、劳伦斯等新一代科学家共聚一堂。报告者有考克饶夫、查德威克、弗雷德里克和伊雷娜·约里奥-居里、狄拉克、伽莫夫、海森堡。

围绕弗雷德里克和伊雷娜的《在α射线作用下原子的强穿透力辐射》报告的争论最为激烈。部分与会者持怀疑态度，例如莉泽·迈特纳，她以自己的实验结果为出发点，对该报告中关于嬗变正电子的结论提出异议：

“对于铝来说，尽管正电子的（生成）数目比氟多出四倍多，但没有找到一个中子。至于中子和正电子同时释放的论点，在这种情况下，得不到（实验结果的）支持。”

然而，弗朗西斯·佩兰（Francis Perrin）却提出这样的假设：

“约里奥先生提出的机理可分解为前后两步，通过一个不稳定中间核的形成，先释放一个中子、随后释放一个正电子。”

后来，弗雷德里克写道：

“我们感到相当的遗憾，可这时候，尼尔斯·玻尔教授把我和妻子叫到一边，说他认为我们的成果非常重要。稍后，泡利也给了我们同样的支持。…… 毫无疑问，正是物理学家们对我们公布的初步结果的怀疑，使得我们在未来三个月里的工作没有竞争者。”

12月间，莉泽·迈特纳发出一则纠正短讯，指出她通过以更强的放射源所重复的实验证明：

“我对约里奥夫妇关于正电子来自铝核的论点的异议不成立”。

可是，这篇短讯没有引起重视。

“人工”放射性

从布鲁塞尔一回来，弗雷德里克和伊雷娜就开始商讨下面的实验，以确定“嬗变正电子”的来源和产生条件。1933年11月，他们想证明中子和正电子是从同一核反应中同时释放出来的：那么二者产生的阈能就应该是等同的。于是，他们通过气体对入射α粒子进行减速的方法变换其撞击铝靶时的能量，分别测定产生中子和正电子的阈能。

在测定产生中子的阈能的实验中，他们重新启用了曾经使用过的一套装置：钋强放射源放置在一间小气舱的顶端，通过调节舱内压力调控α粒子速度，α粒子最终被底部的铝完全挡住。气舱则放入充满丁烷、内壁衬有石蜡的电离室，最后再连上脉冲放大器，这样就可以有效地检测中子。

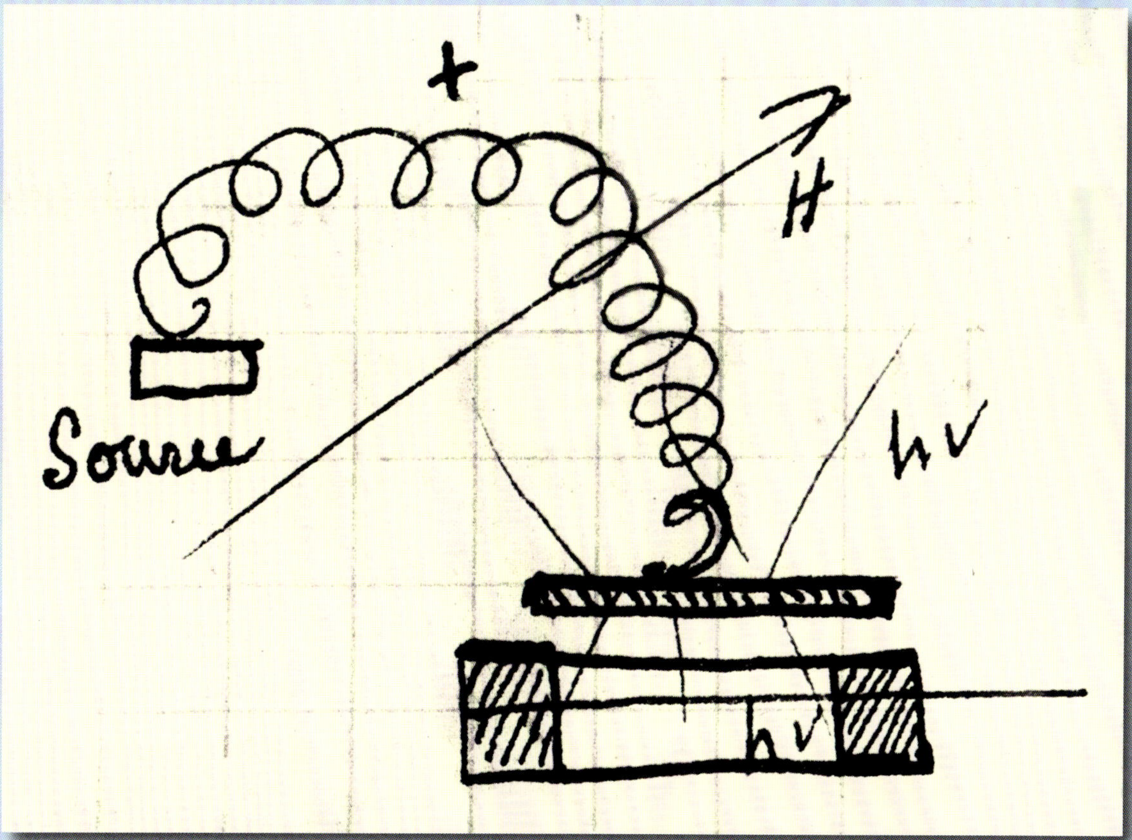

↑弗雷德里克验证狄拉克关于一个正电子遇到一个负电子时湮灭的理论的示意图：他使用余摆线方法，将强正电子源置入一个电磁铁的递减磁场区域，使正电子集中落到一块金属薄板上，正电子在金属板上与负电子相遇后湮灭同时生成γ射线（示意图中光子 hυ）。

1934年1月11日，星期四，实验室里只有弗雷德里克一个人。这天，他开始重复释放正电子的阈能的测定。他使用一个可以充满二氧化碳也可以完全抽空的小气舱，将强钋放射源固定在舱底内部，另一面是铝箔窗。然后将一台窗口极薄的黄铜盖革-米勒计数器紧贴在气舱窗口外面。他们刚刚在湮灭试验中使用过这种计数器，这一技术是新近由德国青年物理学家沃尔夫冈·根特纳（Wolfgang Gentner）引入研究所的，它可以一个个地计数高速电子。根特纳在镭研究所工作了两年，后来成了弗雷德里克的挚友。计数器连接在用旧无线电接收器改装的放大器上，然后再接上机械计数仪。每一次有脉冲信号出现，计数仪就发出一声“嘟”，这种装置的计数量在每分钟200以上。

一开始，弗雷德里克在气舱里充满二氧化碳，然后再逐渐地抽出。随着气压的减小，撞击铝箔的α粒子的能量逐渐加大。当α粒子的能量达到中子出现的阈能时，正电子出现了。气舱完全抽空了，α粒子撞击铝箔时的能量也就达到了最大值。这时，他开始重新注入二氧化碳，将α粒子的能量减小到阈能以下，没有中子再出现了，可让他大吃一惊的是：计数器并未停下来，正电子还在释放。他再次试验，甚至将气舱的二氧化碳压力提高到一个大气压，这时，α粒子已经完全被屏蔽了，不可能撞击到铝箔，可是正电子的释放还在继续！正电子的数目随时间指数递减。弗雷德里克立刻联想到与天然放射性的关联。实验的整个过程还不到1小时。

实际上，实验还可以更简化。弗雷德里克将铝箔贴近钋源半厘米的地方“照射”几分钟，拿开后再贴在计数器上。记录显示正电子的递减期为3分15秒。他嵌入屏蔽板以消减α粒子的能量，但这对正电子的递减期毫无影响。可是他发现起始正电子量随照射时间增加而增加，就像是放射性元素形成法则：大约照射15分钟后，单位时间内正电子数达到最高值。

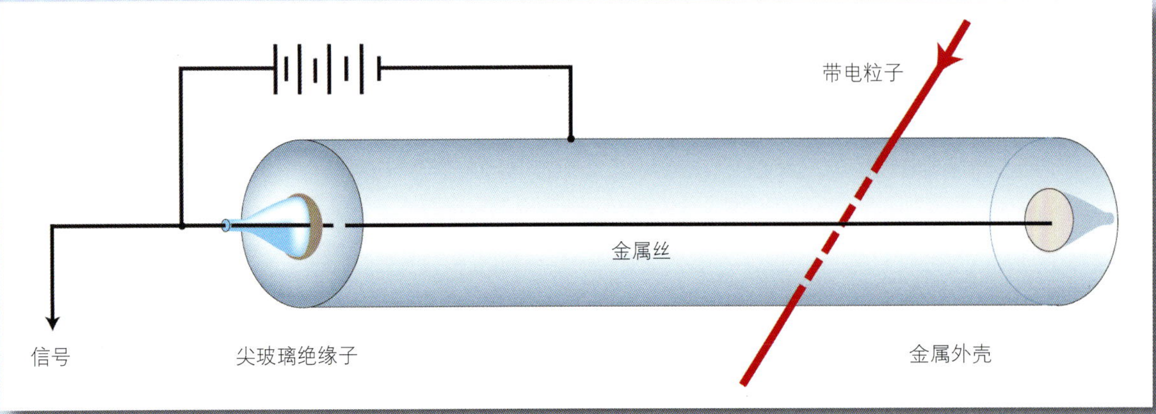

↑ 1908年，卢瑟福和盖革发明了一台计数器，通过所形成的脉冲电流一个个地对α粒子进行计数，改进后它被命名为盖革-米勒计数器。计数器的金属外壳接在负极上，轴线上的金属丝则接在正极上。当一个带电粒子进入管内时，会电离里面的气体原子而产生电子。电子被接在正极上的金属丝所吸引，而在其运动过程中又会引发大量电子的释放。于是，大量电子涌向金属丝，形成脉冲电流。脉冲的次数再由计数仪记录。

新放射性同位素

为了找到新放射性同位素形成的化学证据，弗雷德里克和伊雷娜对铝箔经过照射后所生成的放射性物质进行了分离，并证明它具有磷的化学性质：

“用盐酸侵蚀并溶解一片事先经过照射的铝箔。反应时生成的氢气将放射性元素带入倒插在水中的薄壁玻璃管。这一分离完全证明被氦核照射后生成了一个不同于铝的化学元素。……活性铝也可以溶解在酸和氧化剂的混合物中，加入少量的磷酸钠和锆盐后会发现，磷酸锆在沉淀时将带出放射性元素‘磷’。”

摘自弗雷德里克·约里奥的诺贝尔奖演讲

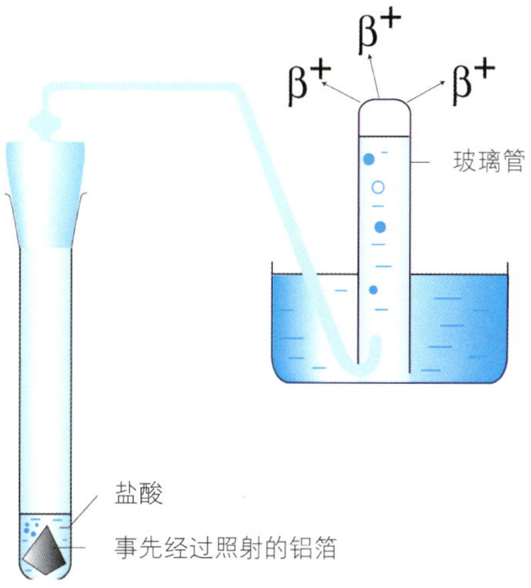

可以断定，中子和正电子的释放不是同时的，而是分前后两步。首先是（α，n）核反应——一个核吸收一个α粒子后释放一个中子——在铝中产生一个当时还是未知的核：磷-30，也就是磷-31的放射性同位素。然后，人造磷-30自发释放正电子而嬗变成稳定的硅-30，这是一个与天然放射性元素β衰变对称的新型衰变：β^{+}衰变。反应式为：

$$^{27}Al + \alpha \rightarrow {}^{30}P + n$$

$$^{30}P \rightarrow {}^{30}Si + e^{+} + \nu$$

在他们最初发表的文章中，弗雷德里克给出的反应式没有代表中微子的符号ν，我们后面会讲到泡利所提出的中微子假设。至此，我们就弄清了“嬗变正电子”的本质。

可是弗雷德里克突然又对自己产生了怀疑，会不会有意想不到的错误呢？盖革-米勒计数器的工作状态不总是十分稳定，而且他正在使用的这台计数器的工作电压只有9伏，万一要是有残余放电在误导自己呢？弗雷德里克把正在隔壁工作的计数器专家根特纳叫了过来。他们一起重复了试验，根特纳的结论是：实验结果与计数器没有关系。约里奥对同事说：“如果计数器在正常工作，那么我想，我搞清了这一现象。”然后为他解释了我们上面所述的那两步核反应。天黑下来了，弗雷德里克要去和伊雷娜碰头，他请根特纳再检查一遍设备。这位青年德国物理学家再次重复了实验，然后写下留言说一切正常。

验证

弗雷德里克和伊雷娜对实验结果及其重要性进行了讨论。第二天，他们重新进行了测试，并且用钋源的α射线照射了一系列化学元素，以寻找类似的放射性。为了能在下周一的科学院例会上宣布这些结果，他们开始争分夺秒地工作。为了排除一切干扰，他们没有再对其他人谈起他们的发现。经过周五和周六两天的紧张实验，他们证明：α射线照射硼生成周期为14分钟的氮-13；照射镁生成一个半衰期为2分半的元素。他们一开始认为该元素是硅-27，数月后证明是镁-25的（α，p）核反应后生成的铝-28，后者还将在下一个反应中释放一个β^-粒子。除此之外，在他们所研究的其他元素中，没有再发现同样的现象。受机械计数器饱和的影响，他们测定的周期稍高于实际数值。

他们使用配有屏蔽板的计数器、威尔逊云室和余摆线方法，测定了所释放的β射线（正电子或负电子）的运动轨迹、能谱以及最高能量，以此证明被照射过的铝和硼所释放的的确是正电子，它们的能谱类似于天然放射性元素的β^-谱。

在佩兰于1934年1月15日所做的科学院报告中，以短讯形式公布了弗雷德里克和伊雷娜的发现。随后，两人马上开始了下一步工作：寻找产生新放射性同位素的化学证据。

他们证明，α射线照射过的硼经过化学处理后，放射性氮-13生成氨气，氨气被收集到试管中后，放射性也就随之被分离出来。他们还证明，铝中所生成的放射性物质具有磷的所有化学性质：为此，他们用盐酸溶解照射过的铝箔，放射性磷-30生成的磷化氢由溶解过程中生成的氢气带入置于溶液上方的薄壁玻璃管中，最后将玻璃管封闭后测试放射性。整个过程耗时不过几分钟。

他们曾经解释说：

“当遇到一位在皮埃尔·居里街的一间实验室工作的化学家的时候，我们中间的一位请他指点如何用3分钟时间将磷从铝中分离出来：他把双臂举到空中，根本就没有考虑过这样的化学课题。可是我们做到了。”

他们于1934年1月29日在给科学院的短讯中报告了这些实验结果。

多年后，弗雷德里克讲述道：

“玛丽·居里是我们研究工作的见证人。我永远忘不了，当伊雷娜和我向她展示装在小玻璃管中的第一个人造放射性元素的时候，她展现的灿烂笑容。她用被镭灼伤的手指拿着装有放射性元素的小管的情景，现在还浮现在我眼前，尽管那还只是很微弱的放射性。为了验证我们所言，她将小管贴近一台盖革-米勒计数器，而她能听到的是一连串的‘嘟嘟’声。这无疑是她生平最后一件快事。几个月后，玛丽·居里因白血病去世。”

↑ 弗雷德里克在组装威尔逊云室（法兰西公学院，1938年）。

后续发展

人工放射性的发现意义重大。原子核稳定的元素也可以有放射性同位素，它们会在较短的时间内衰变成稳定的核，然而因为它们的半衰期相当短，所以在自然界是观察不到的。天然放射性元素其实也是其子辈的同位素，只不过它们的半衰期很长（从数百万年到数十亿年），是从形成开始，经过漫长的地理年代后残留下来的。这一新发现的现象很快就被称作“人工放射性”，但是我们必须清楚的是，产生新放射性元素（放射性同位素）的方法是人工的，其放射性本身就像铀、钍或镭一样，完全是天然的。

国外同行刚一获取他们的文章，弗雷德里克和伊雷娜就连续收到物理界大腕人物的来信。卢瑟福于1月29日致信祝贺，他解释说自己也多次试图寻找同样的现象，但实验中使用了重元素作为靶核。

此前，1月26日，泡利已经从苏黎世写信给他们，他认为，与β^-放射性一样，正电子的能谱应该也是连续的，而且也同时释放自旋为1/2的中微子。

苏威咨询会后，根据泡利的中微子设想，恩里科·费米于1933年12月在罗马提出了自己的β^-放射性理论（1934年1月，弗雷德里克还不知道这一理论）：核内部并不存在电子和中微子（或反中微子），它们是在释放的瞬间生成的。于是，核内部的一个中子也就转化成了质子。人工放射性被发现后，费米的助手吉安·卡罗·威克（Gian Carlo Wick）对反向的质子转化中子进行研究。费米的另一位助手佛朗哥·拉赛蒂（Franco Rasetti）于2月9日写信给弗雷德里克，说巴黎的实验结果引起了罗马同行的极大兴趣，费米的研究团队正在尝试重复这些实验。

1932年，化学家哈罗德·克莱顿·尤里（Harold Clayton Urey）发现了原子量为2的氢稳定同位素并将其命名为 Deuterium，中文译为氘。氘核由一个质子和一个中子组成。生产重水的工艺也随之被开发出来。弗雷德里克和伊雷娜在1月15日的短讯中给出如下结论：

“使用其他粒子进行轰击，肯定会存在类似于我们所发现的但持久的放射性。同一个放射性元素肯定可以通过不同的核反应生成。例如氮-13核，根据我们的假设应该是具有放射性的，它应该能在氘核轰击碳核时释放一个中微子后产生。”

↑ 1930年，沃尔夫冈·泡利（1900—1958）提出β衰变同时释放一个新粒子的假设，该粒子后来被命名为中微子。

中微子的发现

20世纪20年代的物理界存在这样一个争议：剑桥的查德威克和埃利斯支持β能谱连续分布的观点，而柏林的迈特纳却确认它是离散分布的。最后，在埃利斯的实验结果面前，迈特纳不得不服输了。1930年12月，泡利提出了正确的解释：在β衰变中，除了电子和反冲核以外，还释放另外一个质量极小或者为零、不带电、自旋为1/2、载有剩余能量的粒子，这种新粒子被命名为中微子。第一次在实验中观察到中微子是在1956年。

弗雷德里克和伊雷娜的推测在2月24日就第一次被验证了：在剑桥，考克饶夫、吉尔伯特（Gilbert）和沃尔顿在用质子束轰击碳核时成功获取了氮-13核。弗雷德里克和伊雷娜的呼吁同样得到了其他实验室的响应：在加利福尼亚的伯克利（Berkeley），欧内斯特·劳伦斯刚一得到消息，便举着文献冲进环形加速器实验室，半小时后，劳伦斯实验室发现了他们的第一个人工放射性元素。其实，人工放射性先前就应该在伯克利被发现了：他们没有注意到，加速器的一些部件和多件工具早就具有放射性了！

一种非常有效的产生新人工放射性元素的方法是恩里科·费米在罗马创建的。他用中子作为轰击粒子。中子不带电，不受库仑屏障的限制，可以轻而易举地进入包括重核在内的所有原子核。几个月内，费米实验室便发现了数十种新放射性元素。稍后我们会介绍这些实验。

1934年9月，弗雷德里克和伊雷娜在伦敦的国际物理大会上报告了《人工产生的放射性元素》。

↑ 1933年12月，恩里科·费米（1901—1954）根据泡利的中微子假设，提出了β⁻放射性理论：电子和中微子是在释放的瞬间生成的。

1935年获诺贝尔奖。初始应用

1934年6月，弗雷德里克、伊雷娜和瑞士物理学家皮埃尔·柏赖斯伟克（Pierre Preiswerk）也开始研究用中子轰击靶核以产生人工放射性元素，他们使用的是以氡释放的α粒子轰击铍所产生的中子。1935年2月至3月，弗雷德里克与卢·科瓦尔斯基对吸收中子的反应中所释放的高能γ射线进行了研究，这是费米先前所观察到的。

在对天然放射性元素的研究当中，我们发现三个放射系：钍-232系、铀-238系和铀-235系，各放射系中的放射性元素的原子量都分别为4n、4n+2和4n+3（n为整数）。那么也许会存在尚未被发现的原子量为4n+1的放射系。1935年5月，伊雷娜、汉斯·冯·哈尔班（Hans von Halban）和皮埃尔·柏赖斯伟克用中子辐射钍，寻找属于这第四个放射系的人工放射性元素。他们观察到一些有意思的现象，可分析这些实验结果却不是一件容易的事。今天被叫作镎-237的第四个放射系最终是于第二次世界大战期间在美国被确认的。

这几年，伊雷娜·约里奥-居里多次患病。在怀海伦的时候得了胸膜炎，怀皮埃尔的时候又遭受了类似的病痛。只有在山里远足的时候，她才会有舒心的感觉。1935年春天，医生发现伊雷娜染上了肺结核，于是，6月到8月，她在桑色莱茱疗养。9月，他们搬入了巴黎南郊安东尼（Antony）的新家。

1935年11月9日，《自然》杂志刊登了一篇有关人工放射性的第一个应用的文章：这年夏天，在哥本哈根，奥托·西威茨（Otto Chiewitz）和乔治·德海韦西（George von Hevesy）将半衰期为17天（文章给出的数据）的磷-32用作放射性示踪剂，研究老鼠的磷代谢。

1935年11月，该年度诺贝尔奖获得者的名字在斯德哥尔摩公布了。物理学奖颁给了“中子的发现”者詹姆斯·查德威克，弗雷德里克·约里奥与伊雷娜·约里奥-居里因“新放射性元素的合成”荣获化学奖。弗雷德里克随即就收到了沃尔夫冈·根特纳的贺信：

“回想这个不同寻常的下午，我现在还在羡慕您是那么迅速地找到了问题的所在以及这一发现的重大意义。但最先取得另一发现的是我，是我立刻提出了这一成果应获诺贝尔奖的预言，它在今天得到证实让我感到由衷的高兴。”

↑ 由瑞典国王主持的1935年诺贝尔奖颁奖仪式。

新放射性同位素

“毫无疑问，化学物质的多样性和这些合成放射性元素寿命的多样性，将为生物学和物理化学开辟新的研究领域提供可能性。……至今还只限于重元素的放射性示踪法，可以推广到元素周期表中的众多元素。例如在生物学领域，用合成的放射性元素示踪，便可以很容易地对进入生物体内的各种元素的所在位置和排泄进行研究。这种情况下，放射性只是用于探测一种元素在生物体内的位置，无需在实验时导入大剂量的放射性示踪剂。其剂量取决于射线探测仪的灵敏度和植物或动物的大小。如果想进一步了解某些部位，放射性元素将停留在那里，它们释放出的射线将作用于周围的细胞。至于这第二种应用方法，则需要使用大剂量的放射性元素。这很可能在医学领域得到实际应用。

综合所有研究结果，我们认识到，不能将我们星球的各种组分中的数百种原子看成是一次性形成的，它们不是永恒的。我们能观察它们，那是因为它们幸存下来了。其他不太稳定的则消亡了。很可能就是消亡了的原子中的某几个在实验室中得到了重生。至此，能够得到的只是寿命相对短暂、从几分之一秒到几个月的原子。要想得到数量可观的、寿命比这要长得多的元素，那将需要一个巨强的轰击粒子源。实现这一新梦想是否决无希望？

不妨回顾一下至今越来越突飞猛进的科学发展历程，我们有理由相信，通过随心所欲地创造或打破元素，科学家将懂得如何实施爆炸性的嬗变，也就是真正的链式化学反应。

如果这种嬗变能够在物质中不断递进，我们就可以设想如何利用反应将释放出的巨大能量。但是，如果它蔓延到我们星球上的所有元素，我们就必须谨慎地预测这样一个灾难将带来的后果。天文学家有时会观察到，一个亮度较差的星体突然变大，一个肉眼看不见的星体可以变得如此耀眼以至无需使用仪器就可以观察到，这便是新星的出现。星体的这一突然爆发可能就是爆炸性嬗变引发的，科学家们一定会努力地去实现这一嬗变过程，但我们希望，他们同时会采取必要的预防措施。”

弗雷德里克·约里奥

诺贝尔奖演讲，1935年

弗雷德里克和伊雷娜决定在12月的颁奖仪式上分别演讲。不少同行认为，在这对夫妇中，伊雷娜是化学家而弗雷德里克是物理学家，于是，他们有意在演讲时变换了角色：由伊雷娜介绍物理部分而弗雷德里克则讲述化学部分。伊雷娜的演讲非常简明，她在开场白中首先回顾了皮埃尔和玛丽·居里的成就。在结束语中，弗雷德里克对人工放射性的未来应用作了精彩而极具预见性的展望。事实上，无论所面临的问题或大或小，他高瞻远瞩的论点和对未来长远影响的预测总会让别人惊叹不已。

↑ 诺贝尔化学奖为弗雷德里克打开了法国科学院的大门。1945年，郎之万为他颁发院士佩剑。

在实验室里，同事们叫他弗雷德里克·约里奥，可在外面，人们却开始称他为弗雷德里克·约里奥-居里，尤其是在1936年1月11日，郎之万在联盟俱乐部（Cercle interallié）为两位诺贝尔获奖者举行的晚宴上发表的讲话之后说道：

“如果有天然（放射）系和人工（放射）系，那么毫无疑问……世界上放射性最强的是居里家族……皮埃尔和玛丽·居里，伊雷娜和弗雷德里克·约里奥-居里，是两性在崇高的科学领域合作的象征与其巨大潜力的强有力的证明。”

8

16 juin 1940

Ordre

M[illegible]ieurs Halban et Kowarsky accompagnés de M[illegible]mes Halban et Kowarsky et de deux enf[illegible] [illegible]n bas âge monteront à bord du vape[illegible] Broompark à Bassens (Gironde). Ils [illegible]s à Monsieur le comte de Suffolk et [illegible] afin de poursuivre en Angleter[illegible] [illegible]erches entreprises au Collège de Fr[illegible]nce, et su[illegible] lesquelles sera observé un secret absolu.

Messieurs Halban et Kowarsky se présenteront à Londres à la mission française (colonel Mayer), 2 Dean Stanley Street, Westminster House.

MINISTÈRE DE L'ARMEMENT

Pour le Ministre et par son ordre
Pour le Secrétaire Général des Fabrications
Le chef du cabinet
[illegible]

从核裂变到链式反应

第二次世界大战前夕，约里奥-居里夫妇正在紧张地工作。伊雷娜带着科研人员去柏林研究裂变，弗雷德里克则在设想核能的应用。

1930年间，乌云开始笼罩欧洲乃至世界各地。1933年初，借助1929到1931年的经济危机，以希特勒为首的纳粹窃取了德国政权，他们先是迫害所有的持不同政见者，随后是犹太人。于是，很多人被迫选择了流亡国外，其中不乏知识分子。纳粹政府全力备战并于1936年占领非军事区莱茵兰，随后于1938年3月吞并奥地利，同年秋天的慕尼黑会议后又占领了捷克斯洛伐克的苏台德地区。1939年3月，德军的铁蹄踏入了布拉格。大批难民涌入邻国，特别是法国。

1935年，墨索里尼领导的法西斯意大利占领了埃塞俄比亚，并与纳粹德国建立了轴心国同盟。1936年7月，佛朗哥发动了反共和反政府的武装叛乱，得到希特勒和墨索里尼的支持。在远东，日本军队于1931年占领了中国的东北，自1933年热河事变起又挑起了一系列事端，作为日后全面入侵中国的借口。

1934年2月6日，亲纳粹的极右分子在巴黎的协和广场、众议院对面举行了狂暴的示威游行。2月9日，左翼组织了反右倾的游行示威活动，并由此产生了1936年的人民阵线（Front Populaire）。

MERCREDI 7 FÉVRIER 1934

LE POPULAIRE

Organe du Parti Socialiste (S.F.I.O.)

Le numéro : 30 centimes

ÉDITION DE PARIS

Camarades, plus que jamais observez strictement les mots d'ordre du Parti !

LE COUP DE FORCE FASCISTE A ÉCHOUÉ

Après les voleurs, les assassins

PARIS COUVERT DE SANG

Pour étouffer la révolte des honnêtes gens la garde mobile tire sur la foule

50 morts — Des milliers de blessés

Au cœur de la République affolée

DALADIER REFUSE DE S'EXPLIQUER DEVANT LA CHAMBRE

Il quitte le Palais-Bourbon, par derrière, en longeant les murs, sans oser sortir en voiture

← 1934年2月6日的游行示威和第二天的剪报。

↗ “破坏和平的人滚出去！希特勒青年团青年部！”

政治环境

在这个大环境中，弗雷德里克和伊雷娜觉得自己有义务投入到政治活动当中。从1934年2月起，他们就参与了知识分子反法西斯警惕委员会的筹备工作。1934年夏天，他们加入了工人国际法国支部（SFIO）。1935年的市政选举中，保罗·里维（Paul Rivet）是左翼在巴黎第5区的候选人，弗雷德里克和伊雷娜参与了他的竞选活动。与他们志同道合的还有诸如郎之万、佩兰、雅克·阿达马（Jaques Hadamard）和厄未这样的著名科学家。在警惕委员会内部，约里奥-居里夫妇坚定地与作家让-理查德·布洛赫并肩站在反法西斯阵线一边，抵制所谓的“和平”潮流。

获诺贝尔奖一年后，1935年11月，他们首次在人民阵线的周刊《星期五》（*Vendredi*）上发表了文章，紧接着，他们接受了亲共产党刊物《瞭望》（*Regards*）的采访。他们悲叹科研经费的严重不足，弗雷德里克说：

“用造一艘战略巡洋舰的钱，能创建10所比这儿还大的研究所并为它们提供半个世纪的费用。”

1936年春天，人民阵线在议会选举中获胜，6月初，莱昂·布鲁姆（Léon Blum）出任部长会议主席。布鲁姆在组阁新政府时史无前例地邀请了三位妇女出任政府要职，其中一位就是伊雷娜·约里奥-居里，担任新设立的教育部科研副部长一职。这一任命有着不同凡响的象征意义，要知道，在当时的法国，妇女还没有选举权。

伊雷娜接受了这一任命，条件是只任职3个月。9月初，她在给教育部长让·扎伊（Jean Zay）的信中确认了自己辞职的意愿，她说：

“我确信，科研副部长一职完全可以由其他能力更强的学者来担任；反之，在法国没有几个人具备足够的专业知识，得以胜任放射学领域的教研领导工作。因此，我相信我所作出的重操科学事业的决定是正确的。”

接替她的将是让·佩兰。

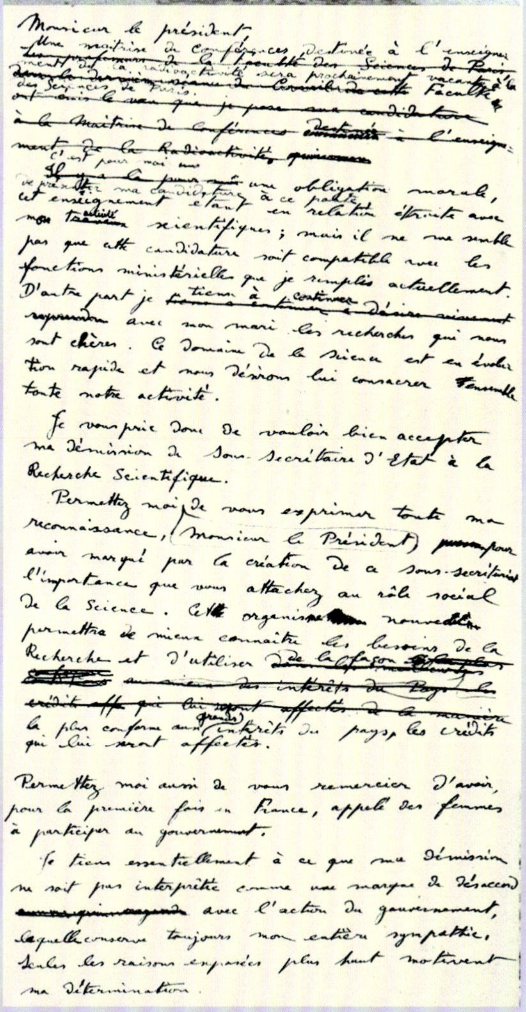

Monsieur le président,

C'est pour moi une obligation morale, cet enseignement étant en relation étroite avec mon activité scientifique; mais il ne me semble pas que cette candidature soit compatible avec les fonctions ministérielles que je remplis actuellement. D'autre part je tiens à continuer avec mon mari les recherches qui nous sont chères. Ce domaine de la science est en évolution rapide et nous désirons lui consacrer toute notre activité.

Je vous prie donc de vouloir bien accepter ma démission de Sous-Secrétaire d'État à la Recherche Scientifique.

Permettez moi de vous exprimer toute ma reconnaissance, (Monsieur le Président) pour avoir marqué par la création de ce sous-secrétariat l'importance que vous attachez au rôle social de la Science. Cette organisation nouvelle permettra de mieux connaître les besoins de la Recherche et d'utiliser de la façon la plus conforme aux grands intérêts du pays, les crédits qui lui seront affectés.

Permettez moi aussi de vous remercier d'avoir, pour la première fois en France, appelé des femmes à participer au gouvernement.

Je tiens essentiellement à ce que ma démission ne soit pas interprétée comme une marque de désaccord avec l'action du gouvernement, laquelle conserve toujours mon entière sympathie. Seules les raisons exposées plus haut motivent ma détermination.

↑ 上：伊雷娜·约里奥-居里在1936年，时任法国教育部科研副部长。因为她希望全身心致力于教研工作，所以任职仅三个月。下：给部长会议主席莱昂·布鲁姆的辞职信草稿。

出于对西班牙内战战况的忧虑，约里奥-居里夫妇反对法国政府不干预的立场。伊雷娜加入了国际反法西斯战争妇女委员会（Comité international des femmes contre le fascisme et la guerre），弗雷德里克则加入了国际和平联合会（Rassemblement universel pour la paix）。他们还将成为法国知识分子促进正义、自由与和平联盟（l'Union des intellectuels français pour la justice, la liberté et la paix）的组织领导成员。弗雷德里克还是唯理主义联盟（l'Union rationaliste）指导委员会成员。此外，他还在外国学者接待和工作安排委员会（Comité d'accueil et d'organisation du travail des savants étrangers）积极协助勒内·乌姆瑟尔（René Wurmser）和路易·拉普金（Louis Rapkine）的工作。

他们执著地追求社会公正。他们愤恨少数人只顾自己疯狂敛财而对挣扎于失业和贫困之中的民众视而不见。他们十分关注苏联新社会秩序和经济体系的建设。1933年，弗雷德里克和弗朗西斯·佩兰参加了列宁格勒的核物理会议。德米特里·斯科别利岑（Dmitri Skobeltzyn）带他参观了自己的实验室，用法语介绍了当前的研究课题。1936年9月，弗雷德里克和伊雷娜参加了苏联科学院组织的第一届门捷列夫研讨会，顺便游览了莫斯科、列宁格勒和哈尔科夫。苏联的进步给他们留下了深刻的印象，同时他们也看到了不足以及体制的专制性，但是他们认为这只是暂时的。1937年，包括弗里茨·霍特曼斯（Fritz Houtermans）和亚历山大·维斯伯格（Alexander Weissberg）在内的多名外国科学家被苏联以间谍名义逮捕，得到消息后，弗雷德里克、伊雷娜和让·佩兰联名致信并电报苏维埃最高机关，试图为他们提供帮助。

1939年8月23日，苏德签署了令所有人瞠目结舌的《苏德互不侵犯条约》。约里奥-居里夫妇匆匆结束假期，赶回巴黎。8月29日，知识分子联盟发表了有伊雷娜、弗雷德里克、保罗·朗之万、维克多·巴世（Victor Basch）等知名人士签名的呼吁：

“反对国际关系中所有两面派行为，对苏联领导人出尔反尔地携手纳粹领袖表示震惊。”

米歇尔·皮诺特（Michel Pinault）在他的书中评论说，这篇在《行动》上发表的呼吁与法国共产党支持苏维埃外交转向站在了完全不同的立场上（译者注：《行动》在1930—1940年间已不再是花边小报，而是严肃的左派刊物）。至此，战争已经明显是无法避免的了。

加速器与原子合成

1935年初，弗雷德里克在理学院获得了讲师职位。同年， 他开始在法国建造粒子加速器，尝试量产人工放射性元素和合成新元素，以期开发其应用。他向校方提交的项目是建立一个新放射性元素的应用实验室，涉及的领域有生物、医学和物理化学。弗雷德里克还希望得到更多的资金，用来开发加速器和附属设备，于是他向洛克菲勒基金会提交了资助申请。

尽管弗雷德里克出身工程师，他还是忽略了这项工程将会遇到的困难。他请同学安德烈·拉扎德（André Lazard）来帮忙，另外还有与他合作了三年的皮埃尔·萨维尔（Pierre Savel）。最先在卡尚公共工程学院（École des Travaux publics de Cachan），院长莱昂·埃罗勒（Léon Eyrolles）为他们提供了一间宽敞的工作间和机械车间，用于建造加速器。加速器由一个直径一米的球状范德格拉夫（Van de Graaff）起电机和劳里森（Lauritsen）式加速管组成。与摩西·费尔登克莱斯（Moshé Feldenkrais）和安德烈·拉扎德合作，弗雷德里克发现，要想在范德格拉夫起电机上达到120万伏电压，就必须在室内雾化少量四氯化碳，以减少电晕放电，后来，氟利昂取代了四氯化碳。

卡尚的工作开始几个月后，他发现，通用电气陶瓷公司在附近的伊夫里（Ivry）安培实验室有一台电压能达到300万伏的脉冲发生器。弗雷德里克和助手们借用了这台用于电气实验的设备，添加一个加速管后，便可以在200万伏电压下给氘核或电子加速了。结果他们成功地得到了数量可观的人工放射性元素。电子束击到钨阳极时，加速管还可以用作高能X射线源。可惜这些加速管的使用寿命很短。1936年11月，安培实验室更名为原子合成实验室。

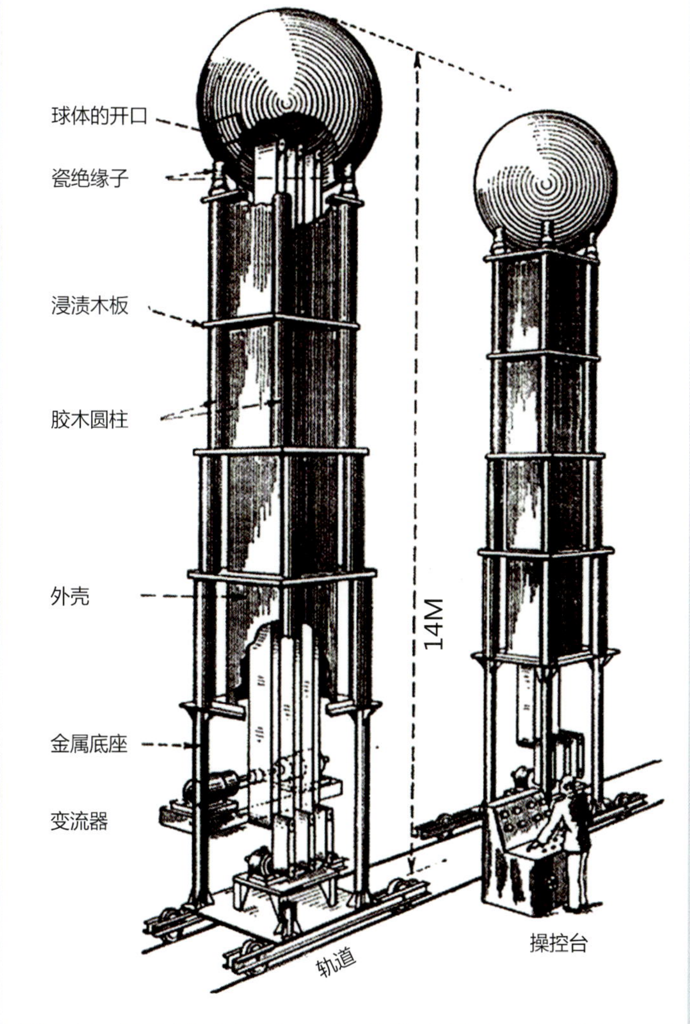

↑ 范德格拉夫起电机示意图。

弗雷德里克希望得到更多的资金，用于开发加速器和附属设施。1935年，他向洛克菲勒基金会提出了申请。同年初，弗雷德里克晋升为理学院讲师，秋天便向院方提交了创建新放射性元素的生物、医学和物理化学应用实验室的计划。

1937年，巴黎世博会的准备工作正在紧锣密鼓地进行着。让·佩兰启动了在巴黎市中心建造一个“发明馆”（Palais de la Découverte）的项目。弗雷德里克团队的任务是在入口大厅内建一个范德格拉夫静电起电器：正、负电荷分别由两条传送带输送给两个球体，由此在两个球体间产生500万伏的电位差，在参观者的头顶爆出巨大的电火花——这是一个极为壮观的景象。

在法兰西公学院和伊夫里

两年前去世的卡米尔·马提农（Camille Matignon）在法兰西公学院留下了空缺的无机化学教授席位。1936年1月，教授们有了补缺机会。一栋新实验楼马上就要竣工了，所有的改动必须尽快决定。另外，一位古代史教授刚刚去世。在这一形势下，身为公学院教授的郎之万，向教授大会推荐刚刚获得诺贝尔奖的弗雷德里克·约里奥，为他争取一个新的教席：

“已知元素核可以相互反应、各种原子既可以经典的化学性质又可以放射性性质定性，这就是原子核化学。引入这一专业领域无限宽广的新学科，完全符合法兰西公学院的宗旨和最高利益。这一涉及核嬗变的学科，无论是自发的还是引发的，显然是化学学科。法兰西公学院有条件设立一个核化学教席。”

另外一个教席提议是印度学的，核化学教席仅以一票优势胜出。一直等到1937年1月，弗雷德里克的任命才正式下达。

粒子加速器时代

20世纪20年代末至30年代初，加速器就开始在美国、英国和德国运行了，其强度和灵活度不断得到改进并逐渐取代了天然α放射源。它们能提供质子、氘核、α粒子（也就可以提供中子）和电子（也就可以提供高能X射线）。

加速器的组成部分通常包括，一个利用剥离原子（氢、氘或氦原子）外层电子而产生离子的粒子源、一个高压电源和一个真空室或真空管，粒子在真空室或真空管中加速后形成粒子束，最后轰击靶标。为取得高电压，加州理工学院的查尔斯·劳里森使用的是串接在一起的变压器组（1928—1930），剑桥的约翰·考克饶夫和欧内斯特·沃尔顿使用的是由电力变压器、整流器和电容组成的电压倍增器（1929—1932）。罗伯特·范德格拉夫先后在普林斯顿和波士顿建造了静电加速器（1931—1932），这种加速器的中空金属球的充电是通过传送带来完成的。在德国，罗尔夫·维德罗使用直线结构实现粒子多次加速（1927—1929）。欧内斯特·劳伦斯在加利福尼亚的伯克利，设想了一种以置放在磁场中的环形结构对粒子多次加速的方法，并建成了高效而使用便捷的紧凑型装置：回旋加速器（1930—1932）。

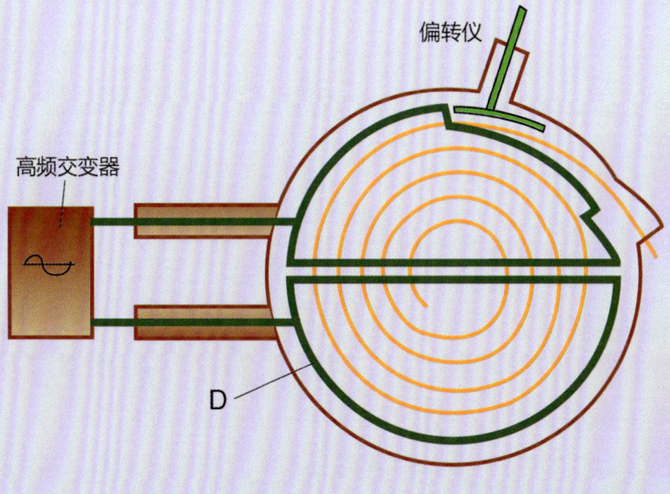

↙ 在回旋加速器中，带电粒子束的运动方向在磁场的作用下产生弯曲，同时在高频交变电场的作用下在两个D形盒之间重复加速，最后由偏转仪提取束流。

↓ 法兰西公学院核化学实验室的回旋加速器，建于1937年。1958年被迁到了奥赛（Orsay）核物理实验室。红色部分是电磁铁。

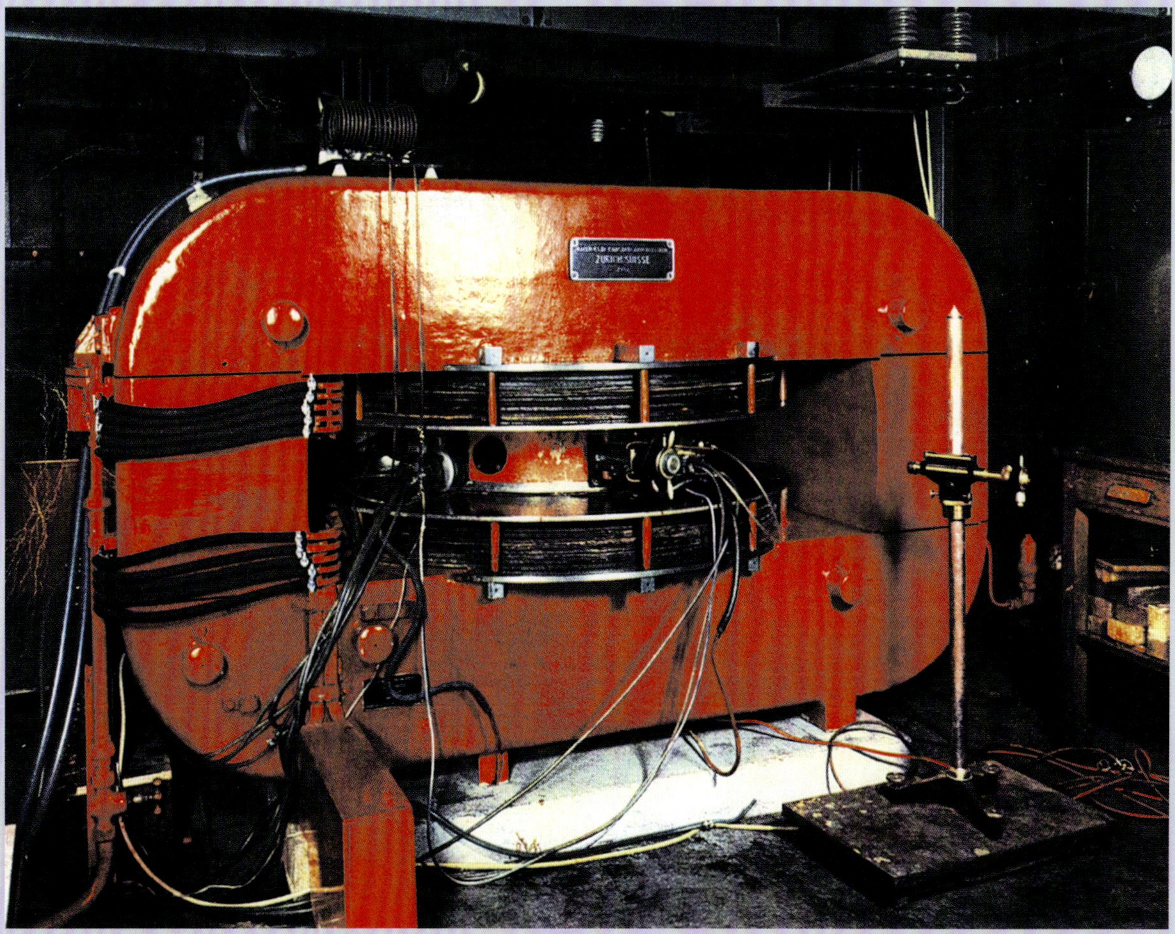

根据欧内斯特·劳伦斯从伯克利给他寄来的详细图纸和所提建议，弗雷德里克已经向欧瑞康（Oerlikon）公司下了购买回旋加速器所需电磁铁的订单，并且在学院即将竣工的新楼下面掘出了一个放置电磁铁的厅室。这间地下室到1938年2月才完工。劳伦斯使用洛克菲勒奖学金，委派青年工程师、回旋加速器专家休·帕克斯顿（Hugh Paxton）来协助弗雷德里克，帕克斯顿与两位法国青年工程师合作了一年。这台加速器的建造和调试遇到了不少困难，直到1939年初才开始断断续续地运转。

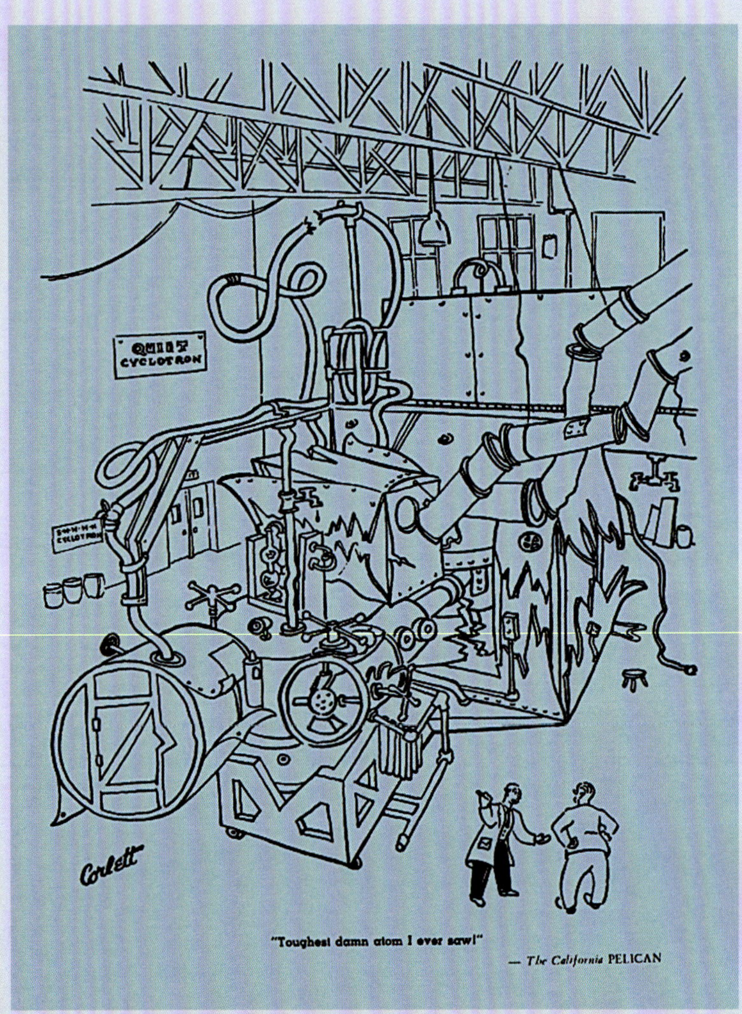

↑ 回旋加速器 漫画。

原马提农组里的成员都转入了弗雷德里克的新“核化学实验室”，他们当中有化学实验室副主任亨利·穆勒（Henri Moureu）、铝合金专家让·卡尔维（Jean Calvet）、莫里斯·稻德（Maurice Dodé）和皮埃尔·苏（Pierre Süe），后来穆勒出任巴黎市立实验室主任，苏便接替了他的位置。从镭研究所带来的有：后来升任物理实验室副主任的皮埃尔·萨维尔，莫利斯·纳迈斯（Maurice Nahmias，他被派到劳伦斯实验室进修了好几个月），奥地利人汉斯·冯·哈尔班，俄裔科学家卢·科瓦尔斯基（Lew Kowarski），来自波兰的伊尼亚斯·兹罗托夫斯基（Ignace Zlotowski，他和弗雷德里克合作研究过轻核核反应），以及从法西斯意大利逃出来的费米实验室最年轻的成员布鲁诺·庞蒂科夫（Bruno Pontecorvo）。

1936年，由人民阵线执政的法国政府准备大幅增加国家科研基金预算。时任科研副部长的伊雷娜·约里奥-居里正式通知弗雷德里克，将为他的伊夫里多学科实验室项目提供大笔资金，款项拨给了法国国家科研基金会（Caisse nationale de la recherche scientifique，简称CNRS，1939年并入 Centre nationale de la recherche scientifique，使用同一简称）。1936年11月，国家科研基金会就与通用电气陶瓷公司签订了收购安培实验室的协议，该实验室将成为CNRS第一个实验室 —— 原子合成实验室，弗雷德里克任实验室主任。

1937年，弗雷德里克与安东·拉卡萨尼（Antoine Lacassagne）医生合作，制定了综合生物、物理和化学的多学科实验室计划。他修建了一栋包括各学科实验室和动物养殖的大楼，招聘了生物学家查尔斯·勒布隆（Charles Leblond）医生。装修以及新设备的制造如期进展。一台为生产中子的60万伏起电器的订单也发出了。

弗雷德里克希望亲自参加在生物学领域使用放射性示踪剂的研究。1938年，他和皮埃尔·苏、查尔斯·勒布隆开始了研究有机体碘代谢的实验；和菲耶尔（Feyel）、皮埃尔·苏启动了对血液红细胞膜的离子渗透性的研究，例如使用半衰期为25分钟的放射性碘研究来自碘化钠的碘离子渗透性。

↑ 法国生物学家、放射科医生安东·拉卡萨尼（1884—1971）与弗雷德里克·约里奥-居里合作，策划了创建原子合成实验室的蓝图。1937年，他出任镭研究所巴斯德实验室主任，1941年升任法兰西公学院教授，同年被选为法国科学院院士。

伊雷娜和超铀元素

我们前面提到过，1934年在罗马，恩里科·费米和他的科研团队成员用中子轰击所有他们能找到的元素。他们在实验当中发现，中子穿过水或者石蜡后会提高制造某些人工放射性元素的效率。费米很快就找到了答案：氢原子降低了中子的速度，而中子的速度越小，在核中滞留时间越长，被捕获的可能性就越大，其效率也就更高。

他们系统地随原子序数的递增顺序研究不同元素。1934年6月，当实验进展到92号元素铀的时候，他们发现5种半衰期不同的新放射性元素，可是它们不是紧挨在铀前面的元素的同位素。于是他们作出这样的假设：捕获中子后生成了铀的重同位素，后者通过β^-衰变转变成93号元素的同位素，一个自然界中没有的“超铀”元素。整个物理界都同意这一解释。可是，有一位德国化学家伊达·诺达克（Ida Noddack）却批评罗马研究团队，说费米没有提供这些产物不是周期表中序数更小的元素（不是紧挨在铀前面的）的证据，但这一意见没有引起任何人的重视，因为所有物理学家都认为核反应产物总是接近靶核的元素，况且诺达克从未做过此类实验。

1934年底，在柏林威廉皇帝化学研究所，物理学家迈特纳说服化学家奥托·哈恩再次合作，研究超铀元素。莉泽·迈特纳是一位颇具修养和极为严谨的知名物理学家。她有非常深的理论造诣，这是她的强项，但有时也会成为她前进的障碍。她会很好地利用自己的理论知识，可是当理论无法预测结果的时候，她有时会感到束手无策，就像她与剑桥的物理学家们产生争议的那次一样。卢瑟福还在蒙特利尔的时候，奥托·哈恩在他的组里就已经发现多个放射性元素了；1921年，他发现了第一例亚稳定态。当时，哈恩无疑是最顶尖的放射化学家之一。在上一次合作中，哈恩和迈特纳于1918年发现了镤-231，镤的拉丁字母拼写是Protactinium，因为它衰变后产生的子核用拉丁字母拼写是 Actinium（锕）。

从1935年到1937年，哈恩和迈特纳实施了一系列实验，化学家弗里茨·斯特拉斯曼（Fritz Strassmann）也加入了这一合作项目。他们证明，用中子轰击铀时会产生9种放射性元素，其中部分元素是其他元素的衰变产物；他们将这些放射性元素归纳入原子序数从93到96的4条超铀同位素链，包括核同质异能素。所有这些放射性元素既可以产生于慢中子又可以产生于快中子。当伊雷娜也开始对超铀元素进行研究时，柏林科学家认为自己的实验结果应该没有什么疑问了。

1937年，伊雷娜接任弗雷德里克在巴黎理学院的讲师职位。不久，她就被任命为无教席教授。1937年夏，她在镭研究所与南斯拉夫物理学家保罗·萨维奇（Paul Savitch）合作，开始研究超铀元素。他们在证实了柏林同行的部分实验结果后，开始使用另一种方法，透过 0.5g/cm² 与 0.73g/cm² 厚的铜屏障辐射铀并对其进行检测，发现至此无人报告过的3.5小时半衰期放射性。他们把该物质叫作R3.5h，一开始，他们以为这是钍同位素。哈恩和迈特纳在给他们的信中表示，他们不同意存在这样一个钍同位素的看法。其间，伊雷娜和萨维奇得出了R3.5h不是钍同位素，但却具有与稀土元素（镧系元素）相似的性质的结论；1938年3月，他们还认为这也许是锕同位素，但到5月里就通过分级沉淀实验证明，该未知物更像元素序数为57的镧。至此，他们离目标已经很近了，但却给出了这样的结论：

“该物质似乎不可能是与其他已知超铀元素性质大相径庭的超铀元素，这一假设为诠释制造了困难。”

↑ 1954年，伊雷娜·约里奥-居里。

↑ 南斯拉夫物理学家保罗·萨维奇（1909—1994）与伊雷娜·约里奥-居里合作，发现新放射性物质R3.5h。

← 1530年，法国国王弗朗索瓦一世顺应文艺复兴潮流，决定改变只允许使用拉丁语的巴黎大学的保守学术风气，设立了6个“皇家讲师”职位，包括2位希腊语讲师、3位希伯来语讲师和1位数学讲师。如是便诞生了法兰西公学院。法兰西公学院不颁发文凭，其教授每年开一门与自己目前的科研项目相关的新课程。一位教授退休或者去世后，属于他的教席将在教授大会上被重新审定，其更新按照科学的最新发展来确定。新学科的选定得到部长的同意后，教授人选通过大会讨论和提议，最后通过法令任命。如此，核化学教席于1936年设立，教授为弗雷德里克·约里奥。

一个危险的实验

如果一个核的第一激发态与基态差距很大，回到基态则需要一定时间，那么这一态势就被叫作亚稳定态或同质异能态，核同质异能素的半衰期能达到几个小时甚至几天（一般是、但不一定是第一激发态）。1938年，布鲁诺·庞蒂科夫（照片摄于1955年）和安德烈·拉扎德利用脉冲发生器所产生的高能X射线，研究稳定核的核同质异能素。两位科学家在伊夫里发现了半衰期为4小时的铟-115核同质异能素。然而，刚刚得到这一结果，加速管就爆炸了，玻璃碎片飞得到处都是。所幸无人受伤，可在场的技术人员多年后回想起这次事故的时候仍不免心有余悸。

在柏林，哈恩、迈特纳和斯特拉斯曼奇怪自己怎么没有观察到这一放射性元素。他们对该实验结果表示怀疑，因为他们认为镭研究所的化学水平不是很高，还恶意地给R3.5h取了个名字叫“Curiosum”（译者注：拉丁语，意思是奇怪；词里还暗含了居里的姓，Curie）。

可是他们的合作被迫停止了。1938年3月，纳粹德国吞并了奥地利。身为奥地利犹太人的莉泽·迈特纳的处境日渐危险。尽管她像哈恩一样憎恨纳粹，可是到目前为止，她一直在痛苦地保持沉默，过着得过且过的日子，实际上她的确与柏林科学界有着良好的关系。现在，朋友们都劝她出逃。于是，迈特纳在哈恩家度过了在德国的最后一个夜晚后，在荷兰物理学家德克·科斯特（Dirk Coster）的陪同下于7月13日在纽威斯倩（Nieuwe Schans）偷越荷兰边境，经过荷兰和丹麦，到达瑞典。

7月，伊雷娜·居里和保罗·萨维奇发表了详尽的实验报告以及相关的结论，包括所使用的化学工艺和放射性衰变曲线。无论使用慢中子还是快中子都能产生这种物质。他们写道：

“总体来说，R3.5h的性质接近镧，似乎只能用分级分离的方法进行分离。”

他们没有想出该如何把它填入元素周期表。

核裂变

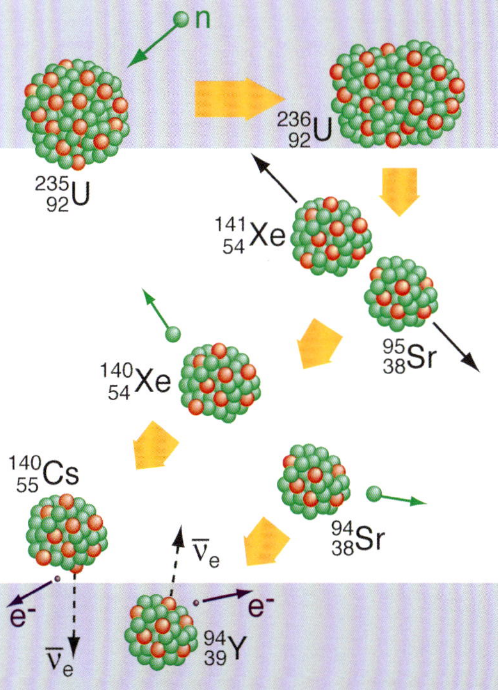

当一个中子被一个裂变核捕获后，会削弱后者的内部亲和力并使它分裂成两个质量相近的核。与快中子同时产生的两个碎片是不稳定的，它们或快或慢地通过β^-衰变回到相对稳定的能态。核裂变释放出的能量是非常大的。

文章传到了柏林。哈恩把杂志转给了斯特拉斯曼。斯特拉斯曼非常重视巴黎镭研究所的实验结果，他认为伊雷娜·居里和保罗·萨维奇分离出来的是含镭的混合物。10月25日，哈恩写信给迈特纳：

“我们正在重复他们（居里和萨维奇）的实验，现在我们相信真理在他们手中。”

哈恩和斯特拉斯曼以为找到的是各种镭同位素的核同质异能素，它们再通过β衰变变成锕的同位素。他们于11月初公布了这些实验结果。11月13日，哈恩在哥本哈根波尔家中与迈特纳秘密会面，迈特纳不满意哈恩给出的结论：核同质异能素的数量太多了，她觉得反应产物是镭的结论站不住脚。她要哈恩重复这些实验。

核裂变的揭示

奥托·哈恩和弗里茨·斯特拉斯曼重新开始了比先前更细致的化学分离工作。他们用钡作为载体，试图通过一系列的结晶和分级沉淀来证明他们的放射性产物的确是镭。然而，让他们惊诧不已的是，放射性始终在钡里面。12月19日晚，哈恩在实验室里写信给迈特纳：

“可怕的结论离我们越来越近：我们的同位素的表现不像镭，却像钡……也许你能给出奇妙的解释。我们很清楚，理论上它不可能裂变成钡……”

12月22日，他们把结果寄给了《自然科学》杂志（*Naturwissenschaften*），所给出的结论是：

“所涉及的不是镭，而是钡……如果我们的‘镭的同位素’不是镭，那么‘锕的同位素’也就不是锕，而应该是镧……”

然后他们提出铀裂成两半的可能性，这样就可以解释为什么会有如此众多的“超铀元素”；但是他们补充说，作为“核化学家”，他们还是不敢就此确认这一“与过去所有的核物理实践相矛盾”的结论。

↑1934年，奥拓·哈恩（1879—1968）和莉泽·迈特纳（1878—1968）再次合作，共同研究超铀元素问题。

↑1928年底，弗里茨·斯特拉斯曼（1902—1980）和奥托·哈恩发现，以中子轰击铀所产生的放射性元素来自铀的裂变。

他们发现了裂变。事实上，铀核在中子的作用下分裂成两个质量相对轻得多的核（裂变碎片），如此也就形成了多个不同的原子核对，它们通常是放射性元素。这里，化学解释了物理学未能预测的现象。R3.5h的确是镧的同位素，但是它是和另一个裂变产物混在一起的，那是一个钇的同位素，二者具有相近的化学性质，碰巧后者的半衰期也非常接近3.5小时。哈恩和斯特拉斯曼马上给迈特纳寄了一份文章的拷贝，但在发表之前对其他人一直保密。文章发表于1939年1月6日。

其间，迈特纳收到了哈恩12月19日的来信。正好迈特纳的外甥、物理学家奥托·弗里斯（Otto Frisch）在圣诞节期间来看望她，在雪地中散步时，两人便一起思考如何解释哈恩和斯特拉斯曼的实验结果。他们将铀核想象成一滴液体，其形状在微小的附加能量作用下发生变化，于是，92个质子间相互排斥的库仑力超过了吸引它们的核凝聚力，导致了核的裂变。他们想起了核的质量计算方法，推断裂变应该释放出高达200MeV的能量。迈特纳和弗里斯将这一解释寄给了《自然》杂志，文章发表于2月11日。弗里斯回到哥本哈根后把事情的前前后后告诉了玻尔，正准备动身去美国的玻尔惊叹道："真愚蠢！我们早就应该看到这些。"

1月10日，哈恩和斯特拉斯曼发现钍也会发生裂变，28日，他们将这一实验结果寄给了《自然科学》杂志。其实，真正的超铀元素是稍后在加利福尼亚的伯克利被发现的。1940年5月，埃德温·麦克米伦（Adwin McMillan）和菲力普·艾贝尔森（Philip Abelson）找到了原子序数为93的镎；1941年1月，格伦·西奥多·西博格（Glenn Theotore Seaborg）、麦克米伦、约瑟夫·威廉·肯尼迪（Joseph William Kennedy）和亚瑟·华尔（Arthur Wahl）发现了原子序数为94的钚。

裂变所释放的能量

裂变所释放的能量等于两个裂变碎片各自结合能之差。每个核的结合能可以通过计算核子质量总和与质谱所测量的核的质量之差来推算。结合能除以核子数量得出每个核子的结合能，于是便可以为自然界中所有的核画出单位结合能对核子数量的函数曲线。我们可以通过这条曲线预测核反应的能量平衡。德国理论物理学家卡尔·弗里德里希·冯·魏茨泽克（Carl Friedrich von Weizsäcker）根据液滴模型计算出一个半经验公式，计算结果与实验曲线基本吻合。

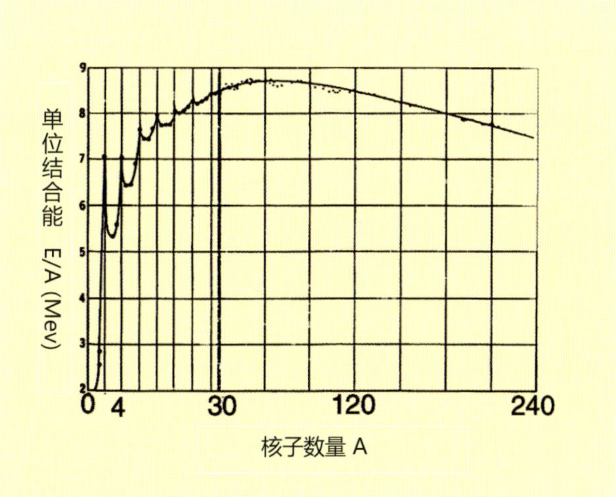

弗雷德里克证明裂变的真实性

那段时间里，弗雷德里克正在研究放射性示踪剂的生物学应用。裂变的发现转移了他的视线。后来他描述说，一天，他走过法兰西公学院的走廊，向哈尔班的实验室里望了一眼并问他正在准备什么，哈尔班说刚刚收到弗里斯从哥本哈根的来信，要他注意哈恩和斯特拉斯曼新近公布的研究成果。实验室收到了《自然科学》杂志，哈尔班给弗雷德里克翻译了两位德国化学家极为谨慎的文章结语。弗雷德里克觉得这两位柏林同行好像还不太相信自己的结果，然而他们所得到的化学证据是无懈可击的。哈尔班希望找到裂变的物理证据，但没有取得任何进展。于是，弗雷德里克便放下了手头的工作，着手研究裂变。

1939年1月26至28日，弗雷德里克成功地实施了一个漂亮的实验。事实上，在未知迈特纳和弗里斯后来的文章的情况下，他马上就想到了重核与裂变碎片的结合能之差一定会导致铀裂变后释放巨大能量，这一能量应该基本上以裂变所产生的原子核的动能形式存在。无论是哪一位经验丰富的核物理学家，如果他立即着手研究裂变现象，都会想到这一点。

弗雷德里克利用威尔逊云室研究反冲核的经验在这里起到了很大作用，使他正确地预测了裂变碎片在空气中运动轨迹的大概长度，这些碎片具有足够的动能以逃出铀层。他将强中子源（氡-铍）放入直径2厘米、高5厘米、外面涂了一层氧化铀的黄铜管，离氧化铀3毫米的地方套置了一个同轴胶木管。在胶木管的内壁上，他找到了来自裂变碎片的放射性原子混合物：将中子源和黄铜管取出后，放入计数器，便可以跟踪裂变的进程。这个实验与弗里斯在哥本哈根的另一个实验是各自独立完成的。1939年1月30日，他在给科学院报告的短讯上公布了这一实验结果。一个月后，他还检测了铊、铅、汞、金、铂等是否在中子的作用下发生裂变。

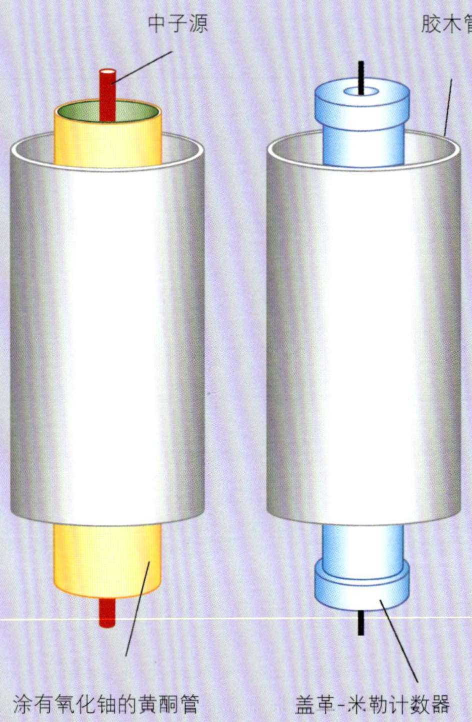

↑1939年1月底，弗雷德里克·约里奥找到了裂变的物理证据。在一个胶木管中，他用中子从黄铜管里面轰击涂在管外的氧化铀。铀裂变所产生的碎片沉积在胶木管内壁上。然后取出中子源和黄铜管，放入盖革-米勒计数器，测量这些放射性元素的半衰期。由此证明裂变碎片是哪些放射性元素。

↓弗雷德里克·约里奥所拍摄的威尔逊云室照片。照片上显示了铀层被中子轰击后释放出的一个裂变碎片的运动轨迹和α射线。铀层涂在照片下部的云室壁上。

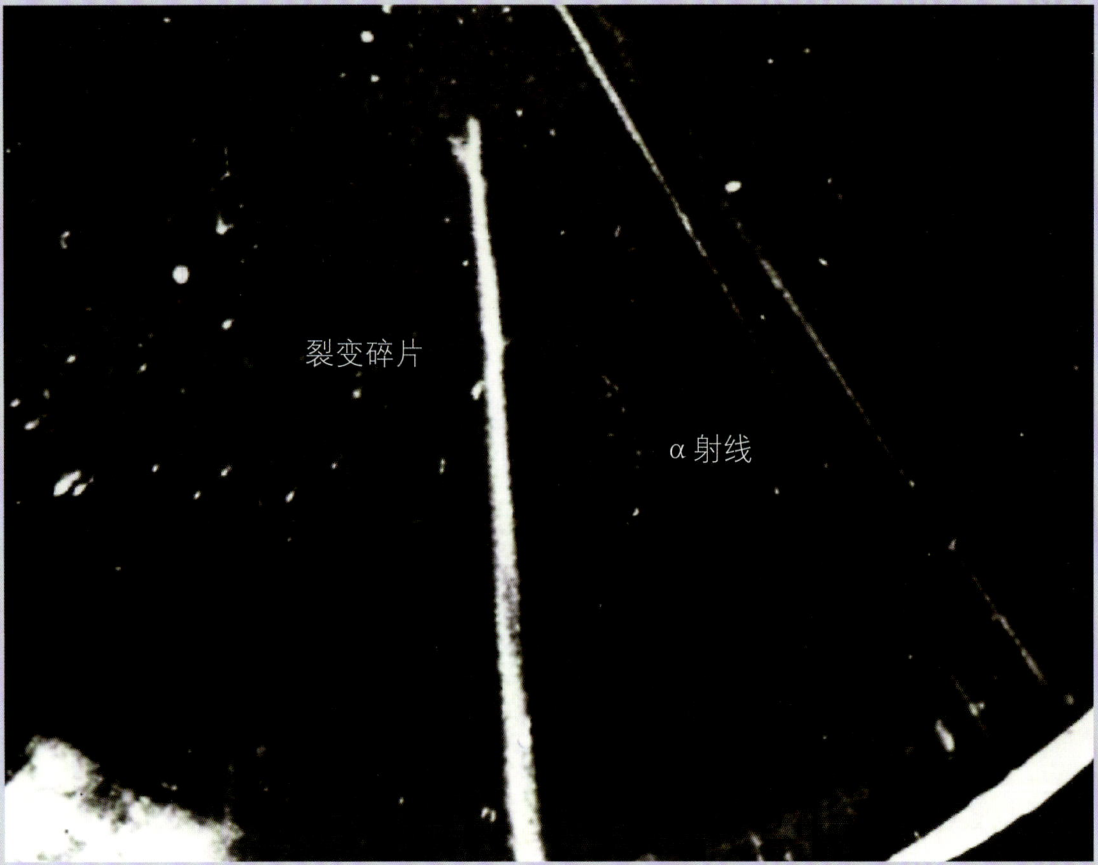

弗雷德里克和链式反应

1939年，法兰西公学院团队集中精力开发链式反应。左起：弗雷德里克·约里奥、汉斯·哈尔班、卢·科瓦尔斯基。这张照片来自三位科学家自己主演的电影《重水之战》。

铀核中的中子比例大于裂变所产生的原子核中的中子比例，弗雷德里克立刻就想到了链式反应——假如每次裂变除了释放两个碎片还释放中子，那么后者将引发新的裂变。也就是说，人类也许可以从中获取非常可观的能量。弗雷德里克完全清楚，国外同行正在研究同一课题。但是他也非常清楚自己的目标。他设立了一个包括哈尔班和科瓦尔斯基在内的科研小组，以饱满的热情和决心，开始有组织有计划地试验链式反应的可能性。他们从基础研究转向了完完全全的应用研究。

1939年3月8日，法兰西公学院的科研小组便找到了裂变释放中子的证据。在化学家稻德的协助下，他们利用一个硫的吸热反应测定了裂变所释放的中子的能量，证明其中大部分是高能中子。随后，弗雷德里克和助手们开始千方百计地设法测定裂变中子数，4月初，他们得到的数据为3.5±0.7，12月校正为3.2。小组每个成员都对研究的迅速进展感到十分乐观。

由于在中子轰击方面的成绩，费米于1938年12月获得诺贝尔物理学奖，为逃避墨索里尼法西斯政府的迫害，他在斯德哥尔摩接受诺贝尔奖之后便直接移民去了美国。1939年2月16日，费米和美国研究小组在纽约哥伦比亚大学发现，热中子（速度非常慢的中子，其能量相当于热运动能量）引发裂变的功效大大高于快中子。于是，弗雷德里克小组设想用含氢介质给裂变中释放的中子减速，以达到延续链式反应的目的。

各地的科研团队所选择的步骤大同小异，无论是赫伯特·安德森（Herbert Anderson）、费米和亨利·B·汉斯坦（Henry B. Hanstein），还是利奥·西拉德（Leó Szilárd）和瓦尔特·亨利·津恩（Walter Henry Zinn），得到的实验结果和结论都很相近，但法兰西公学院团队经常领先于美国团队一个甚至几个星期。费米团队得到的裂变中子数为2.3。另外还有不少其他物理学家也开始了同样的试验。

匈牙利物理学家西拉德逃出纳粹德国、奥地利，最后借道英国到达纽约。2月，出于对希特勒利用链式反应制造核武器的担心，西拉德与另一位流亡物理学家维克多·魏斯科普夫（Victor Weisskopf）先后写信给弗雷德里克，请他不要再公布任何有关裂变的研究结果。可并不是所有的美国科学家都接受了这一建议。弗雷德里克回信说：

“您的建议很合理，但是提得太晚了。”

1939年5月1、2、4日，三位法兰西公学院的物理学家加上理论物理学家弗朗西斯·佩兰以国家科研基金会的名义提交了三个专利申请：《能源生产装置》《能源生产装置的稳定工艺》和《炸药的改进》。后面必须要做的是临界质量的计算，弗朗西斯·佩兰设计了各种试验体系。

1939年2月，利奥·西拉德（1898—1964）提醒弗雷德里克·约里奥注意公布裂变研究结果的危险性。蓝色注释是科瓦尔斯基的笔迹。

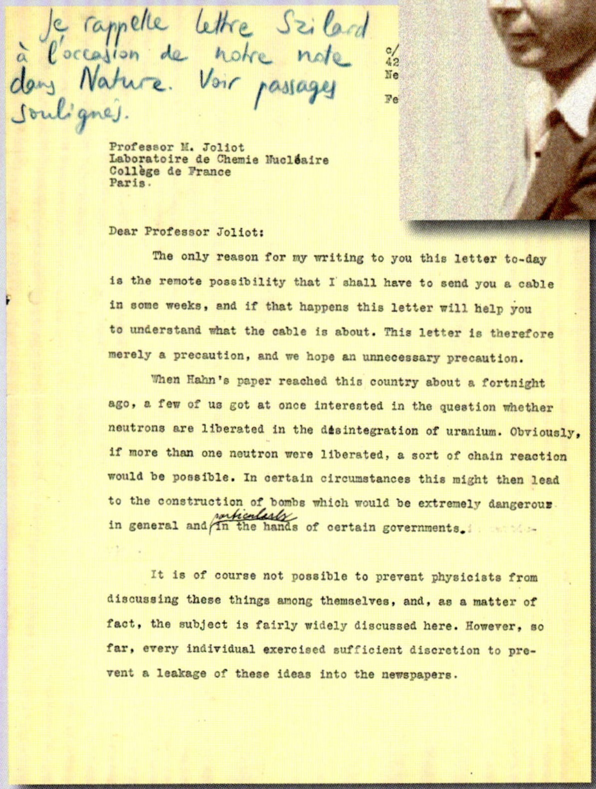

Je rappelle lettre Szilard à l'occasion de notre note dans Nature. Voir passages soulignés.

c/
42
Ne
Fe

Professor M. Joliot
Laboratoire de Chemie Nucléaire
Collège de France
Paris.

Dear Professor Joliot:

The only reason for my writing to you this letter to-day is the remote possibility that I shall have to send you a cable in some weeks, and if that happens this letter will help you to understand what the cable is about. This letter is therefore merely a precaution, and we hope an unnecessary precaution.

When Hahn's paper reached this country about a fortnight ago, a few of us got at once interested in the question whether neutrons are liberated in the disintegration of uranium. Obviously, if more than one neutron were liberated, a sort of chain reaction would be possible. In certain circumstances this might then lead to the construction of bombs which would be extremely dangerous in general and particularly in the hands of certain governments.

It is of course not possible to prevent physicists from discussing these things among themselves, and, as a matter of fact, the subject is fairly widely discussed here. However, so far, every individual exercised sufficient discretion to prevent a leakage of these ideas into the newspapers.

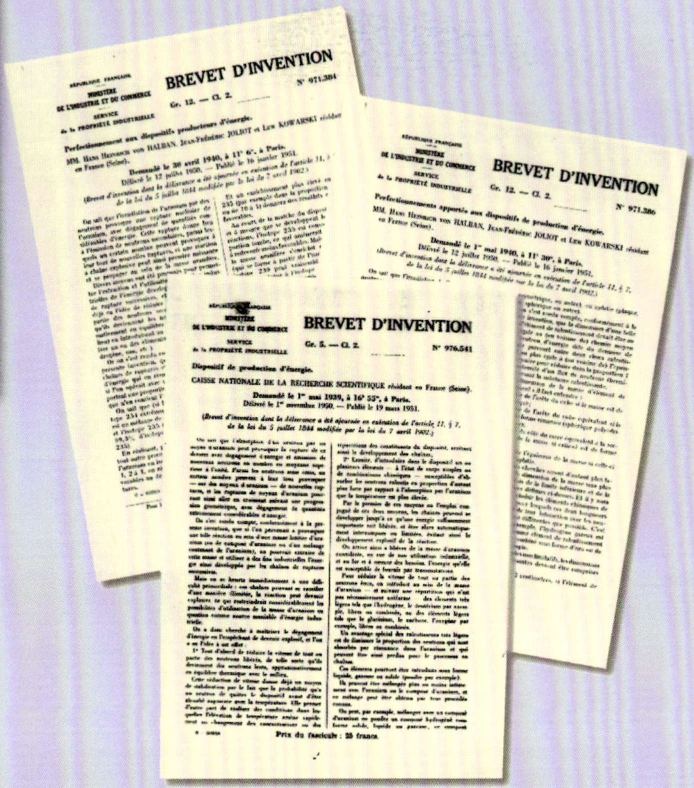

弗雷德里克·约里奥、汉斯·冯·哈尔班、卢·科瓦尔斯基、弗朗西斯·佩兰1939年申请的《能源生产装置》专利和1940年申请的两个涉及该生产装置改良的专利。

向基础设施建设迈进

弗雷德里克在深入试验研究的同时，并没有忘记原材料的来源问题。5月4日，专利申请刚一提交，他就立即联系布鲁塞尔的上加丹加矿务局以获取足够的氧化铀，确保下面的试验。上加丹加矿务局在比利时的殖民地刚果拥有当时最大的铀矿，矿务局与镭研究所的关系由来已久了。5月8日，弗雷德里克与矿务局董事长见了面，后者一共为弗雷德里克的团队提供了8吨氧化铀（1939年5月底5吨，1940年3月3吨）以及数克镭。5月10日，弗雷德里克致信布鲁塞尔，询问铀酸钠的储存条件，包括最大盐块的形状、大小和含水量，以评估链式反应的最低条件。他第二天就收到了回信：

“最大一块是金字塔状的，高2.25米，底部长宽分别为17米和16米，含水量45%。”

5月13日，古斯塔夫·乐仙（Gustave Lechien）和弗雷德里克分别代表矿务局和国家科研基金会在巴黎签订了合同，首批氧化铀供货计划5吨，后期中试计划50吨。另外，矿务局的技术室还提供无偿服务。随后，一个由装置和工艺发明者组成的民间团体还与矿务局就一个合作协定进行了磋商，由于第二次世界大战的爆发，双方最终未能签署这一协定。6月2日，乐仙将协定草案寄给了CNRS的亨利·洛吉耶（Henri Laugier）。内容主要是矿务局为试验提供100万法国法郎，如果试验成功，双方将成立一个联合开发组织，共同开发发明成果；协定的第二款还有让人忍俊不禁的这样一条：

“根据本协定，如果为该团体提供的氧化铀没有被试验损坏，它将被归还给上加丹加矿务局……”

弗雷德里克毫不犹豫地迅速敲定了协议，因为他非常清楚，如果想掌握原子能技术，就必须与具有完成工业设施和设备能力的矿业及工业公司合作。值得一提的是，这是第一个有关原子能利用的合作项目，当然，其规模与第二次世界大战期间美国政府与杜邦公司及联合碳化物和碳公司合作的曼哈顿计划是无法比拟的。对弗雷德里克来说，原子能的应用首先应该是新能源的开发。与新近移民美国的同行相比，弗雷德里克的优势是他与工业界、政府及科研机构的密切关系。

7月，弗雷德里克的研究团队搬进了伊夫里的实验室，这里比法兰西公学院要宽敞不少。短短数月，弗雷德里克·约里奥就转入了半工业化的应用研究，这些应用将载入20世纪的史册并在未来社会发展中起到巨大作用。西拉德为爱因斯坦准备的1939年8月2日致罗斯福总统的信就是以“法国的约里奥以及美国的费米与西拉德的工作”为依据的。

其间，在美国，玻尔和约翰·阿奇博尔德·惠勒（John Archibald Wheeler）在理论上证明，当氧化铀被慢中子轰击时发生裂变的是含量很小的同位素铀-235。玻尔在2月的一篇短讯中就已经提出了这一假设。

法兰西公学院的团队与战争

1939年9月1日，战争爆发了。在《物理学报与镭》（*Journal de physique et le Radium*）上发表的最后一篇文章报告的是此前的实验结果，开战后的所有有关链式反应的研究结果很长时间都没有被公布。10月份的结论密封后于30日存入法国科学院，直到1949年才开封、发表。此前，弗雷德里克、哈尔班和科瓦尔斯基都已应征入伍。

才上任不久的军备部长拉乌尔·多特里（Raoul Dautry）接见了弗雷德里克·约里奥，以了解目前的科研方向。此后，他们多次见面。1940年2月的一份摘要指出：

“根据约里奥先生的看法，以目前所掌握的技术，似乎无法判断是否能即刻开发炸药（铀弹）。他认为，如果试验成功，最重要的应用是制造巨大的能源。”

现在要做的是确定发散型链式反应的条件。这个问题比一开始显示的要复杂得多。在1939年夏季的试验中，慢化剂是均匀散置的：就是将水浸氧化铀填入各种尺寸的铜球。可是他们发现：

“几乎可以肯定，在一个含具有天然同位素组成部分的氢和铀的均匀体系中无法获取发散型（反应）链。”

在均匀体系中，中子的速度持续减缓，达到一个被称作“共振”的数值时，中子被铀-238俘获的几率也就到了最高点。于是，他们通过分离铀与慢化剂的方法尝试非均相体系：这样，中子的速度就会慢得无法被铀-238共振俘获，但足够以引发铀-235裂变。

随后，伊夫里的物理学家们发现氢会吸收过多的中子，于是开始寻找其他慢化剂。他们首先想到的是氘，于是，获取大量重水就成了当务之急。当时，只有挪威水电集团（Norsk Hydro-Elektrisk Kvaelstofaktieselskab）在尤坎（Rjukan）的工厂从普通水中分离重水。收到弗雷德里克的报告后，多特里便派出由雅克·阿里耶（Jacques Allier）中尉领导的别动队秘密潜入挪威，以获取这一重要的原材料。在别动队1940年2月23日至3月16日的行动期间，刚刚加入法国籍的哈尔班和科瓦尔斯基分别被软禁在布列塔尼的美丽岛（Belle-Île）和地中海的波克罗勒岛（Porquerolles）。阿里耶中尉在当地找到一位亲法的公司负责人，他骗过德国秘密警察，成功运回167升重水，法国的重水库存量由此跃居世界第一。与此同时，大西洋彼岸的费米选择了碳作为慢化剂的不均相装置：他找到了极为纯净的石墨。

↑ 电影《重水之战》的海报。影片描写了阿里耶中尉在挪威的秘密行动。

来自伦敦的哈尔班-科瓦尔斯基报告

1940年7月，哈尔班-科瓦尔斯基报告《关于产生发散型链式核反应的含铀系统的成分及构造的讨论》指出：

“应该有四种实现发散型链式反应的方法：使用均相铀－重水混合物，或其他铀和普通水、铀和重水或铀和碳的非均相装置（球状或叠置）。一个含235同位素低浓缩铀的组合应该是非常有利的，而且也许使用普通水就可以了。估计有两个生产能量的途径：慢中子加235同位素低浓缩铀的方法；或铀-238俘获中子后最终还是导向新的可裂变核的期望。”

这一放射性元素，钚-239，于1941年初在伯克利被发现。

←↓ 1940年6月，弗雷德里克和伊雷娜带着实验室部分贵重的仪器和试剂，沿逃亡路线撤到了克莱蒙费朗。

法国团队继续试验重水慢化系统，同时也在考虑使用石墨。1940年4月30日和5月1日，他们提交了两个新的专利申请。因为德国的入侵，研究工作很快就中断了。团队被迫携带设备撤退到克莱蒙费朗（Clermont-Ferrand），他们希望在这里可以继续工作。原来计划放进克莱蒙费朗法兰西银行保险柜的重水桶被寄放在里永（Riom）监狱的一间牢房里。

6月8日，还在法兰西公学院的弗雷德里克·约里奥写信给刚刚到达克莱蒙费朗的哈尔班和科瓦尔斯基，告知自己这边的情况：

“目前一切都很平静”，

他正在为新设备画图、设计一个准备请米其林公司制作的橡胶部件，另外还要做实验和监督尚未完成的制作工作。这时候离德国法西斯占领巴黎只有6天了！整个巴黎还在奢望法国军队能够挡住德国人。

不到一周的时间，战况就变得无法收拾了。弗雷德里克和伊雷娜在穆勒的陪同下，带着实验室贵重的仪器和试剂，沿逃亡路线撤到了克莱蒙费朗。军备部长多特里要求约里奥团队带着重水，去英国继续研究工作。他们立即动身去波尔多，弗雷德里克首先将病中的伊雷娜和玛丽·居里的那克镭带到了佩里格（Périgueux）附近的克莱尔维弗乐疗养城（cité sanitaire de Clairvivre，下属法国肺伤伤员联合会）。

6月18日，哈尔班和科瓦尔斯基拿着军备部办公厅主任让·比士隆（Jean Bichelonne，译者注：此人后投靠维希政府）签署的命令，乘布鲁姆帕克号（Broompark）北上英国。他们遵照约里奥最后的指令，带走了重水、部分文件以及最后的试验结果。弗雷德里克自己却留在了法国，他相信，德国鬼子一定会被赶出去，他想为保家卫国尽一份力。另外，他的英语水平也的确不怎么样，孩子们已经到英国去了，留在法国的伊雷娜还在生病。弗雷德里克没有登船与同事们告别，因为那样的话，船长萨福克和伯克希尔（Suffolk et Berkshire）伯爵一定会强迫他撤到英国。

到达英国后，哈尔班和科瓦尔斯基于6月底至7月初撰写了一份英文报告，介绍了最后的试验结果和相应的结论，这些结论基本上是正确的。

在此期间，军备部将大部分来自上加丹加矿务局的8吨氧化铀运到了摩洛哥，藏在一个废弃矿井内。

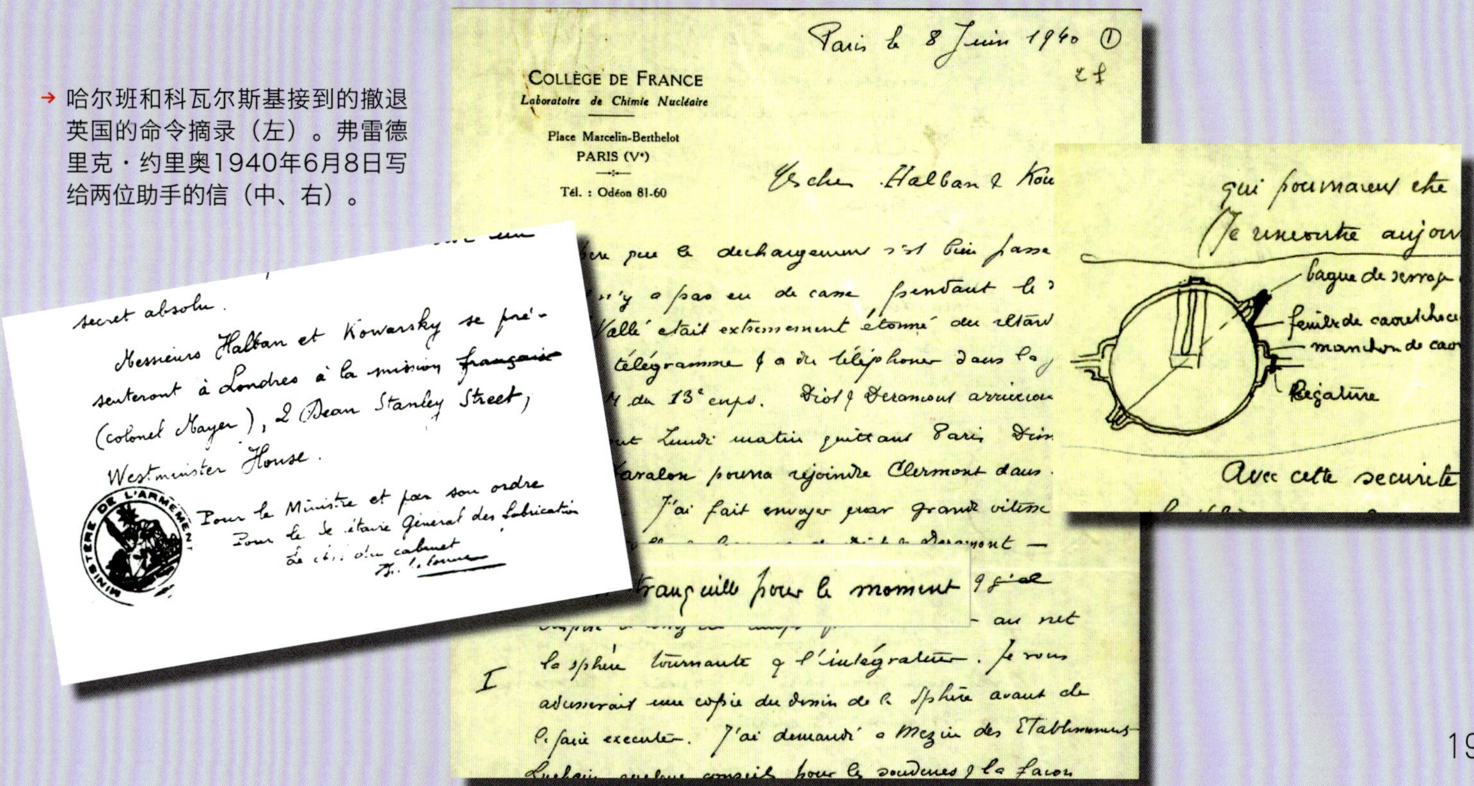
secret absolu.
Messieurs Halban et Kowarsky se présenteront à Londres à la mission ~~française~~ (colonel Mayer), 2 Dean Stanley Street, Westminster House.
Pour le Ministre et par son ordre
Pour le Secrétaire Général des Fabrication
Le chef du cabinet

MINISTÈRE DE L'ARMEMENT

Paris le 8 Juin 1940 ①

COLLÈGE DE FRANCE
Laboratoire de Chimie Nucléaire
Place Marcelin-Berthelot
PARIS (Vᵉ)
Tél. : Odéon 81-60

Cher Halban & Kow...

J'ai fait envoyer par grande vitesse

tranquille pour le moment

la sphère tournante & l'intégrateur. Je vous adresserai une copie du dessin de la sphère avant de la faire exécuter.

哈尔班和科瓦尔斯基接到的撤退英国的命令摘录（左）。弗雷德里克·约里奥1940年6月8日写给两位助手的信（中、右）。

黑暗的日子

在德国占领期间，弗雷德里克担负着双重角色——科学家和抵抗战士，但真正用在科学研究上的时间是很少的。患病的伊雷娜不得不先后躲进法国和瑞士阿尔卑斯山脉。

弗雷德里克从波尔多赶回克莱尔维弗乐陪伴伊雷娜。逐渐地，他与外界重新建立了联系。一拿到通行证，弗雷德里克便会去克莱蒙费朗或维希。此外，他与外界的书信联系也建立了。弗雷德里克和伊雷娜从理学院院长查尔斯·茂兰（Charles Maurain）那里得知，一些好奇的德国军官参观了镭研究所，部分公学院实验室被德国人占用，伊夫里实验室则被查封了。

面对占领

弗雷德里克于7月27日复员后接到重返巴黎的命令，于是立即动身北上。伊雷娜还要在克莱尔维弗乐逗留一段时间。弗雷德里克的德国朋友根特纳被征兵入伍，威廉·凯特尔（Wilhelm Keitel）的顾问埃里希·舒曼（Erich Schumann）要根特纳领导下的德国科学家进驻法兰西公学院核化学实验室。弗雷德里克觉得可以相信老朋友根特纳。他想重新执掌实验室，拿回实验设备，特别是被封存的回旋加速器，保护实验室的同事们。

在公学院院务处主任爱德蒙·法拉勒（Edmond Faral）的帮助下，弗雷德里克·约里奥见到了舒曼并与其展开了谈判。他知道德国人在一节被遗弃在卢瓦河畔拉沙里泰（La Charité-sur-Loire）的车厢里截获了军备部的文件，掌握了法国人手里有大量重水和铀的情报，他们想知道这些物资的去向，弗雷德里克回答说不清楚。舒曼要求他在德国人的领导下、与德国科学家共同恢复试验工作。弗雷德里克反复要求德国人写下文字保证“工作纯粹是科学性质的而决不与战争有任何关联”，可以想象，他根本不可能得到这样的承诺。

可是，弗雷德里克和根特纳当晚就在圣·米歇尔大道（boulevard Saint-Michel）的一间咖啡馆见了面。根特纳表示，如果弗雷德里克同意，他就拒绝担任这一职位。最后两人达成一个书面君子协定，后来根特纳也的确未曾食言。对外来说，这样的合作是不可能不被人怀疑的。弗雷德里克将要面对的是德国人给他设下的一个个陷阱，但他每一次都成功地识破了对方的阴谋诡计。厌恶纳粹的根特纳直属陆军兵器局，在“军事研究”的幌子下，也一次次排除了德国人设在巴黎的其他机构对弗雷德里克的威胁，对后者的地下活动，他根本就装作没看见。

德国人首先要做的是重新让回旋加速器运转起来。因为安装在地下室里，所以德国人没能把它搬回德国。根特纳从德国招来一位高频专家并运来一些必要的零部件。1941年至1942年冬天，研究小组成功地启动了加速器，让它正常地释放出了氘束。

1940年9月底，伊雷娜回到了巴黎。10月30日，68岁的朗之万因涉嫌支持学生反德活动而被捕，关进了“健康”（la Santé）监狱。这在学术界激起了愤怒。为了声援朗之万，弗雷德里克决定不再去实验室，并且要求同事们也这样做。按计划朗之万在公学院的第一节课定于11月8日，这一天，弗雷德里克登上了讲台，向学生们通报了这一消息并表示了抗议。三天后，学生在凯旋门举行了示威活动。同一天，弗雷德里克在多名同事的陪同下，在索邦纪念第一次世界大战中牺牲的教职员工的雕像前献上了一束花。

刚刚回到巴黎的根特纳从弗雷德里克那里得到了消息。他在巴黎和柏林上下疏通关系，终于争取到了陆军兵器局的干预。12月7日，朗之万出狱，但被软禁在特鲁瓦（Troyes），他不能离开这个城市，但可以接待来访。1944年，在弗雷德里克和游击队的帮助下，朗之万逃到了瑞士。

1941年7月的埃菲尔铁塔上悬挂着代表胜利的字母V和“德国取得全面胜利”的横幅。

地下刊物《自由大学》(*L'Université Libre*)首期，弗雷德里克是创刊人之一。

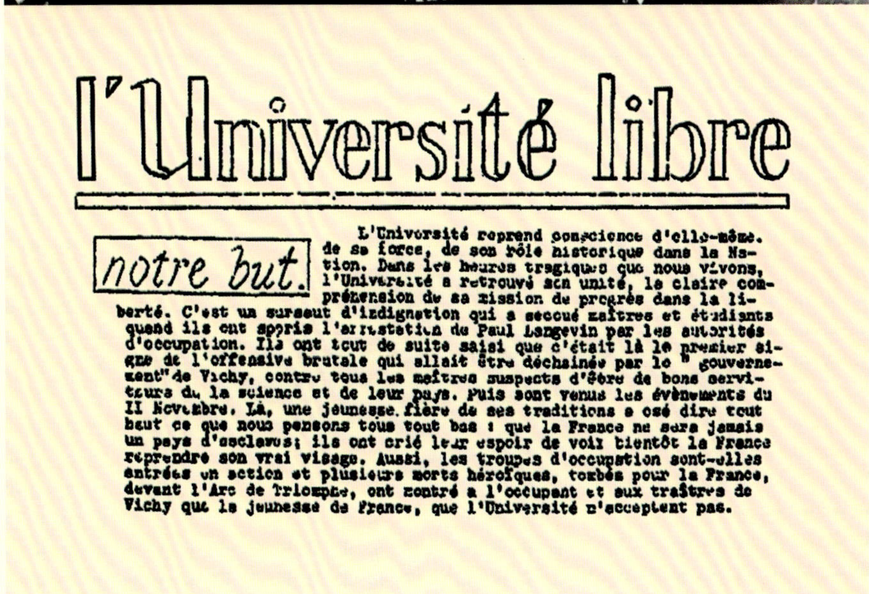

l'Université libre

notre but.

L'Université reprend conscience d'elle-même, de sa force, de son rôle historique dans la Nation. Dans les heures tragiques que nous vivons, l'Université a retrouvé son unité, la claire compréhension de sa mission de progrès dans la liberté. C'est un sursaut d'indignation qui a secoué maîtres et étudiants quand ils ont appris l'arrestation de Paul Langevin par les autorités d'occupation. Ils ont tout de suite saisi que c'était là le premier signe de l'offensive brutale qui allait être déchainée par le " gouvernement" de Vichy, contre tous les maîtres suspects d'être de bons serviteurs de la science et de leur pays. Puis sont venus les évènements du II Novembre. Là, une jeunesse fière de ses traditions a osé dire tout haut ce que nous pensons tous tout bas : que la France ne sera jamais un pays d'esclaves; ils ont crié leur espoir de voir bientôt la France reprendre son vrai visage. Aussi, les troupes d'occupation sont-elles entrées en action et plusieurs morts héroïques, tombés pour la France, devant l'Arc de Triomphe, ont montré a l'occupant et aux traîtres de Vichy que la jeunesse de France, que l'Université n'acceptent pas.

抵抗

弗雷德里克加入了一个大学保卫委员会，同时还是地下刊物《自由大学》创刊小组的成员。1941年6月29日，星期天，他在家中被法国警察逮捕，但是他想办法通知了根特纳。被带到警察局后，他遇到了同样刚刚被抓进来的西班牙学家马塞尔·巴塔勇（Marcel Bataillon），随后被带到党卫军司令部接受审问。根特纳立即插手，当晚就把弗雷德里克救了出来。后来，当局还有过两次在公学院审问或逮捕弗雷德里克的企图，都被这位德国物理学家瓦解了。

1941年10月，德国人逮捕了包括博雷尔和艾美·考彤（Aimé Cotton）在内的多位法国科学院院士。根特纳都同样进行了干预。院士们只被关押了一个月。法兰西公学院的一位德国访问学者因认为根特纳的亲法作为太过暧昧而告发了他，根特纳于1942年春被调回海德堡。他设法让波恩的朋友沃尔夫冈·里茨勒（Wolfgang Riezler）接替了自己的职位，根特纳曾写道：

他“以同样的互信精神有智有勇地把工作继续了下去”。

镭研究所的工作又逐渐走上了正轨。1941年6月初，伊雷娜拿到了将留在克莱蒙费朗的设备运回巴黎的通行证。在两位实验室工作人员的陪同下，她还从克莱尔维弗乐取回了包在沉重的铅盒里的镭以及其他贵重物品。当她乘火车回到巴黎时，实验室送来了手推车，将这些物品从火车站运了回去。

伊雷娜的结核病又复发了，贫血病也在困扰着她。8月，她获准去桑色莱苿疗养，10月初返回巴黎。1942年，伊雷娜的病再次复发，这一次情况更加严重，寒冷和营养不良无疑是病因之一。秋天，经过多次交涉和各方干预，她获取了赴瑞士的签证，去莱森（Leysin）大学疗养院治疗。年底，德国人占领法国南部后，伊雷娜和弗雷德里克的书信只好通过住在海德堡的根特纳转寄。1943年1月，伊雷娜动了一次手术，5月才重返巴黎。

1941年12月11日，曾经在玛丽手下任主管的发明家哈威克在镭研究所被盖世太保逮捕，因为他组织了一条救助英国飞行员的交通线，还为他们提供伪造证件。哈威克在受尽各种酷刑后，于12月21日壮烈牺牲。数百人参加了他的葬礼，德比尔纳致了悼词。伊雷娜在葬礼上手持象征法兰西的三色花束。

此后还有好几位科学家被捕、遇难。1942年2月，弗雷德里克的朋友、记者安德烈·阿尔尼维尔德（André Arnyvelde）被当作人质杀害。3月2日，郎之万的女婿、物理学家雅克·所罗门（Jacques Solomon）被捕，5月23日在瓦莱里安山（Mont Valérien）被枪杀，妻子海伦·所罗门（Hélène Solomon）则被送进了集中营。还有一位公学院的物理学家在被捕后从警察局逃了出来，躲到了南方。

核化学实验室的地下抵抗活动越来越活跃。参加地下活动的同事们都尽量避免相互联系，甚至相互都不知道对方在做什么。弗雷德里克从1941年起就是“高等院校国民阵线”（Front national universitaire）的领导小组成员，与亨利·瓦隆（Henri Wallon）并肩战斗。1942年，弗雷德里克任“为法兰西解放和独立而战民族统一阵线”（Front national de la lutte pour la libération et l'indépendance de la France）主席，多个持各种不同政见的知名人士加入了这个组织。著名儿科医生罗伯特·德勃雷（Robert Debré）教授曾经回忆过这段时间里与弗雷德里克的交往。

弗雷德里克是法国共产党党员，他认为共产党是抵抗运动的中坚力量，希望自己能踏着像雅克·所罗门这样的英雄的足迹继续战斗。皮埃尔·维永（Pierre Villon）是他在党内的联络人。当时不仅仅是共产党人认为，是苏联人在斯大林格勒挡住了德国人前进的步伐，他们是反法西斯阵线的决定性力量，与此同时，苏联还代表着建立更平等的新社会的希望。

↑ 德国物理学家沃尔夫冈·根特纳（1906—1980）被征兵入伍，负责领导巴黎核化学实验室。作为弗雷德里克的老朋友，在纳粹的残暴统治下，他千方百计地保护了弗雷德里克。

→ 纳粹于1940年查封回旋加速器的封印。该封印直到1958年才被铲掉。

CROIX-ROUGE FRANÇAISE

Nom Caumon Prénom Jean Pierre

Adresse 51 avenue Le Nôtre Antony

Département Seine Comité de Seine

a versé la somme de dix Francs.

pour sa cotisation de Titulaire ~~Donateur~~ ~~Bienfaiteur~~

Rayer les mentions inutiles

Cachet du Comité

Le 25 juin 1944

LE PRÉSIDENT du COMITÉ :

Timbre de quittance pour toute somme supérieure à 10 fr.

CARTE N° 1,725,308

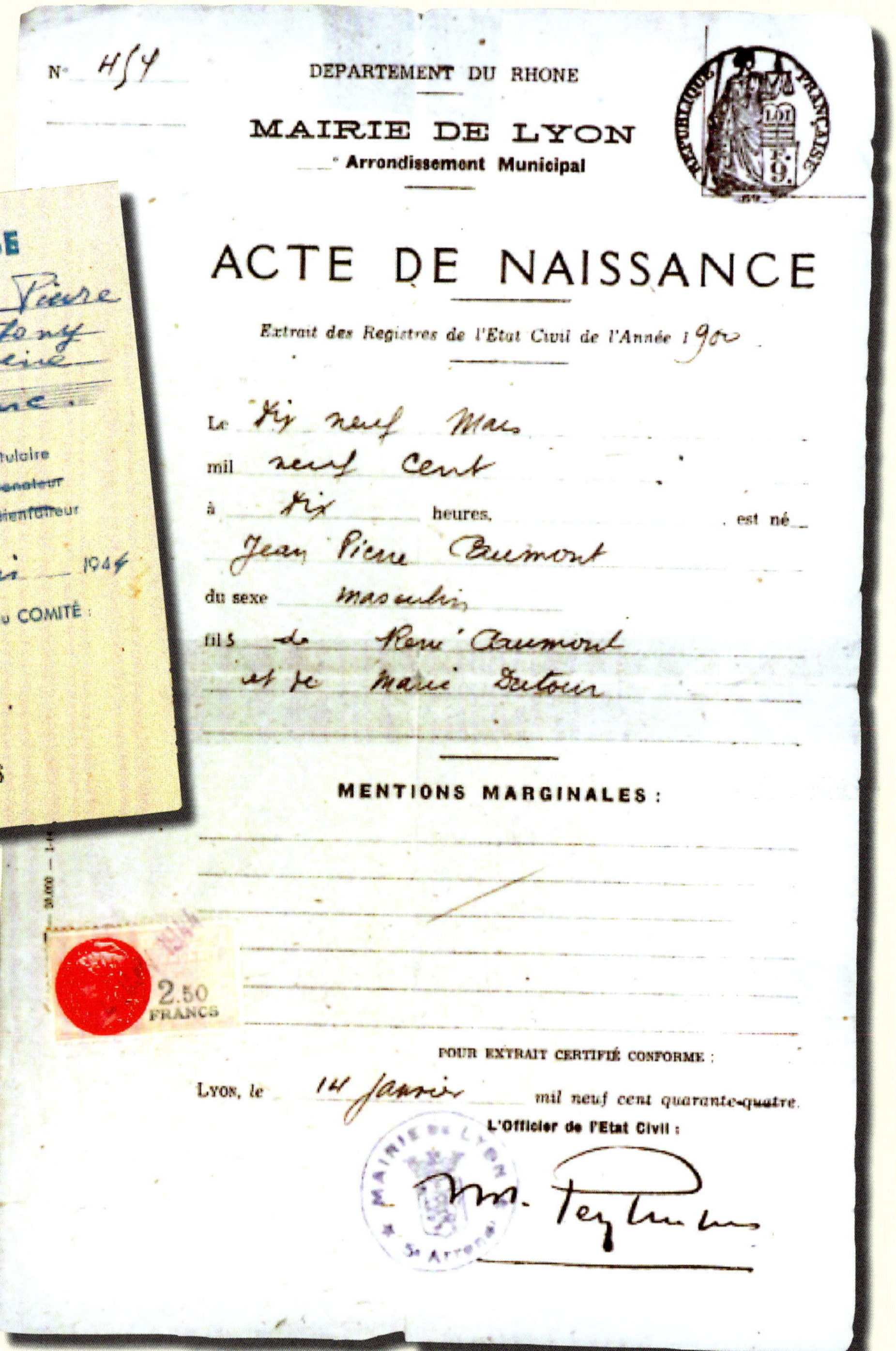
N° 454

DEPARTEMENT DU RHONE

MAIRIE DE LYON

Arrondissement Municipal

ACTE DE NAISSANCE

Extrait des Registres de l'Etat Civil de l'Année 1900

Le dix neuf Mars

mil neuf cent

à dix heures, est né

Jean Pierre Caumont

du sexe masculin

fils de René Caumont

et de Marie Detour

MENTIONS MARGINALES :

2.50 FRANCS

POUR EXTRAIT CERTIFIÉ CONFORME :

LYON, le 14 janvier mil neuf cent quarante-quatre.

L'Officier de l'Etat Civil :

↑ 弗雷德里克的假证件上的姓名是让-皮埃尔·考蒙，在抵抗组织内部的代号是阿德里安。

然而，弗雷德里克过的是双重生活。除了从事地下工作，他还经常出现在各种场合，为全神贯注的听众做精彩的科学报告。他重建并扩展与工业界的联系，展示自己关于科研与工业关系的新理念，勾画战后的科研发展方向。1943年，一直被软禁在特鲁瓦的郎之万建议弗雷德里克竞选科学院院士。艾美·考彤和查尔斯·法布里（Charles Fabry）是他的主要竞选支持者，竞争对手是贝克勒尔的儿子让·贝克勒尔（Jean Becquerel）。最后，弗雷德里克以数票胜出。当选科学院院士大大增加了他的影响力。在巴黎科学院前院长古斯塔夫·鲁西（Gustave Roussy）的鼓励下，他又竞选并于同年11月当选为医学院院士。

弗雷德里克的科研和教学活动也一直没有停下来过。回旋加速器的6.7MeV氘束被用来制造放射性元素和轰击铍以产生中子。不只是弗雷德里克和他的学生使用氘束，根特纳、哈恩等德国人也要使用它进行基础科学研究。哈恩知道法国人对待德国人的态度，他不会到巴黎来，因为他不想伤害法国人的感情。1939到1940年间，实验室陆续添了几个新人。他们当中第一个获得博士学位的是弗雷德里克的助手安德烈·贝特洛（André Berthelot），他于1943年11月通过了论文答辩，研究课题是溴-80的核同质异能素。德国人博特和他的多个助手也使用法兰西公学院的回旋加速器，可他们没有履行根特纳的诺言，设备从此就不时出现“无法解释”的故障。

弗雷德里克对裂变碎片的运行轨迹进行了测量，证明了一个新的镨同位素的存在。他还和伊雷娜一起研究了中子作用下 ionium（镭的父核，钍-230）的裂变。他重新启动了人工放射性元素的生物学应用研究，先是与拉卡萨尼合作研究兔子被中子辐射后所引发的癌症，后来又与罗伯特·库利叶（Robert Courrier）、阿兰·奥鲁（Alain Horeau）、苏、达尼埃尔·博韦（Daniel Bovet）合作制备含放射性碘的荷尔蒙，研究碘在动物体内的代谢和甲状腺的机能。这些研究工作的大部分成果发表于1944年。弗雷德里克在为未来做准备。

1944年初，形势恶化。各院校都陆续有人被捕。代号为阿德里安（Adrien）的弗雷德里克在抵抗组织内的活动日渐频繁，他基本没有什么时间再去实验室。5月初，他通过在军队服役期间结识的朋友、化学家莱昂·德尼韦勒（Léon Denivelle）的协助，将郎之万转移到了瑞士，随后又通过同一渠道将伊雷娜、女儿海伦娜和儿子皮埃尔也转移到了瑞士。但海伦娜要参加高中毕业统考，所以全家暂时住在法国境内的汝拉山区。1944年6月5日，海伦娜在莱-杜布河畔利斯尔（L'Isle-sur-le-Doubs）的考试结束，第二天游击队就把他们送过了边境。

瑞士警察将他们与其他难民一起关押在波朗特吕（Porrentruy）城堡的一间大厅里。伊雷娜对此根本就不在意，她正在研究一个原子的稳定体系，整天都扑在随身带来的约瑟夫·马陶赫（Josef Mattauch）和西格弗里德·弗吕格（Siegfried Flügge）的核物理表上。第三天，波朗特吕的行政长官维克多·亨利（Victor Henry）认出了她，随即便请他们母子三人住到了自己家里，尽管伯尔尼州政府并不赞成这一做法。

这段时间里，弗雷德里克在巴黎的活动完全转为地下。他住在巴黎周边的朋友家里，平日骑自行车进城。6月初，化名让-皮埃尔·考蒙（Jean-Pierre Caumon）的弗雷德里克南下里昂，希望能偷渡去阿尔及尔或者伦敦。在里昂，他见到了从德国越狱逃回来的共产党政治局委员、负责联系知识分子的洛伦·卡萨诺瓦（Laurent Casanova）。最终，弗雷德里克没有离开法国，而是回到了巴黎，躲藏在美丽城（Belleville）。

约里奥–德勃雷之交

“弗雷德里克·约里奥帮我准备任务。我经常见到他。我喜欢引发他高谈阔论：科学研究的未来、原子能应用所能带来的希望、科学家对国家以及社会和政府应负的责任。他是否应该有什么说什么？尝试将他所知道的一切付诸行动？然后又回到现实：在巴黎街道上行走的时候检查一下是否被跟踪了。我去过他居住的索镇好多次。与弗雷德里克·约里奥–居里的会面是这段令人憎恨的时日里偶见的乐事之一。”

罗伯特·德勃雷

《引以为荣的经历》（*L'honneur de vivre*），1974年

解放

1944年8月20日清晨，弗雷德里克在一个佩戴着FFI（Forces françaises de l'intérieur，法国内地武装力量）袖章的警察的陪同下来到法兰西公学院。抵抗力量在他的实验室里制造炸药和收发报机。弗雷德里克把这些物品送到已经被抵抗力量占领的警察局。高等院校国民阵线占领了坐落在格勒纳勒街（rue de Grenelle）的教育部。经“全国抵抗委员会”（Conseil national de la Résistance）推荐，新任教育部长瓦隆任命弗雷德里克为国家科学研究中心主任。戴高乐政府将批准这一任命。

1944年8月24日晚间，勒克莱尔将军的先头部队渗入巴黎。第二天，第二装甲师从奥尔良门进入巴黎。车队的第二或第三辆是美军情报部门“阿尔索斯”（Alsos）特别使命团的吉普，车上坐的是鲍里斯·帕什上校（Boris Pash）。希腊语“阿尔索斯”的中文意思是“树林”，英文翻译是“Groves”，而格罗夫斯（Groves）正是制造原子弹的曼哈顿计划的负责人。“阿尔索斯”的任务是搜取德国在该领域所获进展的情报和抓捕德国专家。帕什和卡尔弗特询问了弗雷德里克，可他没有什么有价值的情报。美国人自然也是只字不提国内的技术现状。

↑ 1945年5月8日，巴黎庆祝第二次世界大战胜利。市民涌上美军军车。

10

责任

担负着高级职务的弗雷德里克着手大规模开发原子能。于1946年出任居里实验室主任的伊雷娜继续锲而不舍地从事科研工作。

弗雷德里克又接受了“阿尔索斯”技术负责人塞缪尔·古德斯密特（Samuel Goudsmit）的两次询问，后者曾于1925年提出了电子自旋的假设。美国人先是因为实验室有德国人而疑心重重，随后又得知弗雷德里克是共产党员而且担任着重要的官方职务，这更加深了他们的疑虑和不安。气氛越发沉闷。美国人正在秘密开发原子弹，但还没有成功。9月初，弗雷德里克在伦敦接受英国核项目负责人的询问，曼哈顿计划的英国代表查德威克也在场作陪。对方还是对询问的目的缄口不语，但是一直在思考原子能工业应用的弗雷德里克通过他们所提的问题已经猜到了事实真相。而英国人也很清楚法国人在这一领域所作的贡献，他们理解法国人孤军奋战的苦衷。

弗雷德里克，国家科学研究中心主任

弗雷德里克在伦敦找到了刚从加拿大回来的奥格。奥格把美国人的宏伟计划告诉了他，以及费米于1942年在芝加哥发明的核反应堆。1944年11月，戴高乐将军接见了弗雷德里克，他们就原子能以及法国在该领域的地位进行了探讨。

1944年8月底，弗雷德里克启动了国家科学研究中心（CNRS）的重组工作。他的主意层出不穷，而且他具有卓越的领导艺术，总是能把自己的激情传染给别人，每次会后，无论是科技人员还是领导阶层，都能满怀激情地投入工作。他的确能说会道，往往是从当今一直讲到未来，但凡是有机会在数日内接连见到他的人都能发现他不断在完善自己的想法。弗雷德里克希望集中所有的科研力量于三项主要任务：支持尚未结束的战争、改变战争所造成的科研落后状况以及发展基础和应用科学研究。

↗ 1942年12月2日，费米在纽约成功地实施了世界上第一个核反应堆的运行。

弗雷德里克马上就着手成立了一个国家科学研究中心“主任委员会”，后来又改成“国家委员会”，郎之万称之为“科学议会”。该委员会的职责是扶植新兴科学，把法国顶级科学家重新组织起来，有针对性地建立了交叉学科委员会。在确保科研独立性的同时，弗雷德里克还希望继续保持科研机构与高等院校的联系。他还希望国家科学研究中心能成为协调整个法国科研活动的机构，但他没有做到，因为所涉及的领域太多而各领域的差异也太大。

在巴黎南郊，弗雷德里克促成国家科学研究中心买下了伊维特河畔吉夫的一块地，准备在这里建一个新的基础研究中心。在斯特拉斯堡，他创建了斯特拉斯堡核研究中心（Centre de recherches nucléaires de Strasbourg）。另外还要为“涉德事务”花去不少精力，包括没收德国人的科研设备和重启德占区的实验室。

1945年8月6日，美国在日本广岛投下了第一颗原子弹，当时弗雷德里克和伊雷娜正在阿古埃度假。对于这一惊人的消息，当时的报刊丝毫没有道义上的谴责，所有人都在庆幸欧洲乃至远东的战争马上就要结束了。公学院三位研究人员第二天就急急忙忙开着一辆破旧轿车赶往阿古埃，找“老板”求解。弗雷德里克花了很长时间给他们讲解链式反应以及围绕这一课题所申请的各项专利。稍后，他通过国家科学研究中心发表了一篇短讯以“给出有关原子弹以及核能利用的几点解释、说明法国科学家（在这当中）所起到的作用”。他坚信核能的应用将在和平中造福于人类，尽管其毁灭性应用让人感到纠结。

8月9日，美国在日本长崎投下了第二颗原子弹。8月12日，公布了“史迈斯报告”（Smyth Report），《现代物理评论》（*Review of Modern Physics*）发表了这份报告。报告说明了曼哈顿计划如何尝试不同方法以实现裂变材料的量产，包括铀-235的同位素分离和利用核反应堆以铀-238制造钚-239，它们是制造原子弹所需要的快中子裂变物质。

↑ 1945年8月9日，美国在日本长崎投下了第二颗原子弹。

↑→ “史迈斯报告”的封面和引言。

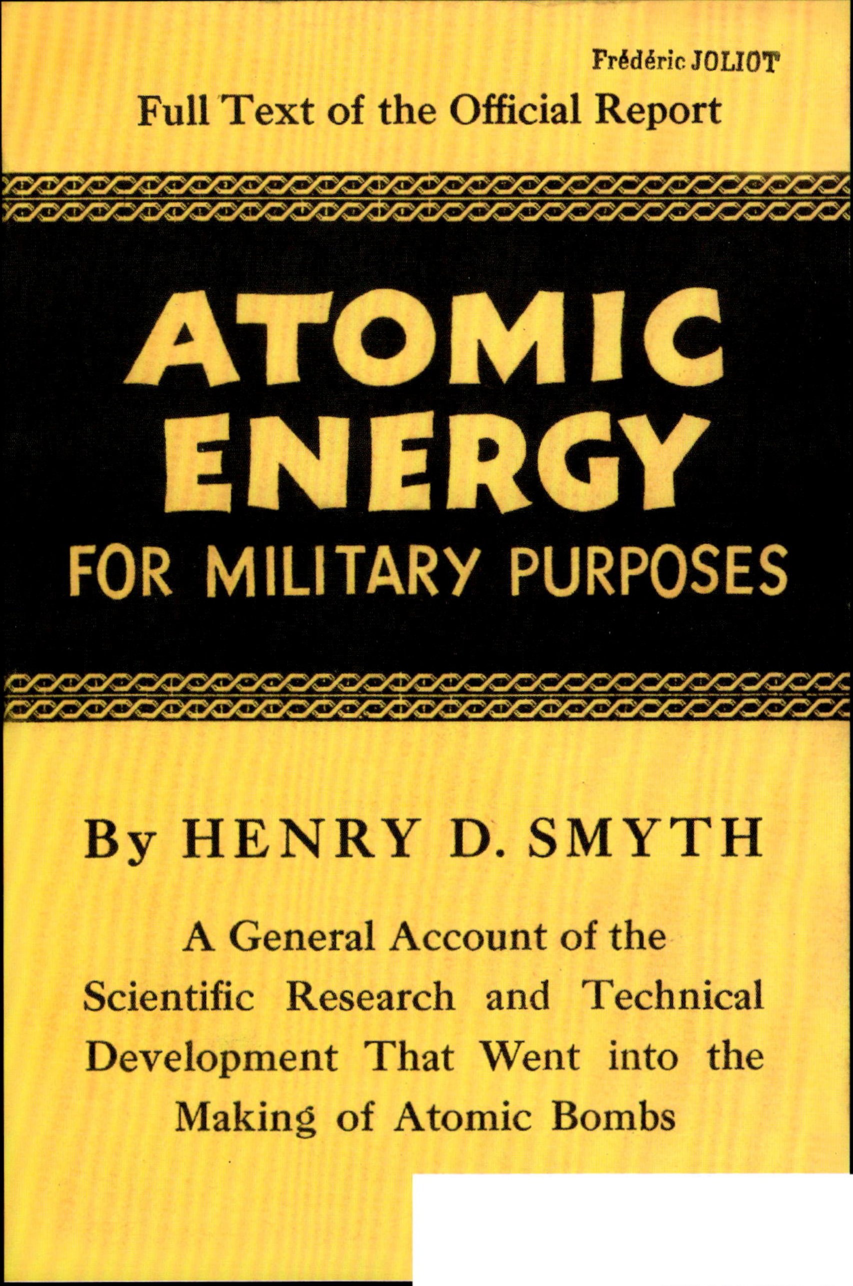

CHAPTER I. INTRODUCTION

1.1. The purpose of this report is to describe the scientific and technical developments in this country since 1940 directed toward the military use of energy from atomic nuclei. Although not written as a "popular" account of the subject, this report is intended to be intelligible to scientists and engineers generally and to other college graduates with a good grounding in physics and chemistry. The equivalence of mass and energy is chosen as the guiding principle in the presentation of the background material of the "Introduction."

原子能委员会高级专员

1944年11月底，弗雷德里克与哈尔班在巴黎重逢，他还与英国财政大臣约翰·安德森爵士（Sir John Anderson）有过两次会面，后者一直在关注战时的科研进展。12月1日，他与阿里耶共同商讨了如何获取重启法国核项目所必需的原材料，特别是重水。1945年初，他又见到了时任战后重建与城市规划部部长的多特里。

一开始，弗雷德里克还曾抱有英国和美国会给自己的项目提供帮助的希望，但是他慢慢明白了，英美两国正在加紧研究原子弹，而且由于英美和苏联两个对立阵营的形成，他们一定会垄断原子能技术。法国必须依靠自己的力量开发原子能。法国不仅拥有弗雷德里克团队在1939至1940年间取得的研究成果、阿里耶从挪威带回来的重水，还有法国物理学家们从加拿大学到的技术，以及“史迈斯报告”中披露的细节。

↑ 坐落在玫瑰泉沙蒂永堡（fort de Châtillon）的初期原子能委员会。

1945年5月，德国战败的几天后，戴高乐将军接见了科学研究中心主任弗雷德里克·约里奥与高等教育委员会主任皮埃尔·奥格。会议拟定了一份动议，决定创建一个部门，专门负责原子能技术的开发。曾经多次表示对此颇感兴趣的多特里也参与了这一项目。

美国在广岛和长崎投掷了原子弹后，无论是社会舆论还是各大部委都希望法国有自己的核项目。早在1944年7月11日戴高乐将军访问渥太华期间，英-加研究团队中的法国人就已经将美国人正在尝试制造原子弹的信息秘密报告给了他。时任临时政府总统的戴高乐要求约里奥和多特里研究如何建立一个开发法国原子能的组织机构。后来协助他们工作的是奥格，阿利耶有时也为他们提供帮助，国务委员让·图瓞（Jean Toutée）负责起草预案和法令。1945年10月18日，部长会议通过了草案，成立了由政府直接领导的“原子能委员会”（Commissariat à l'énergie atomique，CEA）。1946年1月3日，约里奥和多特里同被任命为高级专员兼总干事，另外还任命了三位专员，分别为奥格、伊雷娜·约里奥-居里和弗朗西斯·佩兰，秘书长由德尼韦勒担任。正如弗雷德里克所期望的那样，这个新的部门拥有一个工业化的组织结构，它可以很容易地招聘高级工程师。

科瓦尔斯基、于勒·盖隆（Jules Guéron）和化学家伯特兰·古德施密特（Bertrand Goldschmidt）从加拿大回到了法国，他们带回了极为宝贵的经验。弗雷德里克设立了一个“科委”，集结了所有法国核能领域的骨干人才。随后，CEA在拉弗尔特阿莱（la Ferté-Alais）附近的布谢（Bouchet）建立了一家处理矿石、提炼和生产核燃料的附属工厂。弗雷德里克还计划修建可供院校实验室使用的大型设备。另外，已经升任沙蒂永堡物理部门负责人的贝特洛建议，CEA同时还要从事基础研究。

CEA投入了大量人力物力，在本土及法属殖民地勘探铀矿。地质学家让·奥尔塞勒（Jean Orcel）和路易·巴拉贝（Louis Barrabé）在勘探过程中起到了决定性作用。作为CEA专员，伊雷娜一直在关注勘探工作。1948年11月，在拉克鲁齐尔（La Crouzille）发现了法国第一个大型沥青铀矿。随后，其他铀矿也陆续被发现。

反对核武器

1946年6月至7月，弗雷德里克和奥格作为法国专家，去纽约参加联合国原子能委员会会议。法国外交部长乔治·比多（Georges Bidault）批准了弗雷德里克与下属准备的声明：

“法国将全力参与联合国原子能委员会的工作 …… 法国声明它将不会制造核武器 …… ”

一个由美国科学家草拟的艾奇逊-利连索尔（Acheson-Lilienthal）报告，建议国际社会对核武器的制造设施加以控制和停止生产核武器。弗雷德里克非常赞成这些主张。伯恩哈德·巴鲁克（Bernhard Baruch）认为，这不能充分保障美国的安全，他对报告进行了修改，建议在建立了完善的监控机制后再停止制造核武器。苏联驻联合国代表安德烈·安德烈耶维奇·葛罗米柯（Andrei Andrejewitsch Gromyko）则要求立刻禁止核武器。自1946年夏天起，美国在太平洋比基尼（Bikini）环礁开始了一连串的核试验，引发了国际舆论的不满。此时，弗雷德里克还抱有达成协议的幻想，认为自己的个人努力可以促使各方取得共识。当他发现自己无能为力的时候，他感到非常失望：这真是秀才遇见兵，有理讲不清。

弗雷德里克的积极性来自于两方面。一方面，他认为自己的学识足以影响政界。另一方面，他认为学者应该对自己的发明创造负有责任。战后的不少科学家都具有这样的看法，正是在这样一个环境中，英国诞生了世界科学工作者联盟（WSFW）。联盟的第一次会议于1946年7月在伦敦召开，主持人是核物理学家布莱克特和晶体学家约翰·德斯蒙德·贝尔纳（John Desmond Bernal）等。14个国家的科学家参加了会议。会章的前言指出：

“科学家有能力而且有义务为世界和平与人类福祉发挥特殊作用。”

弗雷德里克被选为第一任主席。1951年，苏联科学家才加入该联盟。后来，代表中国参会的是中国科学技术协会。

第一个法国核反应堆

这段时间里，在弗雷德里克的激情影响下，CEA的科学家们夜以继日地工作。1948年12月15日12点12分，法国第一座核反应堆 ZOÉ启动。法国总统樊尚·奥里奥尔（Vincent Auriol）为反应堆揭幕。ZOÉ代表反应堆的三个主要特征：零功率、氧化铀和重水。

← 1948年12月15日，弗雷德里克在介绍反应堆ZOÉ。

↓ ZOÉ，原子饮料！

↑ 1948年11月，在拉克鲁齐尔（La Crouzille）发现了法国第一个大型沥青铀矿。
左起第二人是正在巡视矿山的弗雷德里克。

有关在巴黎西南郊的萨克雷（Saclay）高地建立一个大型多学科研究中心的想法，则要追溯到1946年春天。计划中还要在此建造两座反应堆、一个范德格拉夫加速器和一个回旋加速器。首要工作是获取土地、策划蓝图和申请政府许可，土建于1949年8月开工。同年11月，布谢的实验室分离出了由ZOÉ反应堆的核燃料产生的法国第一毫克钚，它的用途暂时还没有决定。

这期间，国际形势却日渐恶化。1946年3月，英国前首相丘吉尔在美国富尔顿发表反苏、反共演说，正式拉开了冷战的序幕。1948年6月，苏联封锁了柏林地区的道路和铁路，西方盟国随即便组织了柏林空中桥梁，为西柏林提供物资供给。1950年6月，朝鲜战争爆发。至此，大众所各持的己见越发激进，甚至有人认为第三次世界大战是不可避免的了。于是，一些报刊便开始质疑，如果让一个共产党员继续领导CEA，是否存在泄密的危险。1949年1月5日，弗雷德里克在法国英美媒体午餐会上反驳说：

“与任何一个法国公民一样，在他担负国家交给他的职务的时候，一个法国共产党员决不能将成果泄露给任何国外势力，这些成果不属于个人，而属于给他提供工作条件的集体。”

这一发言引起了轰动，也招来了某些共产党高层领导的不满。尽管如此，弗雷德里克还是为自己身为共产党员而感到荣幸，因为他认为共产党所代表的是工人阶级。他是一个实干家，对有关意识形态的争论根本不感兴趣。他认为，他应该在自己所熟悉的领域带来自己的理念以及对问题的判断。

一个和平运动正在兴起。1948年8月底，在波兰弗罗茨瓦夫（Wroclaw）召开了世界文化界人士保卫和平大会。与会者一致认为，这一和平运动必须走出知识分子的圈子。其后成立的国际联络委员会和国际民主妇女联合会，以及75位文化界和政界人士于1949年2月建议召开世界保卫和平大会，弗雷德里克被选为筹委会主席，后来又任常设委员会主席。1949年4月20至23日，大会在普莱耶尔（Pleyel）音乐厅召开，大会将毕加索画的和平鸽作为标志，与会者来自于世界各地。在1950年3月15至19日斯德哥尔摩的常设委员会会议上，弗雷德里克发起了著名的、有数千万以上人签名的《斯德哥尔摩宣言》：

“我们要求无条件禁止令人无法容忍的大规模杀伤性核武器，我们要求建立一个严格的国际监控机构，以确保这一禁令的实施。对任何一个国家使用核武器的政府，我们都将把它看作是犯有反人类罪的战犯。我们号召世界上所有有正义感的人在此号召上签名。”

↑ 1949年4月，弗雷德里克正在筹备世界保卫和平大会。

APPEL
pour la convocation
DU
IIᵉ CONGRÈS MONDIAL
DES PARTISANS DE LA PAIX

Des centaines de millions d'hommes et de femmes se sont rassemblés et continuent à se rassembler autour de l'Appel de Stockholm. Au nom de ces millions d'hommes et de femmes, le Bureau du Comité Mondial des Partisans de la Paix convoque le IIᵉ Congrès du Mouvement du 13 au 19 novembre en Grande-Bretagne.

L'aggravation récente de la situation internationale, qui met directement en cause la paix du monde, impose aux hommes de paix des devoirs nouveaux et plus urgents qu'ils ne le furent jamais.

Les Partisans de la Paix poursuivent leur action pour l'interdiction des armes atomiques et se prononcent à nouveau pour la réduction générale et contrôlée des armements de toutes natures, dont l'accroissement aggrave le danger de guerre et impose aux peuples les plus lourds sacrifices.

Les Partisans de la Paix dénoncent l'agression où qu'elle se produise et condamnent l'intervention armée de l'étranger dans les affaires intérieures des peuples. Ils demandent la cessation de telles interventions partout où elles ont lieu.

Les Partisans de la Paix saluent et appuient les initiatives pacifiques déjà entreprises pour arrêter la guerre de Corée qui constitue le foyer de conflit général le plus dangereux. Ils s'élèvent avec force contre les bombardements massifs dont sont victimes les paisibles populations.

Les Partisans de la Paix demandent que le Conseil de Sécurité, comprenant les représentants qualifiés des cinq grandes puissances, se saisisse au plus tôt du règlement de cette question par les moyens pacifiques en donnant aux deux parties en cause la possibilité de se faire entendre.

Les Partisans de la Paix demandent l'interdiction de toutes les formes de propagande favorisant la guerre en quelque pays que ce soit.

Nous appelons donc tous les hommes de paix dans le monde à instituer de larges débats publics sur ces propositions et à élire ceux qui porteront leur voix dans le IIᵉ Congrès Mondial.

Nous demandons à tous les groupements politiques, syndicaux, culturels, sociaux et religieux, aux femmes, à la jeunesse, à toutes les personnes soucieuses de préserver la paix du monde de participer à l'accomplissement de ces tâches, quelles que soient les convictions politiques et la foi qui les animent ou la philosophie dont ils se réclament.

Nous sommes conscients de la force que représente dès maintenant l'immense rassemblement réalisé autour de l'Appel de Stockholm, qui doit encore se poursuivre et s'étendre. Nous avons pu mesurer l'efficacité de la lutte entreprise. Ainsi, des premiers pas ont été faits, d'autres suivront qui peuvent et doivent donner aux peuples la paix durable à laquelle ils aspirent.

↑→ 毕加索画的和平鸽和促进和平人士发出的号召。

弗雷德里克预感到自己担任原子能高级专员的时日不多了。在1950年4月2日至6日热讷维耶（Gennevilliers）的党代会上，他做了引人注目的演讲。4月26日，部长会议主席比多召见弗雷德里克，遗憾地通知他，他被解职了。要等到弗朗西斯·佩兰接替了弗雷德里克的位置后，将近一年的公开危机才算真正结束。稍后，多特里去世，皮埃尔·纪尧玛（Pierre Guillaumat）接替了总干事的职位。后者将领导CEA投入生产核燃料钚。

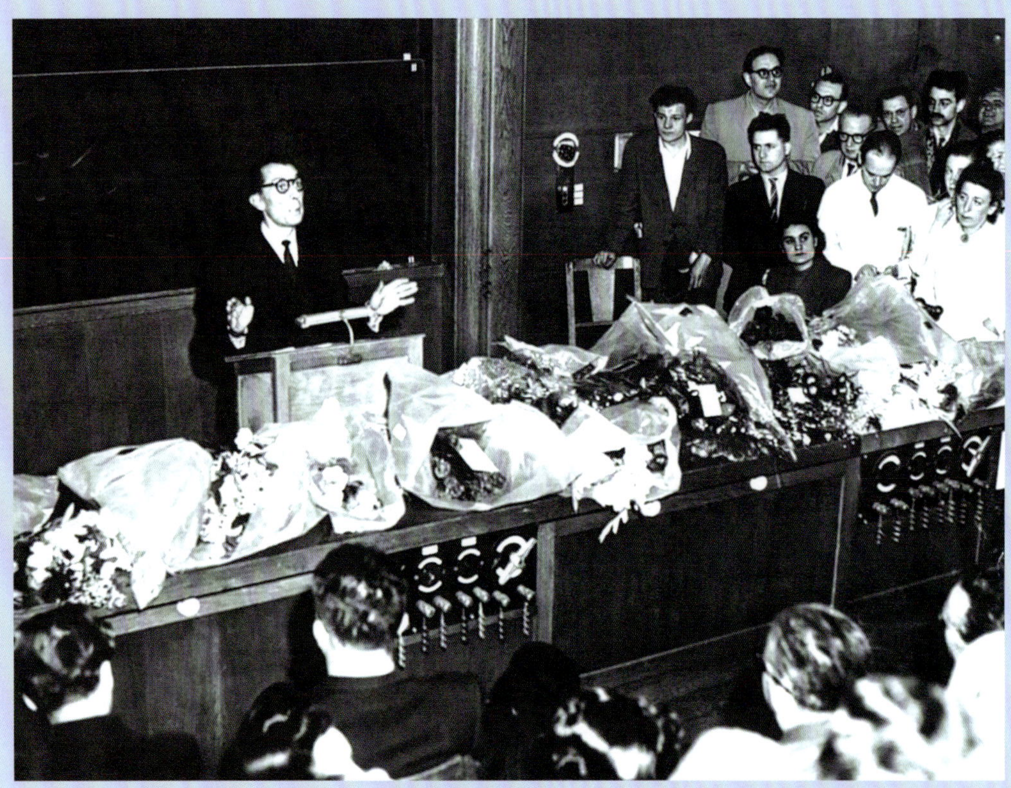

↑ 1950年，弗雷德里克被调离CEA后，重返公学院。他授课的日子教室里总是人满为患。

伊雷娜和居里实验室

伊雷娜自1944年9月从瑞士回来后，重启了镭研究所居里实验室的研究工作。离开之前，她和乔治·布依谢尔（Georges Bouissières）曾经对锕的半衰期做了一系列测量，与先前的数据进行了对比。1945年，她和中国物理学家钱三强标定了 ionium（钍-230）α射线的运动轨迹，然后开始研究其γ射线。当时，使用显微镜测量单个α粒子在厚照相乳胶（译者注：即核乳胶）中的运动轨迹的技术已经相当发达，伊雷娜于1946年建议使用这一技术，测定岩石中铀和钍的微弱含量。1951年，她和亨利艾特·法拉吉（Henriette Faraggi）通过测量铀在热中子作用下所产生的裂变碎片在核乳胶中的运动轨迹，测定了这些含量。数年来，伊雷娜一直想弄清楚，在矿物中，是否存在释放短轨迹α射线的天然放射性，她利用核乳胶和脉冲电离室寻找这种放射性。

与海欣斯基一样，在德国占领期间躲藏出去的研究人员陆续返回了。实验室又注入了新鲜血液。1946年10月，德比尔纳退休了，伊雷娜升任正教授及居里实验室主任。在过去几年里，居里实验室涉及的科研领域十分广泛，人员配置分散，伊雷娜不像弗雷德里克那样事事细心指导，她知道自己想要什么，但给下属布置任务时却过于简练、缺少热情。

↑ 1948年3月，在艰难地踏上美洲大陆后，伊雷娜·约里奥-居里拜会阿尔伯特·爱因斯坦。

伊雷娜定时在实验室隔壁的小阶梯教室授课。第二次世界大战期间和战后的短暂时间里，她撰写了《天然放射性元素》，并于1946年出版，她授课的部分教材便是根据本书的内容编撰的。伊雷娜在后记中写道：

“这本书写在链式嬗变的实现公之于众之前。这一实现大大提高了可以制备的人工放射性元素的数量级，甚至某些天然放射性元素的人工制备量都高于矿物开采量。”

伊雷娜不是共产党员，但是绝对拥护共产党而且参加其各种活动。她多次为保护妇女权益挺身而出。1948年3月，受一个帮助西班牙反法西斯流亡人士组织的邀请，她准备去美国旅行两周，而到达时却被美国移民局作为不受欢迎者拘留在纽约港内的埃利思岛（Ellis Island）。在群情激愤的公众压力下，她在被拘押了一个夜晚和一个上午后被释放了。她随即便去普林斯顿拜访了爱因斯坦，然后在各地参加会议和召开记者招待会，最后到达旧金山。

和往年一样，伊雷娜和全家去阿古埃度暑假。孩子们已经长大，不再是什么累赘。海伦嫁给了郎之万的孙子米歇尔（Michel）。

1948年8月底，伊雷娜在波兰弗罗茨瓦夫参加世界文化界人士保卫和平大会，与生物学家、联合国教科文组织第一任总干事朱利安·赫胥黎（Julian Huxley）共同主持了第一次会议。11月份，因为乳突炎做了一个手术，1949年初她不得不接受长期疗养，服用链霉素治疗肺结核。1949年12月，伊雷娜夫妇在印度旅行了一个月，接待他们的是印度物理学家霍米·贾汉吉尔·巴巴（Homi Jehangir Bhabha），其间还受到了尼赫鲁的接见。弗雷德里克被撤职八个月后，1951年1月初，伊雷娜被告知不再续任CEA专员。

1953年，伊雷娜设计了一种检测限达0.1%的钢铁含碳量测量方法：样品被辐射短暂的数分钟后，因为相对于铁元素来说，短时间的辐射更容易使碳元素形成氮-13放射性，所以通过测定氮-13的人工放射性便可以得出含碳量。

从1951年到1954年，伊雷娜四次竞选科学院院士，皆以失败告终，最后一次的竞选对手仅以微弱优势胜出。她从争取妇女权益的角度看待自己的竞选活动，只要有空位置，她就参加竞选，希望有一天能动摇科学院歧视妇女的传统。到1954年为止，法国科学院还从未选出过女院士。

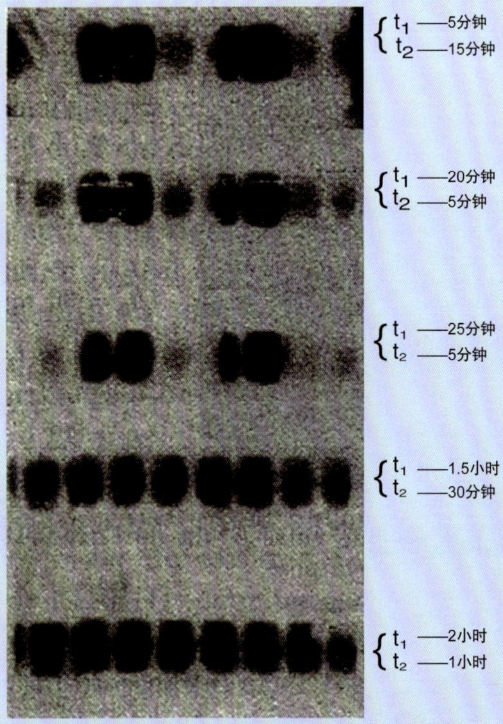

t_1 照射结束时到开始曝光时的时间间距

t_2 曝光时间

↑ 1953年，伊雷娜设计了一种检测钢铁含碳量的方法：用氘核辐射固定在铝框中的钢块或铁块样品，然后通过测定氮-13的人工放射性得出含碳量。该图是辐射后不同时间（t_1）和不同曝光时间（t_2）的放射自显影。

“穿越沙漠”

被撤职对弗雷德里克的打击超出他的想象。15年来，他已经习惯了规划和实施大型项目的工作，突然间，他的活动范围被限制在核化学实验室与原子合成的范围之内，经费也大大减少。人走茶凉，昨天还与他热情打招呼的同事，今天却躲避他的目光，不再和他握手。

在弗雷德里克上任CEA高级专员的时候，他带走了好几个随员。实验室冷清了一段时间后，补充了包括作者本人在内的年轻研究人员，其中有人由于战争延误了学业，50年代才通过博士论文答辩。弗雷德里克与伊雷娜设法为实验室招进了青年理论物理学人才，他们与实验物理学家的合作成果丰硕。大家总是急不可待地去听老板的课，听听他又有什么新发现。

人工放射性的应用

正如弗雷德里克在诺贝尔奖演讲中预想的那样，人工放射性在不同领域得以大力开发。 在天体物理学中，人们最终得出结论，太阳所辐射出的能量来自于一连串的、由氢聚变成氦的核反应，起始反应是极为缓慢的：$p + p \rightarrow d + e^{+} + \upsilon$ 。当某些超新星爆炸时，人们还在其释放的光线中找到了镍-56和钴-56放射性，它们最终形成稳定的铁-56。

在地球物理学中，人们发现，地球内部的热量来自形成地壳和地幔的岩石的微弱放射性。它同样是火山和所有其他大地运动的起源，例如大陆板块的移动。一些卫星和行星的状态则类似于地球。

利用天然和人工放射性，还可以测定物质材料的形成年代或事件的发生年代。美国化学家威拉得·利比（Willard Libby）开发的碳-14（半衰期5700年）测定方法，被广泛使用于考古学、地质学、地球物理学以及其他学科。

放射性元素所释放的γ射线可以被用来检测泄露、为手术器材或某些调料消毒，还可以为大型金属部件探伤。

在放射治疗方面，更适用而且使用便捷的人工放射性元素取代了镭和氡：例如使用钴-60治疗所在位置较深的癌症、治疗甲状腺癌的碘-131或铱-192。人工放射性元素还越来越广泛地被用作示踪剂，特别是用于医疗诊断和有机体的研究。还有一种被称作正电子发射计算机断层扫描（PET）的成像方法，使用的是释放正电子的、半衰期很短的放射性元素，例如半衰期2分钟的氧-15或半衰期110分钟的氟-18，它们以很小的剂量被注入有机体内。逸出的正电子与负电子相遇、湮灭从而形成两个背向的γ粒子，通过两台与计算机相连的检测器对后者进行捕捉，便可以确定事件发生的位置。放射性元素示踪剂对分子生物学的发展也起到了重要作用。例如，在美国生物学家阿尔弗雷德·赫尔希（Alfred Hershey）与马莎·蔡斯（Martha Chase）1952年间所做的重要实验中，脱氧核糖核酸（DNA）被证明是生命遗传的唯一密钥：某些病毒能感染细菌，它们被称作噬菌体，科学家们用硫-35和磷-32分别标记噬菌体的蛋白和DNA，再用这些噬菌体感染细菌，结果发现只有DNA进入到细菌内部而蛋白却留在了外面。

弗雷德里克想利用回旋加速器的粒子束研究核反应，这就需要用磁场对粒子束进行分散。他想重新捡起已放下多年的实验，熟悉新的测量方法。在讨论延长我的博士论文的可能性时，我们还突然有了一个新想法：有些原子核在吸收了一个外层电子后（与释放一个正电子等同）便具有了放射性。如果通过光电效应，利用高强度X射线剥离这些原子的外层电子，是否可以观察到其半衰期的变化？1955年6月，我们对钾-40进行了实验，但没有观察到预期现象。

这几年里，除了花在教研工作上的精力，实验室员工的健康问题也引起了弗雷德里克的重视，他建立了体检制度，血样都必须标号，此外，他还规定员工必须携带胶片剂量计。1955年10月，弗雷德里克自己却因肝病严重复发而住进了圣·安托万医院。其实在前一年里，他就已经因病耽误了好几个月的工作。

其实对弗雷德里克与伊雷娜来说，在阿古埃的假日才是真正的放松和可以安静地思考的时间。这时候，弗雷德里克可以悠闲地驾船出海垂钓。大学整个学年里，朋友们常常在周日下午不请而至，于是，大家就各种话题的热烈讨论便就此展开。

↑ 1956年，弗雷德里克（前排中）和法兰西公学院核物理与核化学实验室员工的合影。弗雷德里克左边是萨维尔、右边是苏。后排红圈标识的是乔治·夏帕克（Georges Charpak），夏帕克因发明粒子探测器和多丝正比室，于1992年获得诺贝尔物理学奖。

重返国家舞台

冷战甚至在保卫和平运动内部引起了分歧。在世界和平委员会的倡议之外，还有以英国哲学和数学家伯特兰·罗素（Bertrand Russell）为首的文化自由代表大会。弗雷德里克感到，军备竞赛和核战争正在威胁着人类。他觉得，利用世界科学工作者联盟，召开一个由知识分子参加的大会，可以在两个运动之间搭起一座桥梁、抛开意识形态上的偏见，于是他便致信罗素。后者于1955年2月回信说：

“我们对各自的阵线都有着各自的偏爱，但面临的既然是同一灾难，那么我觉得有能力以科学眼光观察距离的人，应该也能够选择精神上的中立。”

于是，协同行动就此启动。7月份公布了由包括弗雷德里克·约里奥在内的11位著名科学家签名的、关于核武器的《爱因斯坦-罗素宣言》。这一宣言所产生的直接影响是1957年7月第一次真正意义上的东西方科学界领军人物的合作：在加拿大召开的第一届帕格沃什（Pugwash）科学与世界事务会议。帕格沃什会议号召停止核武器试验。

英国哲学和数学家罗素（1872—1970）于1955年发起了关于核武器的《爱因斯坦-罗素宣言》。

法国孟戴斯-弗朗斯（Mendès-France）政府上台的两个月前，即1954年4月底，弗雷德里克卸任后首次对公众发表自己观点，对“法国核物理及其应用的未来”提出了建议。这次演讲意义重大，再次推动了该领域的发展进程，同时也是他重返国家舞台的起点。弗雷德里克认为，只有自己内部向同一方向努力，法国参与欧洲核子研究组织（Centre européen de recherches nucléaires, CERN）才具有真正的意义。他建议，在法国修建多个包括“500MeV和十亿电子伏特以上”的加速器。他指出，高等院校必须专业化，并强调核工业应用的重要性。

弗雷德里克喜欢重复的表达方式：

“要有自信心，不要总是看着别人，不要总是看着马路对面。”

公学院的实验室更换了名称：核物理与核化学实验室。上级还批给伊夫里的原子合成实验室一台β加速器（低能电子回旋加速器）。

1954年，推进法国科研进程的浪潮正在掀起。5月，高等教育委员会主任设立了一个院校委员会，任务是设计适用于教学研究的新型加速器，弗雷德里克也是委员会成员。CNRS 的相关部门决定提供部分大型设备。1954年6月，孟戴斯-弗朗斯政府完成组阁，1936以来首次设立科学研究国务秘书处，亨利·隆尚邦（Henri Longchambon）出任国务秘书。

伊雷娜和奥赛

鉴于议会即将就参与CERN项目进行辩论，伊雷娜于1954年6月在《世界报》上发表了一篇自由评论文章：

“在确保国内加速器的兴建之前，法国科学家不会认同法国参与CERN（项目）”。

隆尚邦在议会上宣布，政府将提供资金，在院校范围内修建两台加速器。于是，两个项目同时上报到了部里，并获得了部长的批准。伊雷娜和镭研究所的同事选择的是150 MeV质子同步回旋加速器，设备将由飞利浦制造，美国哈佛和英国哈威尔（Harwell）都有类似的加速器，另有一台类似的加速器建在瑞典乌普萨拉（Uppsala）。高等师范学院伊夫·罗卡（Yves Rocard）的团队选择的是电子线性加速器，制造商为CSF公司，尚在牛津工作的哈尔班将会来领导该实验室，同类加速器已在美国斯坦福和加利福尼亚运行。

要安置这两台加速器，就必须先找到合适的地点，而且这些地方将归属巴黎理学院。早在1942年，伊雷娜就提醒过院长，有必要为大学在巴黎南郊购买大面积土地，这里的地理位置有利于与位于拉丁区的院校联系。几经寻找，她发现，在西南郊25千米的奥赛，有一大块从法奸报纸《晨报》社长手中没收的土地，这里离萨克雷和伊维特河畔吉夫也很近。另一块土地位于伊维特河对岸，两个实验室将建在此地。实验室雇用的合同制核物理工程师与技术员隶属高等教育委员会。1954年7月，法国创立了大学“三期教育”（troisième cycle）制度。第一个科学三期教育就是核物理，始于镭研究所1955年第一学期，后来转到奥赛。

↓ 初期的奥赛核物理实验室。

↑ 1955年，弗雷德里克与伊雷娜在库尔舍瓦勒。

↑ 奥赛的同步回旋加速器——前面两个突出部分是用来导入靶子和离子源的，阴影部分可见部分加速器的磁铁。

好几个法兰西公学院的研究人员希望能使用新建的同步回旋加速器。1955年，经弗雷德里克同意，伊雷娜组织了一个工作组，组长由她的讲师让·特拉克（Jean Teillac）担任，如此，镭研究所和法兰西公学院的理论和实验物理学家便可以坐到一起，共同讨论研究课题，准备下一个在同步回旋加速器上的实验。

1955年，第一批建筑的图纸完成了。地基开建于1956年初。此时，所有人都在为刚刚出院的弗雷德里克的健康担心，可是伊雷娜却先他离开了人世。当时她正与女儿一家在库尔舍瓦勒（Courchevel）滑雪，因突然发高烧于2月24日返回巴黎。住进居里医院后，医生先后诊断出她患有贫血和辐射造成的亚急性白血病。1956年3月17日，伊雷娜·约里奥-居里去世。在索邦的庭院里举行了国葬仪式后，伊雷娜在索镇下葬。

弗雷德里克接过接力棒

伊雷娜去世对弗雷德里克的打击巨大，他感到非常孤独。弗雷德里克一直以科学的眼光对待自己和妻子的疾病。自己患病期间，他甚至在家里建了一个小实验室，还重新开始了绘画的业余爱好。

和居里实验室一样，正在修建的奥赛实验室也隶属学院放射学教授名下，所以必须尽快找人接替伊雷娜的工作。在审核了多个人选后人们发现，要想保证工程进度和质量，只有弗雷德里克最合适领导这个项目。镭研究所的科研人员催促他尽快上任。尽管抱病在身，弗雷德里克还是决定接下这项工作。他是公学院的教授，但两年内无教学任务，于是，经教授大会批准，他提交了申请。1956年6月初，理学院院务会几乎以全票通过，接受弗雷德里克为理学院正教授。

弗雷德里克全力以赴地投入到了这项工作中，定期审查奥赛工地的工程和飞利浦公司组装同步回旋加速器的进度，启动实验室合并和调整人员配置工作。自1956年开学起，核物理课暂停。1957年5月至6月，镭研究所和公学院的研究人员首批进驻奥赛新实验室（作者也是其中一员）。协助飞利浦公司完成安装工作和负责技术服务的工程师和技术员对我们进行了培训。弗雷德里克也为自己在奥赛安排了办公室。

其他员工也陆续从老实验室搬到奥赛，可离开巴黎拉丁区还真让人有些许伤感！地方马上就不够用了，增建项目于1958年春天获得批准。弗雷德里克还为公学院的回旋加速器留出位置，公学院领导参观奥赛的设施后，批准了搬迁建议。1958年6月初，飞利浦的工程师根据计算数据很快启动了内部束流同步回旋加速器。接到通知后，弗雷德里克要亲自检测，在所有工程师忐忑不安的注目下，他拿着计数器独自进入加速器室。一束粒子证明设备运转正常，而他也没有逗留的必要了。

1958年5月，弗雷德里克出访苏联，参观了多个研究中心。赫鲁晓夫接见了他，两人就裁军问题进行了探讨。6月30日，他出席了德国林岛（Lindau）诺贝尔奖获得者见面会，在演讲中弗雷德里克提醒科学界：

“也就是不到20年前 …… 一个科学家，其思维在我看来与艺术家没有什么不同，总觉得自己离被研究的现象不远 …… 基础研究在某种程度上类似于艺术创作，如此地着重于个人的满足感 …… 一个现代化核物理基础研究中心，对参观者来说，乍一看就像工业基地 …… 只是为了‘看看’而去做一些成功的希望并不大的实验，在今天的确会面临种种阻力，然而，（科学）发现不经常是偶然的吗？在这个从艺术层面向工业化层面的转变中，我认为，必须认识到这种危险的存在，从而努力创造一种不会埋没科学家个性的工作环境 …… ”

直到生命的最后一刻

1958年7月7日，弗雷德里克在巴黎化学之家（Maison de la chimie）为国际核物理会议致开幕辞。随后便离开巴黎去阿古埃，他真的感觉自己是筋疲力尽了。

可是休息还不到两周时间，7月21日，院长约瑟夫·佩雷斯（Joseph Pérès）就把他从阿古埃叫了回来。5月3日阿尔及尔起义后，戴高乐将军重新组阁了政府，新任教育部长让·贝尔图安（Jean Berthouin）要参观奥赛。部长到达一个小时前，弗雷德里克把我和另外几个同事叫到办公室，他不知道新政府的意向，但提醒我们：

“先仔细听听部长说什么。要是他迎着我说‘教授先生，很高兴见到您’，就是说他支持我们而我们将得到资金和人员。”

部长来了，他的第一句话就是：

“教授先生，很高兴见到您。”

几个星期后，部长这样讲述自己参观奥赛时的印象：

“这天，我看到一个行将死去、但从内心到外表都洋溢着美妙青春气息的人，一个时刻准备重新开始一切、全身心投入的人。”

7月23日，弗雷德里克返回阿古埃，除了钓鱼就是会朋友。30日夜间，由于发生了大出血病状，他通过铁路和救护车被紧急运回巴黎圣·安托万医院。火车到达巴黎蒙帕纳斯（Montparnasse）站时，车站按规定拒绝救护车开进站台，比卡尔回忆说：

“交涉眼看就要失败了，这时候，列车机械工站出来威胁说，在救护车接上约里奥-居里教授以前，他将拒绝操作列车”。

医生帮助弗雷德里克度过了危险期，似乎又有了出院的希望，他开始抓紧时间修改一篇文章。可是大出血又复发了，1958年8月14日，弗雷德里克·约里奥-居里病逝。令人悲痛的消息传来，所有实验室员工都聚集到了巴黎。戴高乐将军下令举行国葬。弗雷德里克与妻子合葬在索镇。

←↑ 在生命快走到尽头的时候，弗雷德里克·约里奥-居里又开始了作画。

放射性科研领域影响了整个20世纪。开拓放射性科研领域的巨匠之家的第四个代表人物也离去了。1957年1月，弗雷德里克曾写下这样一段有关“科学的人文价值”的话：

“科学服务于将科学应用于伟大未来的人，是一门智者每日为之奋斗而无奢望看到其完成的艺术……永恒不正是存在于连接着我们和昔日世界的纽带之中吗？……无论是被磨光的舷梯木扶手，还是台阶上残落下来的石块，所有走过这个世界的东西都会留下痕迹。我喜欢被长期使用磨光的木头、被人踩凹的台阶，我喜欢我的陈旧锡制烛台……它们是永恒的标志。总而言之，我要在此表明我对科学与人类的信心。尽管后者不断地犯下错误，我还是和皮埃尔·居里一样，坚信所有的科学创新为人类带来的福祉最终都将会多于灾难。”

后 记

继2010年《阿尔伯特·爱因斯坦——永远的瞬间幻觉》一书出版后，中国科学技术出版社一直在催促我们兄弟二人策划下一册。至于第二册应该介绍那位科学巨匠，本人最初与出版社朋友的意见略有不同。出版社希望先介绍居里夫人，但我更倾向于特斯拉，原因之一是介绍居里夫人的书几乎可以说数不胜数，挑选就是个问题，而为中国读者介绍特斯拉则很容易避开这个困难。

情况突然发生了变化。在我电话问候我的博士生导师伯格尔芒斯（René Beugelmans）的时候，我们谈到了这个问题。伯格尔芒斯老师说：问题很好解决，我的朋友皮埃尔·拉德瓦尼（Pierre Radvanyi）出版过一本关于居里一家的书，绝对不乏独到之处。简单翻阅过后，又与拉德瓦尼先生通个电话，发现这的确是唯一一本综合、全面介绍居里一家四位科学巨匠的传记，而且内容结合了历史背景、人物与科学基础知识介绍，这在科学家传记中是不多见的。另外，作者是弗雷德里克·约里奥-居里的学生，掌握着大量的第一手资料，不少居里传记作家都曾找过他验证史实。情况介绍给时任中国科学技术出版社副社长吕建华后，大家统一了意见。

版权问题谈妥后，却出现了下一个问题，找不到法译中翻译。一年过去了，没有找到能翻译、或有能力且有时间翻译这样一本涉及领域相当广泛的科普传记的人。于是，吕建华便赶我这只（唐老）鸭子上架了。于是，下班后、登机前、观看孩子比赛时的中场休息时间全都利用上了。幸亏朋友应琳愿意合作，历时一年半的工作终于艰难地完成了。其间，拉德瓦尼先生的支持是不可或缺的，电子邮件交流几乎是每周一次。拉德瓦尼夫人对我说过，拉德瓦尼先生的情人不是她而是玛丽·居里，回家对妻子一说，得到的回答是：我看咱们家存在同样的问题，所以我还要感谢妻儿对我的支持。此外，书中不乏深奥华丽的法文词句，遇到这种情况，我就职的落利刻公司的法国同事们便没有轻松的工间休息了。

虽然由约里奥-居里夫妇创建的奥赛巴黎南大学是我的母校，但我的专业与核物理或核化学相去甚远。文学水平排除在外，我的中文科技词汇的确乏匮，译文中不免出现错误或遗落。说句落俗套的话，希望大家指正，其实我心里是希望能得到读者的谅解。如果读者，特别是青少年读者，能从本书中学到一些东西，我便十分欣慰了。

唐 谦

参考书目

Pierre Curie, Œuvres de Pierre Curie, Gauthier-Villars, 1908

Marie Curie, Œuvres de Marie Sklodowska-Curie, Académie polonaise des sciences, Varsovie, 1954

Frédéric et Irène Joliot-Curie, Œuvres scientifiques complètes, P. U. F., 1961

Frédéric Joliot-Curie, Textes choisis, Éditions sociales, 1959

Marie Curie, Pierre Curie, Éditions Odile Jacob (Opus), 1996

Ève Curie, Madame Curie, Éditions Gallimard 1938 (réédition collection Folio)

Michel Rouzé, Frédéric Joliot-Curie, Les Éditeurs fran- çais réunis, 1950

Pierre Biquard, Frédéric Joliot-Curie, Éditions Seghers, 1961 (réédition L'Harmattan, 2003)

Eugénie Cotton, Les Curie, Éditions Seghers, 1963 Camille Marbo, Souvenirs et Rencontres, Éditions Bernard Grasset, 1968

Maurice Goldsmith, Frédéric Joliot-Curie, Lawrence and Wishart, Londres, 1976

Robert Reid, Marie Curie derrière la légende, Éditions du Seuil, 1979

Spencer S. Weart, La grande aventure des atomistes français, Fayard, 1980

Françoise Giroud, Une femme honorable, Librairie Arthème Fayard, 1981 (réédition Le Livre de poche, 2003)

Pierre Radvanyi et Monique Bordry, La radioactivité artificielle et son histoire, Éditions du Seuil, 1984

Abraham Pais, Inward Bound, Oxford University Press, 1986

Pierre Radvanyi et Monique Bordry, Histoires d'atomes, Éditions Belin, 1988

Noëlle Loriot, Irène Joliot-Curie, Presses de la Renaissance, 1991

Rosalynd Pflaum, Marie Curie et sa fille Irène, Belfond, 1992

Anna Hurwic, Pierre Curie, Flammarion, 1995

Susann Quinn, Marie Curie, Éditions Odile Jacob, 1996

Loïc Barbo, Pierre Curie, Éditions Belin, 1999

Karin Blanc, Marie Curie et le Nobel, Uppsala Studies in History of Sciences, 1999

Michel Pinault, Frédéric Joliot-Curie, Éditions Odile Jacob, 2000

Soraya Boudia, Marie Curie et son laboratoire, Éd. des archives contemporaines, 2001

Monique Bordry et Pierre Radvanyi éditeurs, Œuvre et Engagement de Frédéric Joliot-Curie, EDP Sciences, 2001

Le projet Manhattan, Les Cahiers de Science et Vie, H.S., février 1992

Marie Curie, Les Cahiers de Sciences et Vie, H.S., décembre 1994

Noyaux atomiques et radioactivité, Pour la Science, Dossier H.S., octobre 1996

La Bibliothèque nationale conserve l'essentiel du fonds Pierre et Marie Curie.

Un fonds Curie et l'essentiel du fonds Joliot-Curie se trouvent aux Archives Curie et Joliot-Curie à l'Institut Curie.

图片鸣谢：

Archives Curie et Joliot-Curie; Le Parisien. Le Progrès; Brgm; École de chimie de Mulhouse; Musée de La Haye; Institut de France; Mnhn; Université McGill; J.L. Charmet(BNF); Centre d'iconographie genevoise; P. Radvanyi; BNF. U.M.H.K.; Pour la Science; M. Lecoin, reproduit dans Mme P. Curie; Radioactivité, Hermann, 1935; CEA; ESPCI; HFSJG; Heilbron Seidel, Lawrence and his Lab.; Archivio Agenzia Zadig; L'Illustration; L'Action Française; Bundesarchiv/Koblenz; Collège de France; Sovfoto / Eastfoto; H. Roger Viollet; ©Keystone –Kipa;
Argonne National Laboratory; US Air Force; Q. Tang.

先贤祠及居里博物馆照片

↑ 先贤祠内皮埃尔和玛丽·居里的石棺。
← 先贤祠内景。

↑ 法国居里博物馆。

↩↑ 居里博物馆内的玛丽·居里的实验室（原状陈列）。

→↓ 居里博物馆内的玛丽·居里的办公室（原状陈列）。